JN409177

"단군과 천부경, 개천절의 주역"

단재 정훈모 전집

조준희 · 유영인 편

목 차

제II권 교리서와 예식서

- 일러두기
- 목차
- 정훈모의 교리서와 예식서 해제_조준희 · 유영인

<교리서>

1. 『단군교 진리문답』(정훈모, 1911추정)
   『단군교 진리문답』 원문입력본
   『단군교 진리문답』 국한문본 일부
2. 『셩경팔리』(정훈모 역, 단군교본부, 1926)
3. 『천을선학경』(정훈모, 단군교본부, 1935)
4. 「천을성경 출판허가서」(1936)

<예식서>

1. 『단군교종령』(정훈모, 1913)
2. 『단군교교약장』(정훈모, 단군교총본부, 1915)
3. 『단군교예식』(정훈모, 단군교본부, 연도미상)
4. 「향사홀기」·「축문식」·「단배식홀기」·「송덕문」(정훈모 친필본)
5. 「단군교종헌 출판허가서」(1935)

#부록1 : 「입교의절」·「봉교절차」·「봉교과규」(정훈모 필사본)
「입교의절」·「봉교절차」·「봉교과규」 원문 및 국역

#부록2 : 『단군교총본부종령』(이유형, 1913)

제Ⅲ권 기관지와 역사서

단재 정훈모 전집 III – 기관지와 역사서 –

초판 1쇄 인쇄 2015년 4월 3일

초판 1쇄 발행 2015년 5월 1일

옮긴이 조준희 · 유영인

발행인 김수현

발행처 도서출판 아라

주소 서울시 강동구 천호동 287-10 일진빌딩 2층

전화 02) 476-5060, 팩스 02) 489-5689

등록 2012년 09월 13일 제2012-52호

이메일 ara5060@naver.com, 홈페이지 www.ara5060.com

ISBN I 978-89-98502-61-4*94910

ISBN I 978-89-98502-58-4 (세트)

정가 38,000원

정가 114,000원 (세트)

이 도서의 국립중앙도서관 출판예정도서목록(CIP)은 서지정보유통지원시스템 홈페이지(http://seoji.nl.go.kr)와 국가자료공동목록시스템(http://www.nl.go.kr/kolisnet)에서 이용하실 수 있습니다.(CIP제어번호: CIP2015010297)

"단군과 천부경, 개천절의 주역"

단재 정훈모 전집 III

– 기관지와 역사서 –

조준희 · 유영인 편

◀ 김염백 초상화

◀ 단성전 봉건자 정훈모 표석

◀ 계신당(단성전 강당)

일러두기

1. 자료 소장처
   1) 고려대 도서관 :『단군교총본부일기』
   2) 국립중앙도서관 :『김선생염백기』
   3) 국 회 도 서 관 :『단탁』 창간호
   4) 서울역사박물관 :『단군교부흥경략』

2. 기타
   1) 세로쓰기와 옛 문체로 된『김선생염백기』를 전산입력하고, 주석을 달았다.
   2)『김선생염백기』 원문 간지 옆에는 괄호( ) 안에 서기 연도를 병기하였다.

목차

정훈모의 기관지와 역사서 해제

조준희 · 유영인

1. 『단탁(檀鐸)』 창간호(정훈모 편, 단탁사, 1921)

① 서지 사항 :

소 장 자	국회도서관
형태사항	광고7·차례2·삽화4·권두사1· 본문 62·판권지1쪽 : 21 × 15cm
발견일자	2009.10.22. 국회도서관 소장본 확인/ 2010.11.11. 최현호 소장본 확인

② 발굴 경위 :

이 잡지는 국회도서관 소장본을 2009년 10월 22일에 처음 확인하였는데, 2014년 8월 21일에서야 본 전집을 기획하면서 출판허가 공문을 발송하였다. 그렇지만 고서 열람 불가 통보에 따라 PDF 파일로 밖에 확인하지 못하였다.

옮긴이들은 2010년 11월 11일 안양석수도서관 및 2014년 9월 29일 강화종합전시관의 최현호 선생 소장 단군 문헌 전시회에서 『단탁』 창간호 원본을 표지로나마 볼 수 있었다.

③ 역사 전거 :

『단탁』은 1921년 11월 12일 단탁사(경성부 충신동 1번지) 명의로 첫 발간된 단군교의 기관지다. 편집 겸 발행인은 단군교 대종사 정훈모다.

권두사에서 "'단(檀)'은 우리 계림과 인연이 지심한 신단(神檀)이요, '탁'은 우리 중생을 경성(警醒)식히난 목탁이다"라고 한데서 단군의 정신을 바탕으로 중생구제에 목표를 둔 잡지명의 의미를 알 수 있다. 『매일신보』, 1921년 11월 23일자, 「新刊紹介:檀鐸」에서는 "특히 단군천조 어진과 배달족의 원류도와 천부경 급 천부경도를 삽화에 대 봉안 편찬하여 배달민족의 모성(慕聖)적 정신을 활여(活如)케 하얐더라"고 『단탁』의 창간 목적을 소개하고 있다.

『단탁』은 현재 창간호만 현전하는데, 『단탁』 2호는 『매일신보』 1921년 12월 5일자, 「檀鐸二號 原稿押收」에 따르면,

> "檀君敎에서 發行하는 檀鐸 第一號는 發刊되얏고 第二號 原稿는 當局에서 檢閱中이던바 忌諱로 因하야 不許可 處分으로 押收를 當하고, 新히 原稿를 收集中임으로 第三號가 新年號가 될 豫定이던 것이 第二號가 新年(號 탈자—옮긴이 주)가 된다더라"

고 하여 원고가 당국의 검열로 불허가처분을 받고 압수당한 사실이 확인된다.

그 다음 호 출간은 6년 뒤에서야 재개된 것으로 보인다. 「조선일보」 1927년 3월 6일자, 「檀鐸 發刊準備」 기사에는 "단군교에서는 긔관잡지 단탁을 발간코자 방금 준비에 로력 중이라고" 하여 발간 준비 중인 상황이 알려졌다. 「매일신보」 1928년 3월 31일자 「단탁 발행 문예잡지」 기사에는 단탁의 출간이 당국의 검열과 수차례 기휘로 지연되었으나 수속을 마치고 곧 발행된다는 소식이 실려 있다. 본사를 서대문정 2정목 88번지에 설치했다는 이전 내용도 담겨 있다.

「동아일보」 1928년 4월 4일자, 「잡지 『단탁』 발행 계획」 기사에도 비슷한 내용이 있다.

> "부내 신진 문사들은 우리 사람의 조상인 단군(檀君)의 정신 미테 현재

문예의 발달을 뙤하야 월간 문예잡지 단탁(檀鐸)을 동인제로 발간코저 수일 전부터 원고검열 중 수차 당국의 긔휘로 저간 지연되엿스나, 불일간 나오게 되리라는데, 본사는 부내 서대문뎡(西大門町) 이뎡목 팔십번디에 두고 동 잡지 동인들은 목하 디방 선전에 분망중이라더라"

그러나 『단탁』 제3호는 "檀君이 物質文明의 폐해를 극복할 수 있게 할 수 있을 것" 등 본문 구절에 대해 치안방해죄에 저촉되어 검열·삭제되고 말았다(『경성지방법원 검사국문서 不許可 出版物 竝 削除記事 概要譯文』, 「『檀鐸』 第3號－昭和3年(1928) 3月14日 一部削除ノ上許可」). 또한 경비 문제로 인해 기관지 간행은 이 3호[1]에 그쳤고(『단군교부흥경략』, 65장), 창간호 외에 현전하는 사료가 없어서 더 이상의 내용을 확인할 수 없는 상황이다.

④ 내용 소개 :
『단탁』 창간호의 목차는 다음과 같다.

– 단군천조어진, 배달족의 원류도, 단군강역의 삼천단부도, 단군교 대종사 정단재선생초상
– 권두사, 창간사, 송단탁사(자운관산인 단재), 축사(죽하 이상천, 칠송 윤길병)
– 오인의 의무(일기자)
– 시대의 변천을 응하라(석운 정진완)
– 교리의 귀원득진(향산인), 천부경 급 천부경도, 계연수기서
– 축사(계운 박신양, 기농 윤자용, 윤태병, 취담 이필주, 최필부, 암운 신열우)
– 송덕문(단군교 교원 일동)
– ~~원본산가~~(삭제)

1) 『단탁』 제3호는 경무국 도서과에서 1928년 3월 15일자로 출판허가한 도서 목록에 있다(『동아일보』, 1928.3.17일자, 「許可된 出版物 警務局圖書課調」). 이후 내용 일부를 삭제하고 출판한 것으로 보인다.

– 엇지하면 행복의 생활을 득할고(정경모)
– 축사(김○○생, 대천 변일, 소암 임준학, 삼가생 김항수)
– 단군역사(백두산인)
– 축 단탁 창간(몽중몽인 서재덕)
– 최고문화의 이동과 기 차이(심공 조남길)
– 병든 몸이 객탑에셔(용강생)
– 향산김공기(일교생)
– 충효열절록
– 사조(정훈모 외 20명)
– 단군교교약부칙
– 격언
– 만고기담(수문수기생)
– 편집실에서(일기자)
– 사고(단탁사 편집부 백)

「단군천조어진」, 「배달족의 원류도」, 「단군강역의 삼천단부도」는 대종교와 단군교가 분파되기 이전 자료인 단군초상화 및 『단군교오대종지포명서』(1909)의 삽화 그림을 그대로 전재한 것이다.

백두산인이 기고한 「단군역사」에는 흘나사한(訖那沙翰) 철인 이야기가 나오는데, 이 역시 『단군교오대종지포명서』의 본문 내용을 인용한 것이다. 흘나사한은 고조선의 혼란기인 서기전 1,784년 아돈검신(阿頓儉神) 재위기에 단군의 종지(宗旨)를 최초로 정리하여 선맥의 기틀을 잡았다는 인물이다.

다음 향산인이 기고한 「교리에 귀원득진」을 보면, "本敎의 眞理난 天符經·聖經·覺辭로 丹心鍊性하고 靈誠感通하면 必得仙果난 史證에 昭然한 바라"고 하여 단군교의 경전을 『천부경』과 성경 곧 『성경팔리』, 그리고 「각사」로 체계화하고 있다. 1913년에 제정한 「종령」에서 언급했던 『천부경』·「각사」에다 『성경팔리』를 한데 통합한 상황을 엿

볼 수 있다.

「계연수기서」는 묘향산에 사는 채약사 계연수가 1917년 1월 10일자로 천부경 탁본을 단군교 교당에 보냈던 편지 전문이다. 계연수 편지의 존재는 1919년 11월에 「단군천부경 주해 서언」을 쓴 전병훈의 『정신철학통편(精神哲學通編)』(1920)에 소개되어 있으나, 전문이 알려진 것은 『단탁』이 처음이라는데 의미가 있다.

「桂延壽寄書」

僕이 嘗聞之師하니, "東方開荒之祖 檀君은 神人이시라. 持天符三印하시고 自天降世하사 德化大行于今四千餘年이라. 事在鴻濛에 未知三印이 爲何物이요, 如何寶物而天符난 卽設教之經也라. 尙今遺傳處하니 人若得而誦之則災厄이 化爲吉祥하고, 不良이 化爲仁善하니 久々成道則子孫이 繁昌하고 壽富連綿하야 必得仙果요, 但愚昧者라도 藏之一本이면 可免災禍矣라" 云하온 바, 僕이 銘在心中하고 求之不得矣러니, 後乃鍊性爲工하고 採藥爲業하야 雲游名山十許年矣라가, 昨秋에 入太白山하야 信步窮源에 行到人跡不到之處하니 澗上石壁에 若有古刻이라. 手掃苔蘚하니 字劃分明에 果是天符神經이라. 雙眼이 忽明에 拜跪敬讀하니 一以喜檀君天祖之寶經이요 一以喜孤雲先生之奇跡이라.

心中에 充然하야 若有所得에 始覺吾師－不發虛言하고 乃百步疊石하야 記其道路하고 歸携紙墨하야 更入山中하니 非復前日經過處라. －東尋西覓에 暗禱山靈하야 三宿而始得하니 時난 九月九日也라. 纔搭一本하니 字甚模糊라. 更欲搭之하니 雲霧忽起라.

－乃間關而返山寺하야 終夜解釋호되 不得要領하니 自顧少短學識에 老滅聰明으로 無復硏之道하고 但口誦而已矣러니, 適有自京城來人하야 說到京城에 有檀君教云耳라. 聞甚欣然하야 意欲躬往이나 足跡이 齟齬하야 未得遂意하고 荏苒發春이라. 路逢歸京人하야 玆以搭本을 獻上하오니, 望須解釋經旨하야 開喩衆生則－衆生이 必受福祿하고 教運이 從此發與矣리라.

－窃爲 貴教賀之이오며 又聞 檀世에 有神誌氏古字文하야 傳來于高麗云하니 窃惟求之하야 若得之면 更當付呈爲計나 然이나 得之則幸이요 若不得而不送이라도 勿以無信으로 垂諒焉하라. 爲祝 誠心修道.

丁巳 正月初十日

香山遊客 桂延壽 再拜
檀君敎堂 道下[2)]

「계연수 씨 기고」

제가 일찍이 스승에게서 들으니, "동방의 거친 땅을 개척하신 시조 단군은 신인이시니라. 천부삼인을 잡으시고 하늘로부터 세상에 내려오시어 그 덕화가 크게 행하여진 지 이제 4천여 년이 되는지라. 그 동안 어두움에 빠져서 '삼인'이 어떠한 것인지 또 어떤 보물인지를 알지 못하였으니, 이 천부는 곧 (단군께서) 교화를 베푸신 경전이니라. 오히려 이제야 세상에 전하게 되니 사람이 이 글을 읽으면 재액이 변화하여 길한 상서가 되고, 어질지 못한 이가 변화하여 착한 이가 되니, 이같이 오랫동안 도를 이루면 자손이 번성하고 장수함과 부자 됨이 계속되어 반드시 신선이 되는 결과를 얻을 것이요, 다만 어리석은 이라도 이 한 본을 소장해 가지면 가히 재앙을 면하리니라"고 하셨습니다.

제가 이를 마음속에 새겨 두고 구하려 해도 얻지 못하였는데, 그 후 정성껏 성품 단련함을 기능으로 삼고, 약 캐기를 업으로 삼아 명산에서 구름과 놀기를 십여 년 동안 하다가 지난 가을에 태백산(묘향산-옮긴이 주)에 들어가서 유심히 깊은 골짜기를 걸어감에 사람들이 잘 다니지 않은 곳에 이르니, 시내 위 돌 벽에 옛날에 새겨 놓은 것이 있는 듯한지라. 손으로 바위에 낀 이끼를 쓸고 보니 글자 획이 분명한 과연 이것이 '천부신경'인지라. 두 눈이 문득 밝아옴에 절하고 꿇어앉아 공경히 읽으니, 한편으로 단군 천조의 보배로운 경전임에 기쁘고, 한편으로 고운 선생의 기이한 자취가 있음에 기뻐하였습니다.

마음속에 가득하여 이를 얻음에 제 스승이 허황한 말씀을 하지 않으셨음을 비로소 깨닫고, 이에 백 걸음이나 돌을 쌓아 그 길을 기억하게끔 하고 돌아와 종이와 먹을 가지고 다시 산 속으로 들어가니 전 날의 지나던 곳이 아니었습니다. 동서로 찾다가 끝내 산신령에게 빌며 사흘 밤을 자고서 비로소 찾아 얻으니 이때가 9월 9일이었습니다. 겨우 한 벌을

2) 1921년『단탁』17~18쪽「계연수기서(桂延壽寄書)」와 1937년『단군교부흥경략』, 24~25장「계연수서탑천부경원본어묘향산석벽 송래시서(桂延壽書,搭天符經原本於妙香山石壁,送來時書)」를 대조해보면 후자에서 다음과 같이 제목과 본문 4곳의 글자가 바뀌어 있다. ①「桂延壽寄書(계연수 씨 기고)」→「桂延壽書搭天符經原本於妙香山石壁送來時書(계연수 씨가 묘향산 석벽에서 천부경 원본을 탑본하여 보낼 때 동봉한 글)」② 雲游名山→雲遊名山(교체) ③自京城來人→自京來人(탈자) ④得之則幸이요→得之則幸矣요(첨가)

박으니 글자가 심히 흐릿하여 다시 박으려 하니 구름과 안개가 홀연히 일어나는지라.

이에 그만 절로 돌아와 밤이 새도록 풀어 보았으나 그 요령을 얻지 못하였으니, 스스로 돌아보건대 젊어서 배움이 짧고 늙어 총명함이 덜어짐으로 다시 연구하여 뚫을 길이 없고 단지 입으로 읽을 뿐이었는데, 마침 서울에서 온 사람이 있어 말하기를, "서울에 단군교가 있다"고 합니다. 이 말을 듣고 심히 기뻐서 가보고자 하였으나 걸음이 어긋나서 그 뜻을 수행하지 못하고 덧없이 봄이 되었습니다.

길에서 서울로 돌아가는 사람을 만나 탑본을 바치오니, 바라건대 이 글 뜻을 잘 풀어 중생을 열어 가르치면 그들이 반드시 복록을 받고 교운(교세－옮긴이 주)이 이로부터 일어날 것입니다.

그윽이 귀교의 하례가 됨이여, 또한 들으니 단군 때에 신지의 옛 글자가 고려(고구려－옮긴이 주)에 전하여졌다고 하니 깊이 구하여 만일 얻으면 다시 응당 보낼 계획이오나 얻으면 다행이요, 얻지 못하면 보내지 못할지라도 신용이 없다 하지 마시고 양해하시기를 바랍니다.

성심으로 수도하심을 빌면서,
정사년(1917) 정월 초십일에 묘향산 나그네 계연수 올림
단군교당 앞

일교생(정진홍으로 추정－옮긴이 주)이 기고한 「향산김공기」는 『김선생염백기』(1924)의 연재 글 중 일부다.

「단군교교약부칙」은 『단군교교약장』(1915)에 있던 내용을 그대로 수록하고 있다.

정훈모는 1920년 단군교 청년회를 조직하고, 1921년에는 「단군교선전문」을 전국에 배포하여 단군교의 부흥을 위해 노력하였다. 나아가 일제의 민족분열 통치시기에 기관지인 『단탁』을 통해 교인들의 결속을 다지고, 단군교 경전과 교리, 종교역사와 역사인물, 예식, 그리고 시와 논설 등을 수록함으로서 민중에게 민족사상을 널리 보급

하고 한편으로 재정도 충당하고자 했던 것으로 보인다.

2. 『김선생염백기(金先生廉白記)』 (정진홍 편, 단군교지부, 1924)

① 서지 사항 :

소 장 자	국립중앙도서관
형태사항	36쪽 : 22.5 × 15.4cm
발견일자	삿사 미츠아키 최초 발견/ 조준희·유영인 2014.9.17 촬영

② 발굴 경위 :

『김선생염백기(金先生廉白記)』는 삿사 미츠아키 교수가 국내에서 처음 발굴하여 옮긴이에게 소개해준 바 있었던 자료다. 옮긴이들은 공식적인 절차를 밟아 2014년 9월 17일에 국립중앙도서관을 방문하여 원본을 촬영하였고, 2014년 11월 14일에는 영남대 도서관 소장본 조사차 방문해 국립중앙도서관 소장본과 비교 검토하였다.

③ 역사 전거 및 내용 소개 :

『김선생염백기』는 1924년 3월 평양 단군교지부에서 발행되었으며, 편집 및 발행자는 정진홍(鄭鎭洪)이다. 정진홍은 정훈모의 장남으로 부친과 함께 단군교 서적의 출판을 담당했다.

이 책은 19세기 말 평안도 일대를 중심으로 전개된 단군신앙 운동을 주도했다고 알려진 김염백(金廉白, 1828~1896)이란 인물의 전기다. 김염백을 따르던 신도 송만옥(宋萬玉), 이태조(李泰祚) 등은 김염백 사후 1915년 평양에 단군교지부 설립을 승인받고 이에 평양지부를 방문한 정훈모 일행에게 김염백의 행적을 진술하였다. 이를 토대로 단군교단에서 1921년에 발행한 기관지 『단탁(檀鐸)』 1호부터 연재했던 김염백 관련 글을 모아 증보해 펴낸 것이다.

이 책은 표지 · 김염백 초상화 · 본문(34쪽) · 「김선생문인씨명록(金先生門人氏名錄)」 · 「김선생문하설계자매록(金先生門下設契姊妹錄)」 · 판권지로 구성된 소책자다. 본문은 국한문 혼용으로 김염백의 일대기 및 『김선생염백기』 출간 과정과 경위를 기록한 부분으로 구성되어 있다.

김염백 초상화

김염백은 1828년 5월 12일 평안도 영변에서 태어났다. 본명은 상렴(尙廉), 자는 국보(國甫)이며, 염백(廉白)은 그의 호, 본관은 김해다. 그는 유아기 때부터 총명함을 보여 소년시절 유교 경전은 물론 중국 고전을 섭렵했다. 20세에 결혼한 뒤 명리와 과거를 포기하고 대중의 어려움을 구제하는 일에 나서 추종자를 얻을 정도가 되었다.

26세 되던 해 백성의 복리와 재액 구제를 위해 묘향산에 입산해서 3년간 수도를 하였다. 수도 기간 중에 천서를 받고 신비체험을 하는 등 초자연적 종교 경험을 하였다. 신비체험의 과정에서 단군을 만나고 단군은 그에게 교화를 펼칠 것을 명한다. 김염백은 명에 따라 단군의 가르침을 전파한 결과 관서 관북지방에 추종자가 증가하고 단군 숭배가 성행했다.

63세 때인 1893년(1894년의 착오 – 옮긴이 주) 그는 청일전쟁으로 인한 평양 지역의 곤경을 예견하고 교화사업을 계속하며 전쟁 중에 평양 사람들의 불안감을 진정시키는 활약을 한다. 그러나 1896년 동학교도로 몰려 평양진위대(鎭衛隊)에 구금되어 평양시내 십자로에서 총살형을 당하였다. 단군교 교주 정훈모는 위의 김염백 일대기를 수제자 송만옥 등으로부터 전해 듣고 종령을 내려 김염백을 "오교(吾敎)의 선각(先覺)"이라 선양하며 영위를 단군성전 한 쪽에 봉안했다. 이로써 동학교도로 오인되어 죽음을 맞이했던 김염백은 신원(伸寃)이 되었다.

『김선생염백기』는 김염백의 행적을 목격한 그의 수제자 등의 증언을 단군교에서 수집 정리한 것으로, 김염백에 관한 3차 사료인 셈이다. 그럼에도 불구하고 이 책은 대종교의 중광에 배경이 되는 백두산을 근거로 하는 백봉 선가집단과 별개의 단군신앙운동이 서북 지방에도 전개되었음을 입증하는 자료라는 가치가 있다. 나아가 이 시기 기층 사회의 단군 인식은 물론 고려 말 이래로 전개되어온 단군 전승의 역사에서 근대적 단군 신앙 운동의 전개상황을 이해하는데 중요성을 지닌 자료라 할 수 있다.

3. 『단군교부흥경략(檀君敎復興經略)』(정진홍, 계신당, 1937)

① 서지 사항 :

소 장 자	서울역사박물관(유족 기증)
형태사항	삽화10쪽·본문144쪽 : 25.7 × 18.3cm
발견일자	2005.7.23. 정훈모 유품 확인

② 발굴 경위 :

정훈모와 단군교에 관한 중요한 자료 중 하나인 『단군교부흥경략』

에 대한 연구는 전술한 삿사 미츠아키 교수의 박사학위논문이 시초라 할 수 있다.

옮긴이는 정훈모 선생 유족을 수소문하는 과정에서 2005년 7월 23일 손부 자택에서 원본을 확인하였고, 다시 손자 정달영 선생의 소개로 2010년 2월 25일 오후 1시 반 금천구청에서 정훈모 선생 후손 중의 한 명인 정인영 씨를 만났다. 정 씨가 『단군교부흥경략』 다른 1책을 금천문화원에 기증한 사실을 듣고서 당일에 같이 금천문화원을 방문하였다. 문화원 측과 논의하고서 『단군교부흥경략』 번역을 추진해 보았으나 상황이 여의치 않아 중단되고 말았다.

이후 권태영 여사 소장본 기증처인 서울역사박물관 측으로부터 사본을 제공받으면서 연구에 박차를 가할 수 있게 되었다.

③ 역사 전거와 내용 소개 :

이 책은 단군교가 해체된 직후 1937년 정훈모의 장남 정진홍(鄭鎭洪)이 단군교의 역사와 교리, 의례에 대해 마지막으로 정리해 남긴 책이다.

책머리에 민병한(閔丙漢), 정두화(鄭斗和) 및 정훈모의 서문이 있다.

정훈모는 1908년 12월 31일(음력 12월 9일) 일본 도쿄 홍고구(本鄕區) 모리가와마치(森川町) 1번지 가이헤이칸(蓋平館)에 머물고 있는 동지 나철을 만나러 갔다가 때마침 찾아온 백두산 도인 두일백을 처음 상봉하였다. 정훈모가 쓴 「단군교부흥경략 서언」을 근거로 당시 상황을 재연해 보면 다음과 같다.

신선의 기품을 한 도인이 문을 열고 말하기를 "그대는 조선인으로서 왜 이곳에 왔는고?"하니, 정훈모가 노인의 이름을 되물었다. 이에 두일백(杜一白)은 자신과 백봉신형을 소개하는데, 정훈모가 또다시

"백봉이 뉘시오?"하고 물었다.

두일백은 단군교의 유래와 백봉에 대해 설명하고, "(백봉신형이) 그대의 정성과 뜻을 아는 까닭에 단군교를 전하고자 왔으니, 이곳에 오래 머물지 말고 즉시 본국으로 돌아가 단군교를 일으켜 동포를 구하라"고 명하였다. 이에 정훈모는 "교리가 있다는 것을 들은 바 있어서 교문을 세우고자 하는 의욕은 있으나 서적(경전)이 전무하여 정성을 다하지 못하고 있으니 바라옵건대 가르침을 주시오"라고 청하자 두일백은 가지고 온 '단군영정'과 『성경(성경팔리–옮긴이 주)』, 『삼일신고』, 『포명서』, 역사·예식 등 각 1책을 주면서 말하기를, "이것을 가지면 가히 교문을 일으킬 수 있으니 즉시 귀국하라"고 당부하며 떠났다. 정훈모는 이날의 감회를 '기쁜 마음에 밤새 잠들지 못하다가 다음날 새벽 사명을 띠고 귀국 길에 올라 밤낮으로 단군교를 일으킬 연구에 전념하였다'고 술회하였다.

이외에도 단군교 이전부터 고향에서 수도했다는 내용이나 민병한의 도움을 받아 거액의 설당자금을 하사받은 내용, 단군교의 교세가 확장되고, 구월산 삼성사에서 단군소상(檀君塑像)을 발굴하여 교당에 봉안하게 된 유래 등이 기록돼 있다.

본문은 첫째, 단군교 역사 편으로 「단군강세」·「비서갑씨와 4황자」·「단군세기」가 실려 있다.

「단군강세」는 『단조사고』(1911)를 인용하여 환인은 상제이고, 환웅은 천왕이고, 환검은 인종(人宗)으로 환인·환웅·환검(단군)이 삼신이라고 설명하였다.

「비서갑씨와 4황자」는 단군과 왕비 비서갑 하백(河伯)의 신녀(神女) 슬하의 네 황자(皇子)–부루·부소·부우·부여에 대해 적은 것이다.

「단군세기」는 재야사서인 『규원사화』를 인용하여 시조 단군이 93년간 통치한 사실과 2세 부루임금부터 47대 고열가(古列加)임금에 이르기까지의 왕검의 재위기간 등을 요약하였다. 열국 시대부터 고려시대까지의 역사는 『신단실기』(1914)를 인용하여 간략히 다루었다. 「단사전묘(壇祠殿廟)」와 「신적(神蹟)」 편이 덧붙여져 있는데, 전자에서는 강화 마니산, 황해도 구월산 삼성사, 평양 숭령전 그리고 만주의 태백산 보본단과 목엽산묘 등 단군을 모시는 사묘(祠廟)가 어디인지를 소개하고 있다. 후자에서는 동사유고나 성종실록 등에 나오는 신인(神人)을 단군으로 이해하고 문헌상에 전해오는 여러 가지 불가사의한 신이성(神異性)에 관하여 적고 있다.

둘째는 단군교 교리 편으로 대표적인 『천부경』과 『삼일신고』를 실었다.

『천부경』은 원문 81자와 계연수 편지, 그리고 경북 영일 출신 유학자 노주 김영의(1887~1951)의 「천부경 주해」가 수록되었다.

『삼일신고』는 1912년 대종교본사 명의로 인쇄한 판본이 그대로 실려 있다.

셋째는 단군교 예식 편으로 「향사예식절차(진설도, 축문, 향사홀기, 송덕문)」, 「종헌규정 개략」, 그리고 『단탁』 창간호에서 싣지 못했던 「원본신가」가 실려 있다.

향사예식 「진설도」는 다음과 같은데 이전 『예식 존안』 때 보다 젓갈(醢)과 말린 고기(脯)가 추가된 차이를 보인다.

	신위(神位)	
목기(右豆)/기장(簠稷)		벼(簠稻)/죽기(左籩)
어해(魚醢)/녹해(鹿醢)		어포(魚脯)/녹포(鹿脯)
	소고기(牲)	
무절임(菁菹)/ 부추절임(菲菹)	폐백(幣)	말린 대추(乾棗) 말린 밤(乾栗)
초(燭)		초(燭)
	잔(爵)(爵)(爵)	
	향(香)	

「교단기장(敎團旗章) 서문」에서는 정훈모가 단군교 교기의 철학적 의미에 대해 밝혔고, 이어서 「종위(宗位)씨명」으로 단군교 성직자 민병한 등 5명의 대성사(大誠師)와 65명의 대선사(大宣師) 명단, 그리고 단군교의 핵심 인물인 정훈모 대종사 · 민병한 대성사 · 정두화 총무부총장 3인의 사진이 수록돼 있다.

「교리의 귀원득진」은 『단탁』 창간호(1921)의 「敎理의 歸源得眞」을 그대로 옮긴 것이다. 그렇지만 "本敎의 眞理난 天符經·聖經·覺辭로 丹心鍊性하고 …眞理의 天符經을 鍊性爲工하면"을 "本敎의 眞理난 天符經·聖經·三一神誥로 丹心鍊性하고 …眞理의 天符經·天乙仙學經·三一神誥을 鍊性爲工하면"으로 고쳐졌는데, 20년대 천부경 · 성경팔리 · 각사의 경전체계가 30년대에 천부경 · 천을선학경 · 삼일신고로 바뀌었음을 알려주는 중요한 대목이다.

「찬송문」은 종권에서 밀려났다가 복귀한 교주 정훈모의 호칭을 1915년 7월 7일자 단군교총본부(교정(敎正) 이약희 외 19명과 시교원 일동) 명의로 종교사(宗敎師)에서 대종사(大宗師)로 교체 · 추대하고 경축하는 내용을 담고 있다.

「교약장서」는 정훈모가 1915년 10월 상순에 쓴 『단군교교약장』의 서문이다. 『단군교교약장』이 1914년 10월에 출판허가를 받고 1915년

8월에 출간이 되었기 때문에 본 내용은 실리지 못한 것으로 보인다. "교약장의 개략은 주자 백록동 향약(백록동학규 및 남전여씨향약-옮긴이 주)을 모방했다"고 주석이 달려 있다.

넷째는 단군교 성전 관련 기록이다. 「시흥 단성전 전경」 삽화 1장 뒤로 「단성전 건축」에는 1929년 12월 26일 서무과장 강기원의 소개로 안순환을 만나 단군성전 건축을 협의하고, 1930년 3월 2일 성전건축발기회를 남대문 식도원에서 개회식을 거행한 내용이 상세히 기록돼 있다. 총교부장 윤길병의 '식사(式辭)'에 정훈모와 나철이 동시에 단군교의 도맥을 받고 함께 활동하다가 교명 문제로 분립하고서 단군교를 어렵게 영도하던 중 안순환이 찾아와 성전 신축 의사를 밝히기까지의 과정이 설명되어 있다. 같은 해 10월 3일에 성전 낙성식과 단군소장 봉안식이 성대하게 개최되었다. 봉안 제관 명단과 「봉안고유축」, 참석자 명단, 「단성전상량문」, 「단성전기」, 「신전봉찬회발기」가 첨부되어 있다.

끝으로, 「교문부흥 후 삼십년 경과 약요」는 1908년 12월 9일 태백산(백두산-옮긴이 주) 도인 두일백으로부터 나철과 함께 단군교를 전수받은 뒤부터 약 30년간의 교사를 정리한 글이다.

「송녹아도서」는 정훈모가 일본 가고시마(鹿兒島) 단군신사 이야기를 듣고서 1918년 3월 25일자로 일본 측에 보낸 편지다.

책의 말미에는 화암 이경주 · 강담 · 김재웅의 「발문(跋)」이 있다.

【부록】『단군교총본부일기(檀君教總本部日記)』(단군교총본부, 1914)

① 서지 사항 :

소 장 자	고려대학교 도서관
형태사항	27.4 × 19.7cm : 62쪽
발견일자	2014.10.22. 원본 스캔

② 발굴 경위 :

이 자료는 종교학자 삿사 미츠아키 교수의 박사학위 논문『한말·일제시대 단군신앙운동의 전개』(서울대, 2003)에서 처음 소개되었다.

고려대학교 도서관에만 소장된 유일본이며, 옮긴이들은 도서관 측의 공식허락을 받고서 2014년 10월 22일에 방문하여 원본을 열람·스캔하였다.

③ 역사 전거와 내용 소개 :

『단군교총본부일기』(이하는『일기』)는 1914년 양력 4월 1일부터 8월 13일까지 단군교 내부에 관해 4개월 분량이 기록된 일지다. 표지에 "제7호 대정3년 7월"이라고 적힌 것으로 미루어 1914년 이전부터 매월 일기를 작성했던 것으로 추정된다.

기록의 주체는 정훈모가 아닌 대교사 이유형, 본교사 유진구, 참교장 서창보 등의 인물로 여겨진다. 또한 "宗教師 鄭薰謨 氏가 上來하야 聖殿에 叅拜하다(『일기』, 7.8일자)"는 구절을 보면 3인칭 표현으로 기록되어 교단 내 기록 담당자인 녹사(錄士)가 작성했을 것이다.

정훈모는 당시 단군교 교주에 해당하는 종교사의 직위에 있었으나 1912년 가을 이유형·유진구·서창보 3인이 교단을 사적으로 운영하기 시작하였다. 이에 시교사 이수봉·임원상이 이들 3인의 행위를 절절히 반대하였고 교단 내에서도 불평이 나왔다. 그러자 3인은 "교주가 임(원상)·이(수봉) 양인을 교사하여 시비를 일으킨다"고 모함하였고, 결국 정훈모는 체면상 고향 집으로 물러가고 말았다(『단군교부흥경략』, 64장).

정훈모가 1912년 가을에 물러났다가 정식 활동을 보이는 시점은 1914년 8월에 개최된 단군교 총회에서 의장을 맡았던 1914년 8월 10일이다(『일기』, 8.10일자). 그리고 『단군교교약장』 출판 허가 신청을 한 1914년 10월로 보이므로 그 사이 2년 간 단군교총본부의 활동은 정훈모와 관련 없기 때문에 공백기와 같다.

이 자료에는 단군천조어천기념대제(음력 3월 15일)와 일요일 예배와 같은 예식에 관한 기록, 정훈모가 지은 충남 정산군 지교당 건축 낙성식 「상량문(1914.3.15)」(『일기』, 4.1일자)과 원운(原韻)시(『일기』, 5.23일자), 단군교 관할 지역 내 대종교당 건(충남 논산군 연산면 봉림동 대종교당 주무원 이화부(李花富)의 공함)(『일기』, 5.14일자) 등 여러 공함, 『매일신보』 제보 기사1914.6.18일자 「檀君敎 大活動」(서적 인쇄, 교당 건축 등 운영비에 관한 임원회의) 및 7.21일자 「檀君敎其庶幾乎」(교당 건축 건과 각 지교 건축비 모금에 관한 소식), 지방 교당 조직, 북부경찰서에서 조사한 단군교 현황(『일기』, 7.24일자)이 기록돼 있다.

> 명칭 : 단군교총본부, 위치: 경성부 와룡동 38번지, 설립연월일: 재흥 명치41년 1월 8일, 총본부 명칭 명치43년 10월 12일

재흥일이라는 1908년 1월 8일(음력 1907.12.5)은 이유형이 정리한 『단군교총본부종령』(1913) 제3조에서 단군교 재흥 연기(年紀)를 음력으

로 환산한 정미년 즉 1907년과 같다. 그러나 이날은 1909년 1월 19일(음력 1908.12.9)의 착오로 나철과 정훈모 양인이 일본에서 백두산 도인 두일백으로부터 함께 도맥을 받은 날이다.『단군교부흥경략』「교문부흥 후 삼십년 경과 약요」에는 무신년(1908) 12월 9일로 정확히 기록돼 있다.

그리고 단군교총본부로 명칭했다는 '1910년 10월 12일(음력 9.10)'은 정훈모와 나철이 분립한 날로 추정된다.

단군교 주관자는 대교사 이유형, 본교사 유진구, 총무장 백낙정, 교무장 조성오, 사무장 이용구, 찬성장 장석주, 참교장 원경의, 참사장 유한정, 총무 이약희 9명이었다.

신자수는 3,613호에 남자 9,428명, 여자 1,430명으로 보고하였다.

이외 각 지교(支教) 및 시교실(施教室)이 아래 지역에 개설되어 활성화되었다.

<단군교 지교>

충남 공주·부여·서산·노성·청양/충북 충주/전북 익산/강원 양구/경기 고양·시흥/황해 신천/평북 용천

<단군교 시교실>

충남 대전·노성(진호·용호·장원)·임천/경남 창원/강원 화천/경기 교하/함경 함흥

덧붙여 지교의 중심은 충남 공주(지교장 정환조), 시교실의 중심은 대전(시교사 박정하)으로 적혀 있다.

참고사항으로 총본부와 지교에서는 매 일요일 '성경(聖經)' 곧『성

경팔리』를 강의했고, 참고로 『일기』, 1914.6.28일자에는 대교사(이유형)가 경남 김해 학도와 교인들을 위해 『성경팔리』 1질을 기증하여 교리를 천명케 하였다는 기록도 있다.

이 자료는 교당 이사(상마동→경운동 4번지)(『일기』, 8.9일자), 총회 등 다른 자료에서 볼 수 없는 당시 교단 내 자세한 정황이 기록돼 있다는 점에서 사료적 가치가 있다. 다만, 아쉽게도 일부 낙장(6.12~14일자 4쪽, 8.11일자 4쪽)된 페이지가 있는 곳도 보인다.

기관지와 역사서 영인본

기관지와 역사서 영인본

목차

『단탁』

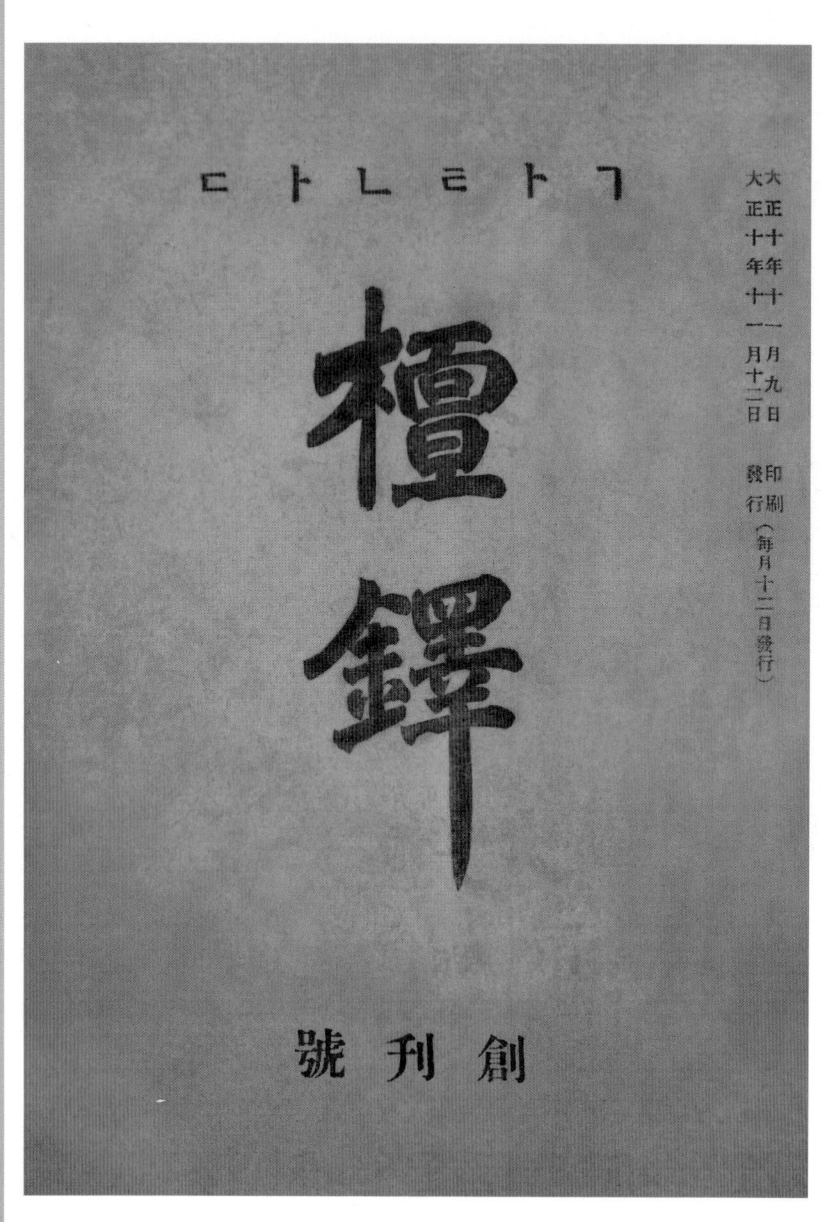

3 『단탁』 영인본

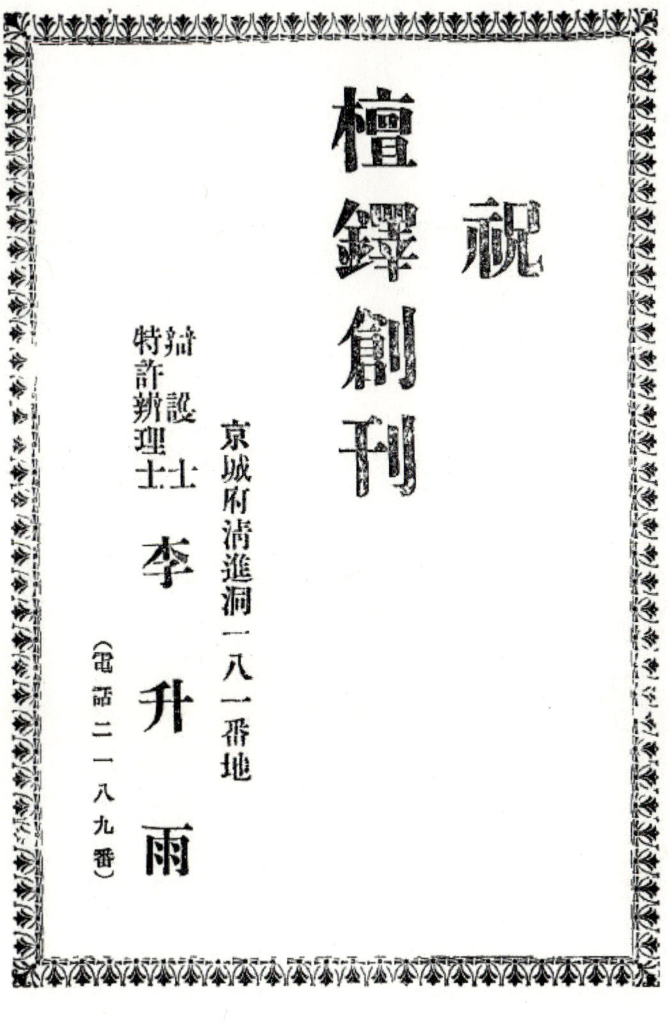
祝
檀鐸創刊
京城府淸進洞一八一番地
辯護士
特許辨理士
李升雨
(電話二一八九番)

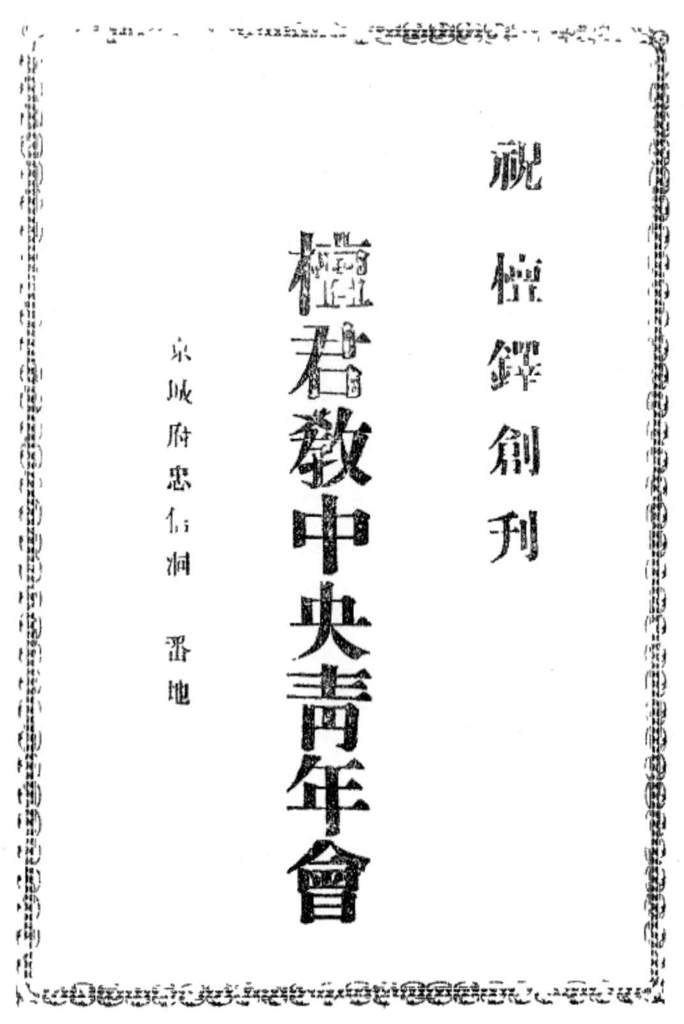

祝檀鐸創刊

檀君教中央青年會

京城府忠信洞　番地

5 『단탁』 영인본

祝賀檀鐸創刊

拜啓

弊店이多年　僉位의愛顧之澤을厚蒙하옵은眞所銘感이오며今番에其　惠를萬分之一이라도報答키爲하야左記各種物을俱備擴張하옵고薄利多賣로誠心提供하오니江湖僉位난以此照亮하신後ㅣ勿拘多小하시고　隨意請求하시면迅速酬應하깃솝나이다

營業目錄

笠子、網巾、凉太、篩物、
宕巾、馬尾、帽子、總吐手、

其他附屬品都賣散賣
地方은引換代金客

京城府義州通貳丁目八〇番地

冠物馬尾都賣散賣商　金聖源

檀鐸創刊號目次

祝賀檀鐸創刊

◉ 腎氣强壯 補元養血

보제약

蔘茸丸

定價(特製) 拾參圓 郵稅 五拾錢

主治

●神經衰弱 ●腎虛腰痛 ●房事不能 ●虛汗盜汗 ●下焦虛冷

●氣虛貧血 ●消化不良 ●面黃肌瘦 ●陰陽俱補 ●陰虛火動

●陽物不擧 ●夜夢遺泄 ●先天不足 ●精神疲困 ●婦人調經

●手足厥冷 ●氣力衰敗 ●後天不足 ●頭痛眩暈 ●子宮冷淡

◎本蔘茸丸의特長

服用七八日則化痰降火ᄒᆞ고食慾이增長ᄒᆞ며二週日則大補元氣ᄒᆞ고和協陰陽ᄒᆞ며早漏遺精ᄒᆞ고陰痿不起에能上能起케ᄒᆞ며四時를勿論ᄒᆞ고服用長久則生精養血ᄒᆞ고益智定神ᄒᆞ며大補心腎ᄒᆞ고順陽三焦ᄒᆞ야却病輕身ᄒᆞ야延年長壽ᄒᆞᄂᆞ니라

○ 痳疾聖藥 五淋祛根

림질약

五淋卽治王 (오림즉치왕)

定價 一劑金五圓 ●郵稅五十錢也

主治

●五淋白濁 ●急性淋病 ●慢性淋病

●尿道炎症 ●膀胱炎症 ●梅毒性症

●婦人赤白帶下 ●婦人淋病 ●睾丸炎症

◎五淋卽治王의特長

本藥은如何ᄒᆞᆫ淋病이라도遠近을勿論ᄒᆞ고服用三四日에其確實ᄒᆞᆫ効驗을見ᄒᆞᆯ지며又ᄂᆞᆫ輕症急性에ᄂᆞᆫ三日이면全治祛根ᄒᆞᆯ거시오若再發慢性에ᄂᆞᆫ二三劑에限하ᄂᆞ니淋疾愈後에腎氣補元키爲ᄒᆞ야本蔘茸丸을服用ᄒᆞᆯ지니라(但無効하면返戾함)

藥種貿易及 賣藥三十餘種製造

京城府義州通一丁目十五番地

東濟藥院本舖

主 千東暐

9 『단탁』 영인본

株券、書籍、册表紙
藥包、證書、諸商標
粉匣、針器、色箱子
禮狀、族譜 諸廣告

等 石版印刷를

京城鐘路

寶晉齋石版印刷所

에서 優良低廉迅速하게

貴客의 需要에 供합니다

檀君天祖御眞

11 『단탁』 영인본

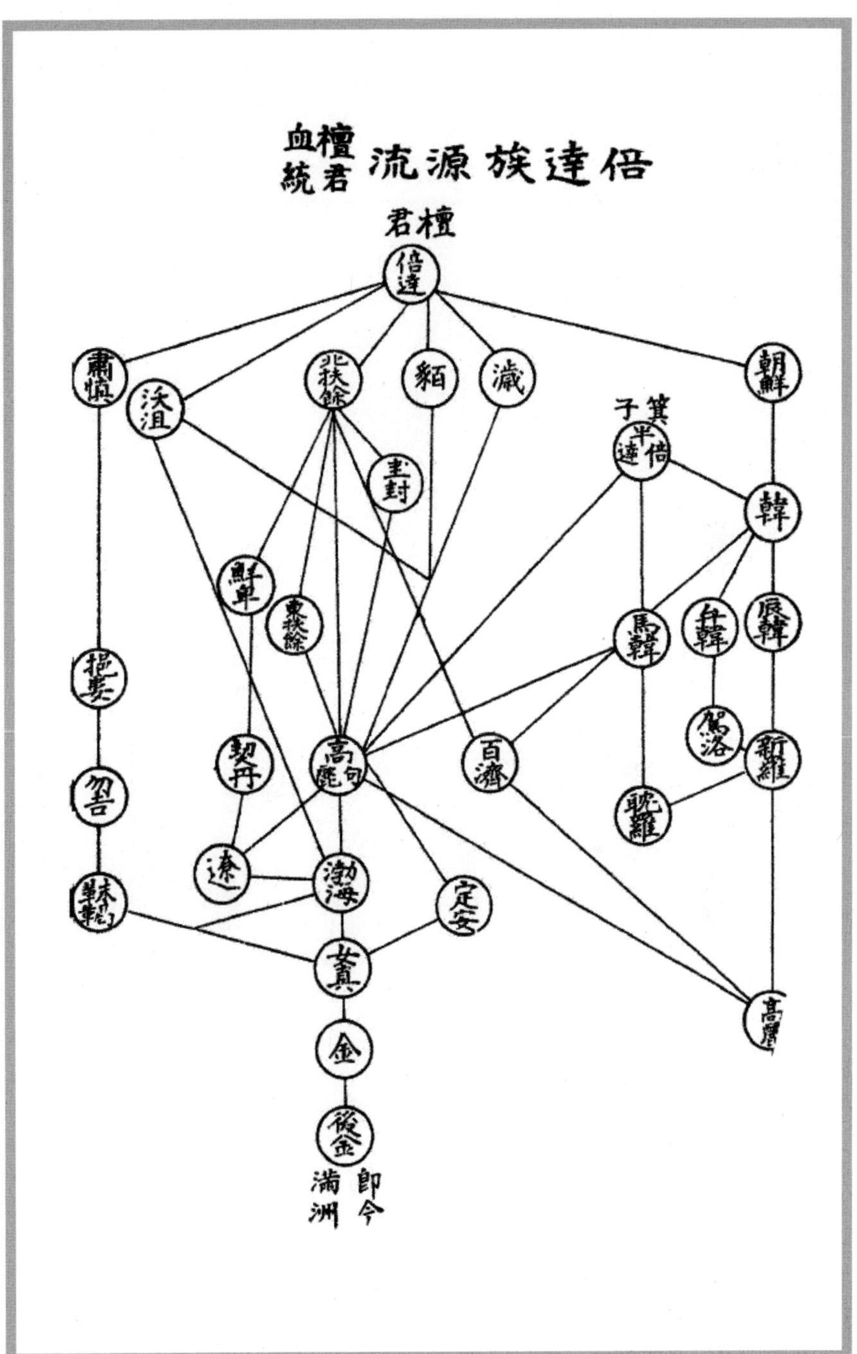

倍達族源流
檀君血統
檀君
倍達
肅愼
沃沮
北扶餘
貊
濊
朝鮮
箕子
倍達
圭封
鮮卑
東扶餘
韓
馬韓
弁韓
辰韓
挹婁
契丹
高句麗
百濟
駕洛
新羅
勿吉
耽羅
遼
渤海
定安
靺鞨
女眞
高麗
金
後金
卽今
滿洲

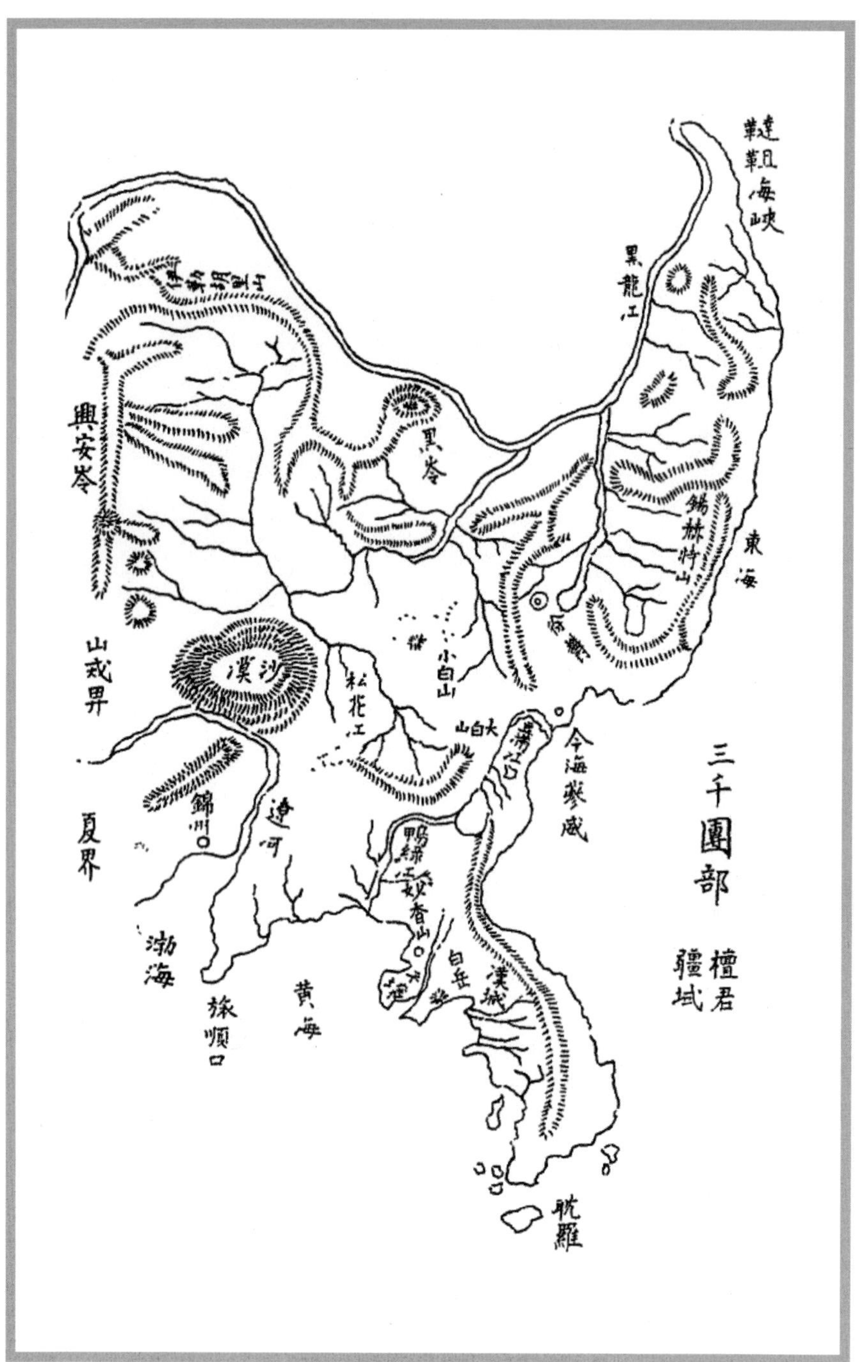

三千團部
檀君疆域
韃靼海峽
黑龍江
興安岺
黑岺
錫林特山
東海
山戎界
沙漠
小白山
松花江
大白山
今海參威
錦州
遼河
夏界
鴨綠江
妙香山
渤海
白岳
漢城
黃海
旅順口
耽羅

13 『단탁』 영인본

(三一頁記事參照)

檀君敎大宗師鄭亶齋先生肖像

○卷頭辭

檀은우리鷄林과姻緣이至深한……神檀이요
鐸은우리衆生을警醒식히난……木鐸이다

千山萬野에黑幕을치고 迅雷暴雨가急하지만은……颯々한一席淸風이면能히掃晴할것이요
黃海玄灘에颶風이날며 鯨波鰐浪이險할지라도……輕々한一隻艦艇이면能히涉渡할것이다
그러면우리의半島도今日과如히暗黑하며 第一의落伍者가되엿지만은……勿論이檀鐸의一聲으로는能히覺醒식힐수가잇고 鼓吹식힐수가이스며 落伍된것도比肩할수가잇고 悲慘히된것도安樂하게할수가잇지안이한가?……
아ㅣ참으로任重道遠한이檀鐸이다……
이럼으로나난이檀鐸의辭이永遠히ㅣ此舞臺上에서끈치지안이하기를祝願하오며우리民族의幸福이無窮할것을깃새하노라

15 『단탁』 영인본

創刊辭

斯二十世紀(우라檀聖紀元으로난四十三世紀)時를際하야亞歐大陸에森羅한其만흔나라히各기知識也와文化로積極的權衡을爭하야最高의優勝、第一의冕旒冠을占有하려한다………

然而우리半島난ㅣ엇지하야如此히寥々하고 昏々하야最極의悲慘에境、第一인落伍의位에서獨特히彷徨하난고?……歷史로말하면ㅣ堂々한半萬年의紀元、神聖한民族은二千萬의多數、華麗한江山은三千里의적지안이한ㅣ面積을占有한우리로서……한번頭를搔하고想覺의蘊蓄을傾하니ㅣ卽知識啓發의先導者가微々하고睡夢을警醒하난機關이不足함으로그러하다斷言할지로다……

이를燭鑑한檀鐸은ㅣ於是乎神聖한ㅣ其體裁와 雄壯한

其소릭를이清雅하고 灑落한秋風을따라낫하닉이며울니게되엿도다……아ㅣ……寥々한우리倍達、昏々한우리鷄林도今也ㅣ그ㅣ光彩를六洲五洋에빗닉이게되난구나：官노玄海에苦楚하다가ㅣ寶筏의救援을得하엿고昏衢에彷徨하다가ㅣ明燭의指導함을逢하엿다云치안이치못하리로다：……

頌

檀鐸社

紫雲覘山人亶齋

長夜禪域에風雨晦冥하니七曜가迷厥度하고五行이汨其
精이라鬼魅난揚燐而噪啾하고虎豹난咆暴而縱橫일시猿
鶴沙蟲은蛹蟄不起하고土鐺瓦釜난律呂奚調라鷄旣鳴矣
어늘尙寐無寤하니噫我神聖을孰開聾瞶오忽然히牛夜一
聲에萬戶千門이次第將開하니噫라此何聲也오獨崩洛應
은子母感也오霜至豐鳴은氣候至也라日彼闢金口掉木舌
하야丁々當々而來者自何處也오日檀鐸社리于時에亶予
小子蹶起整衣服莊而坐하야焚香靜默하고恭念我生民之
始立니巍乎白岳은維 聖神所降이라檀木有址하니敢忘
所本가凝神恍々에赫然乃顯하사據檀之宮하사完備有命
하사듸我有斯檀에根抵于汝라蔭庇四千餘職라가而有今

頌 三

日하니天符有數하고三印有命이라其肯使我遣로夢々然類乎毛羽리요坎々爰伐하야作之爲鐸하야以付汝社호니汝其替々哉ㄴ저小子肅然乃惕하니若音在耳라若稽叩者三하고乃與曰世之車頭錚々은爲戒觸也요鵲尾鈴々은爲点失也요塔簷响々은爲驅禨也요巫指星々은爲招神也라纖細作用을夫奚足稱고惟彼孟春道路에遒人乃循하야以之警衆布令커든於是乎官司以規하며工藝以諫하야改燧革新에民物咸和則此非夫子之所欲爲而不倦於環轍者耶아吾知社之假鳴乎檀鐸者必於是而後에庶不負 神祖之所付予니則敢不頌以所願이리오乃撲拜焉祝曰我願斯鐸一鳴에雨霽天明하며百怪逃形하고斯鐸再鳴에世夢渾醒하며人文煥成하고斯鐸三鳴에庶物咸亨하야世躋太平하라嗚呼玉振金聲은有俟乎韶英하노라

祝檀鐸創刊

竹下李相天

檀君之族 鐸我警也 警不以本
夫子之鐸 檀我本也 鳥乎其可
命名檀鐸 惟我東邦 血脈道統
以本以警 君子之境 檀箕孔孟
半萬年竹 一泒洶湖 斧我檀樹
嶽々炳々 近自何來 百千其艫
疾風弱草 愛膚斯木 玎々瑶々
擧世糜々 代作金口 告我團部
保我之粹 自在樂園 來斯來斯
愛我之友 永脫劫白 我官不謬
祝檀鐸創刊

五

祝檀鐸創刊

七松 尹吉炳

惟嶽有檀 於皇樹立 根自羲軒
閱萬千春 并堯戊辰 茁于華夷
惟聖立敎 推演九疇 凡有秉彝
斯普厥施 敷遍三韓 孰不讚嘆
剝極而復 挹彼靈檀 非金其口
幸不墜地 鐸巡于四 非木其舌
載之筆端
家驗戶說

吾人에義務

一 記 者

저ㅣ山頂에兀々히立한져蒼松、鬱々한져蒼松、아모意味업시、아모欲望업시精神업시、義務업시、立한듯하지만은………안이다ㅣ져蒼松도自己의自體、自己의精神的自己라하난其것을發揮하려고…風霜雨雪에苦楚患難을겨거가면서ㅣ도自己라하난自體와 精神을變치안이하고日이가고歲가갈사록ㅣ더욱剛勁하여지며더욱茂盛하여절뿐만안이라白頭山에서든지、漢拏山에서든지、富士山에서든지、崑崙山에서든지、殊風異域이됨을不顧하고自己ㅣ된其本色、卽松木인其自體를發揮하난義務를다하려하고……秋夜三更月下에白雲間으로嗈々히울고가난ㅣ져기럭이도ㅣ아모意味가업시、아모欲望이업시、空然하울고나라가며、나라오난것갓지만은………안이다ㅣ저기럭이도自己가自己된ㅣ其自體、卽其本色을ㅣ낫하니이려고 언제든지春北秋南에動하난時期를失치안이하고南氷洋에서든지、北氷洋에서던지、

太平洋에서던지、琵琶湖에서든지、瀟湘江에서든지、卽우리漢江에서든지、異洋他陸됨을不顧하고다ㅣ갓치同一한소ᄅᆡ、同一한貌樣으로其自體를發揮하난義務를다하려한다…………

안이ㅣ山에잇난솔ㅣ과、물에잇난기럭이뿐만안이라…宇宙間에森羅한萬物이무엇이나다ㅣ勿論하고自己가自己ㅣ된其自體를發揮하려한다ㅣ……

그러면萬物가온ᄃᆡ가장貴하다하난名目을가진ㅣ우리사람은勿論사람인ㅣ其本能과、其義務를發揮하고 進行하여야될것이안인가?……卽ㅣ道德과、倫理인孝悌也와、信義也와、慈善也와、愛睦也와、文化也等뿐만안이라、크게말하자면ㅣ東洋人이면東洋人이된ㅣ其本能과、其義務…………局部的으로말하자면ㅣ朝鮮人이면朝鮮人이된ㅣ其本能과其義務를…………

然而吾人은不然하야同族間에謀陷、嫉妬、陰害、訴訟、挾雜、浮浪等으로ㅣ相히殺而食之를못하여서ㅣ야단일뿐만안이라 其變態狀況으로말을하건ᄃᆡ…ㅣ今日에東洋人이다가、明日에西洋人도되고、昨暮에歐洲人이되엿다가、今朝에米洲

人도되며、午前에支那人이되엿다가、午後에朝鮮人이되난等朝變夕改의（다ㅣ그러하다는것은안이지만은）마암으로ㅣ水流雲從하며、風打浪打에千態萬狀으로心神을未拾하고義務가其무엇인것을不知하니………

아ㅣ이것이乳兒의戯弄인가！魍魎의幻變之術인가？…其ㅣ무엇이라할는지……然而不亡者未之有也라하난古言과갓치ㅣ如此한ㅣ우리가엇지今日의落伍로生活難、悲慘、風波、苦楚가업기를期하리요ㅣ勿論去々泰山으로日이가고、月이갈사록ㅣ더욱千萬丈이나되난坑塹의悲境에陷할것은ㅣ져ㅣ장림이指導者ㅣ업시喜노行하다가坎渠에빠지난것과、荷車가輛輪이업시行하려하다가路傍에顚覆되난것과如하야問할것업시、昭然하기가十五夜明月이海上에빗최임과如하리로다ㅣ然則如此한患難을焦眉의急으로當하고잇난우리난、勿論其苦痛을人生이된ㅣ우리로서난ㅣ누구나다ㅣ自覺할것이다　然則우리난自覺치못하면己어니와自覺하난以上에야ㅣ此의境을免하여安樂으로나아갈ㅣ方針을硏究함이卽ㅣ吾人焦眉의急務가안인가……그러면이졔其焦眉의點을枝演을俐하고簡單明曉하게一言으

로摘出하자면무엇일가……
卽一贅說을待할것이업서上에旣히論述한本能、義務―其點에心을傾하며意를注치안이치못하리로다아―果然이로다―…… 淸風이颯々하면黑雲이엇지天日을蔽하며、甘雨가濛々하면百萌이俱를하나니라

檀鐸一鳴에能醒二千萬大衆之昏夢하고
檀鐸再鳴에可成四十三世紀之文明이라

時代의變遷을應하라

우리父兄諸位의게忠告함

石雲 鄭鎭浣

今日에當한世界風潮의波濤는一翻하야舊殼을脫하고新衣를着하게됨에從하야우리半島도於是乎暗々하든黑雲이것치이고

新鮮한ᄉᆡ面目을現出케되야一便으로教育振興을提唱하여一便으로社會改造의聲이高熱하고一方으로家庭制度改造의論調가喚起하며又一方으로女子解放의論이其極에達하고經濟의策을硏究하며産業振興의機關을設備하자난等其他萬般改革의言論을提起함이未遑枚擧로다

然히尙且泥古株守하야此에反對하난一便이不無함에遺憾으로思하난記者난僭히橫竪의片言을擧하야忠告코자하노라

勿論春에耕하고秋에穫함은誰何를勿論하고人生된우리난다ㅣ알것이다若此에反하야春에穫하려고鎌을荷하야南畝에立하며秋에耕하려고耟를執하야北田에往하

면必히痴人이라할것이안인가萬殊一理로무엇이나다이와갓흘것이다

然而엇더한便에서는尙且舊夢의甘濃을未覺하야甕算으로坐築萬里之城하고臥行千里之程하며干羽之舞로可以解平城之圍라하고結繩之政으로可以治亂秦之緖라하야昏々夢境에彷徨하니噫라此二十世紀를當한吾人은實노拊膺의嘆을不禁하겟도다玆에時勢에變을따라物質的文明의變幻됨을記하야紹介코자하노라

何特今日뿐이안이라去自太古以來로무엇이나다ㅣ時勢의變을應하야文化也와物質也가모도다徒古한것이無하니即말하자면前日土階三等이今日層欄畵閣이되엿스며佩皮作服하던것이綾羅綢緞이되엿스며草衣木食하던것이膏粱珍味되엿스며步轎徒行하던것이汽車、自働車、飛行機가되엿스며干羽弓戟이三八五連速射暴發되얏도다

思할지어다如此히時勢의變을應하야무엇이나다ㅣ從하야變遷하거늘若此를反하야被動치안이하려하면能히此로彼를底當할슈가잇슬가此가即今日우리半島의落伍된바이라嗚呼諸位지여隨時而行이라난말슴은成功家에秘符라故로知機之人은

能히時를應하나니

勿論南陽臥龍이復生할지라도木牛流馬가改良되야航空潜艇이되여슬것이오成吉思汗이在此할지라도鈍載頑釰을벌이고瓦斯暴發을應用하여슬것시고蒼海力士가在玆할지라도千斤鐵椎를버리고三八五連을使用하여슬지라

然則此난何를由함인가即時代의變遷이오時代의變遷을應하야知識이向上됨이라

이와갓치時勢의變을應하난彼西球列邦은勿論貧寒이富饒하여지고文明의偉冠을今日과如히掌握하엿도다

痛矣라諸位사여膠柱鼓瑟은趙括의敗함이오子莫執中은世人의所恥也라

諸位시여吾人이昆虫微物과如히盜過一世면己어니와不然하야人生된義務로事業을圖함에난必히成功을期하나니成功을望함에난必히時勢의變을應하여야만될것이로다

父兄諸位시여

教理의歸源得眞

香山人

本敎의眞理난天符經聖經發辭로丹心鍊性하고靈誠感通하면必得仙果난史蹟에昭然한바라古昔箕聖이檀帝의阿斯達山에서白日昇天하심을欽仰하시고聖經八理를模擬하야八條敎를設하며天符經으로鍊性하야平壤牧丹峰에서白日昇天하시고崔孤雲之伽倻山의昇天과楊蓬萊之蓬萊山의化仙이며東神聖母之昇天과東明王乘麒麟馬之朝天이며此外에도吾敎의信徒로서慈天祖而鍊性爲工하야羽化而入於仙境者其數를未可枚論이로다噫라兄弟姉妹여是豈偶然哉아大抵世人의稱道하난바蓮花臺니天堂이니地獄이니極樂이니하난것은屬於將來死後라其然未然을焉可測也리요勿論爲善者得福하고行惡者受禍난理之必然이라何特信行死後渺然之事리요惟吾敎門은異於此하야吾人의天祖를敬奉하고眞理의天符經을鍊性爲工하면勿論此世의悲土를安固하며壽富亨福하고子孫이繁昌하며惡疾이不染하고苦海에不墮할뿐不是라必也瑞雲이玲瓏하야先仙의淸跡을可追하리니豈不奇哉며豈不信哉아兄弟姉妹여愼之々々하야歸源의眞理를尋得하며苦海禍水의波瀾을脫하고仙城에共히躋登하심을請祝

◎天符經

檀君께서太白山檀木아래에降臨하실時持來하신天符經은左와如하니라

一始無始一析三極無
盡本天一一地一二人
一三一積十鉅無匱化
三天二三地二三人二
三大三合六生七八九
運三四成環五七一妙
衍万遝万來用變不動
本本心本太陽昻明人
中天地一一終無終一

天符經圖 一六

檀君天符經八十一字神志篆見於古碑文解其字敬刻 白山 崔 致 遠

天符經圖난左와如하니라

三原位

六原

原化九一合二

二

五

八

四化位

七化

桂延壽寄書

前頁에記載한ㅣ天符經은其眞本이香山石壁幽深處에 崔致遠先生의筆跡으로刻在한것을吾人은漠然不知矣러니 去丁巳歲에 香山遊客桂延壽公이 念絶名利하고 入香山修道라가 始得之하고因爲搨本以送云하니 桂延壽公은余未知爲何許人이나 覩其寄書에始知非凡而 朝從安期하고 暮友赤松者ㅣ非公之謂歟아 印天符經原本於妙香山石刻而送時에所寄書난如左하더라 (蘇菴小引)

僕이嘗聞之師하니東方開荒之祖 檀君은神人이시라持天符三印하시고自天降世하사德化大行于今四千餘年이라事在鴻濛에未知三印이爲何物이요、如何寶物而天符난即設敎之經也라尙今遺傳處하니人若得而誦之則災厄이化爲吉祥하고不良이化爲仁善이니 久々成道則子孫이繁昌하고 壽富連綿하야必得仙果요 但愚昧者라도藏之一本이면可免災禍矣라云하온바僕이銘在心中하고求之不得矣러니後乃鍊性爲工하고採藥爲業하야雲游名山十許年矣라가昨秋에入太白山하야信步窮源에行到人跡不到之處하니 澗上石壁에若有古刻이라手掃苔蘚하니字劃分明에果是天符神經이라 雙眼이忽明에拜跪敬讀하니一以喜 檀君天祖之寶經이요一以喜 孤雲先生之奇跡이라心中에充然하야若有所得에始覺吾 師ㅣ不發虛言

하고乃百步疊石하야記其道路하고歸携紙墨하야更入山中하니非復前日經過處라ㅣ東尋西覓에暗禱山靈하야三宿而始得하니時난九月九日也라纔搨一本하니字甚模糊라故로更欲搨之하니雲霧忽起라ㅣ乃間關而返山寺하야終夜解釋호되不得要領하니自顧少短學識에老減聰明으로無復研鑽之道하고但口誦而已矣러니適有自京城來人하야說到京城에有　檀君敎云耳라聞甚欣然하여意欲躬往이나足跡이齟齬하야未得遂意하고荏苒發春이라路逢歸京人하야玆以搨本을獻上하오니望須解釋繹旨하야開喩衆生則ㅣ衆生이必受福祿하고　敎運이從此發興矣리라ㅣ窃爲貴敎賀之이오며又聞　檀世에有神志氏古字文하야傳來于高麗云하니窃惟求之하야若得之면更當付呈爲計나然이나得之則幸이요若不得而不送이라도勿以無信으로垂諒焉하라爲祝

誠心修道

丁巳正月初十日

香山遊客　桂　延　壽　再拜

檀君敎堂　道下

祝檀鐸創刊

溪雲 朴信陽

天賜是靈符檀鐸
驚醒我八域蒼生

杞農 尹滋容

檀鐸一聲 味我衆生
動於槿域 警醒昏夢

尹台炳

白檀爲鐸 於千萬年
青邱啓論 流三一澤

祝檀鐸創刊

檀鐸之警世如日月之明
神聖之化功若風雲之變

翠潭 李佖柱

檀祖設敎 醒萬世心
玄化啓論 如徇于鐸

崔弼溥

檀鐸之聲 警于一世
神聖之化 洽於萬邦

嚴雲 申說雨

頌德文

檀君敎員 一同

昔我
檀君은降于四千二百年前戊辰하사始爲東方君長하시고今我 先
生은生於四千二百年後戊辰하야再興本敎하시니猶歟 悅君이요
至矣 先生이여 先生이崇奉 聖靈하야布敎施德二十年之間에
焦勞心思가毫無厭倦하니於是乎敎道가復明하고敎友가益加하야
兄弟姉妹가一致服膺하니同祖遺族이相敬相愛하야以至今日이라
遹奉 先生하야 先生의宗敎師를更以大宗師로推薦하옵고
天祖의淵源을承襲하야敎統을以繼하고後學輩이 先生의淵源을
相承코저하오니惟願先生은克布
天祖遺敎하시고永授後生來敎하야以爲萬世하심을敬祝(寫眞參照)

엇지하면幸福의生活을得할고

鄭 慶 謨

사람이世上에나셔엇지하면幸福의生活을得할고함은누구나다同聲絶叫하난바라此를爲하야悠々營爲하것마는自古로成功者ㅣ少하고失敗者ㅣ多한지라그原因을생각하면抑或運命의沮戱이냐勞力의不足이냐?不然하다人生生活의法則을失하고但히肉體的動物性에從하야自己의利益을唯一의目的으로思하야自身以上에난世界가更無하고自己利益以外에난事爲가無有할줄로思하나니是로因하야或은周圍를征伐하며或은人權을侵略하다가尤甚한者난父子에도爭鬪하며兄弟에도出兵하야幸福에眞生活은姑捨하고人生世間에殺風景을演出하난事比比有之하니是禽獸와相距가幾遠하리요如此한事난人人皆然한것은안이지마는自己利益을爲하야埋頭沒身함은事實이라如此히말하면或自我를否認하며個人을無視하느냐하면不然하다我난我의我이요誰某의我도안이라然則亦是自我를自尊하여야하겟다個人이貧乏하고셔富한社會가豈有하며個人이柔弱하고셔强한邦家가安在하리요現世自我의解放을力唱하야世界를震動함도是를爲함이안니냐然하나上述함파如히我난我의我임을自覺하난同時에我난我의私有와我가안이요人生全我의一分子되난公有의我임을幷覺하여야한다「좋소혼니」에말의도人生의眞生活은小我動物我로大我理性我에服從하라함이안어냐然則公益을無視하고私益에만圖謀치말나함이다個人의利益인들엇지容易라하리요一擲千金의永夜長夢은貪算齒餅에歸去하기易하고接踵以至하난煩悶憂苦난頭腦胸廓에占居할뿐이라設或幸得한다할지라도小我動物我난有限我이라死로急々히趨步하나니暮日西風에허럭이희고人生公道로몸이늑난것을恨歎하다가一去에不歸客이되고보면萬事가休己할터인되幸福이安在하리요然하나大我理性我난無限의永生我이다世宗聖王은昇遐하셧스나諺文의正音은吾人의言語와共活하고文先生은卒去하얏스나棉花난吾人의衣服파共存하지안이하느냐是가人生의眞

生活일뿐한다人類난社會的動物이라엇지自己만爲하리요 檀聖의眞이나 孔子의仁이나 釋迦의慈이나 基督의愛가다이를말하심이안이냐我가我만爲하면彼도彼만爲하나니此의結果에난相憎이生하고相憎의結果에난相爭이起하나니人人爭之ᄒ면幸福이焉有하랴思하라吾人은同祖의孫이안이냐交分의親疎이나住居의遐近을勿論하고彼에心臟에서沸騰하난血脉은亦是我의身體에도循環하나니엇지共鳴共泣치안이하랴噫라世間에난「내밥먹고내옷입고남의일相關할것업시조출하게나혼자살겟다하난者ㅣ有하니是를無害無德의人이라한다然則有亦無關無亦無關하냐?不然하다人生의害物이是에서大함이無하니라吾人의食料와此地球난個人을爲함이안이요全人生의共有物이라何功勞로衣之食之居之하나뇨他人에物을掠奪함이盜일진댄坐食은何이며不善이惡일진댄不行善은何이뇨生하얏보람이無하고死함엔形跡이消하면是ㅣ엇지人生의本義라하리요그러하나我의聲名이歷史半行이라도占領하얏스면하지말나此亦野心이니라

此文의要結로一言을提하오니自我를向上發展하난

엇지하면幸福의生活을得할고

同時에個人의小我를人生大我에犧牲하라함이라然則此가平和의棟樑이요幸福의基礎일가하노라

祝檀鐸君ㅣ……ㅣ

韵字 너의誕生깃부고나
장수하기祝願한다

金○○生

너、의일홈檀鐸이란
의、미붓러반갑도다
誕、生하신그되시여
生、覺사록貴하도다
깃、봄으로바라노니
부、자런이進行하여
고、마운소리로서ㅣ
나、의昏夢씌여주게
장、하도다너의能力
수、만蒼生救하여라
하、희갓치무궁하고
기、리々々나아가서
祝、願한다너의事業
願、하노라成功키를
한、길갓치其目的을
다、시變치말지어다

辛酉仲秋十日夜客榻에서

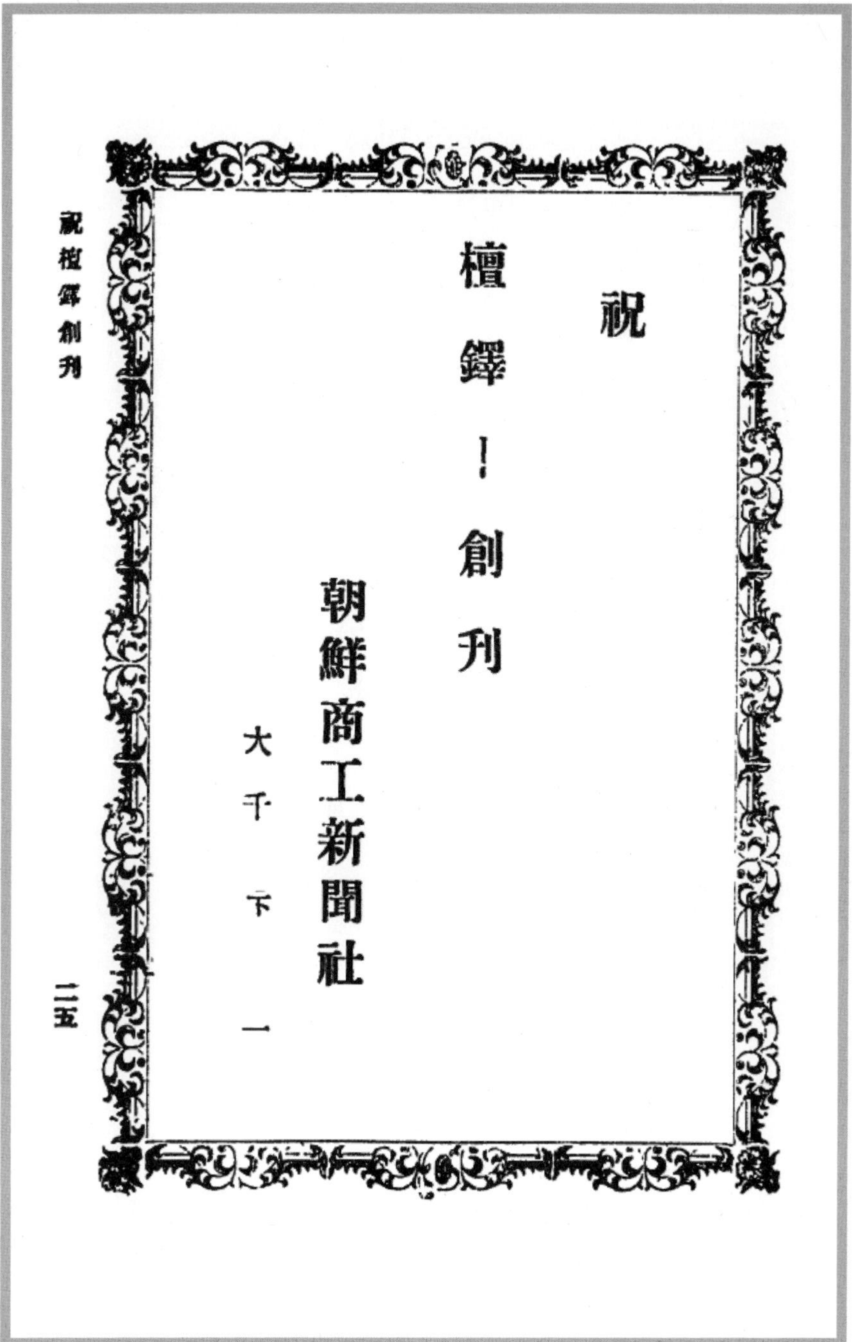

祝

檀鐸—創刊

朝鮮商工新聞社

大千下一

祝檀鐸創刊

二五

檀鐸의誕生을祝하노라

檀鐸의誕生을 祝하노라

小華 林 章 學

반갑고깃부다 우리가날노苦待하고 渴望하던 바우리의가장사랑하난 벗ㅣ너ㅣ檀鐸이 半萬年의長久한歷史을色彩하려……… 半嶋一隅에서 誕生하엿고나ㅣ……ㅣ

우리의사랑하난벗ㅣ 檀鐸ㅣ네의壯嚴한빗이여ㅣ 三千里江山을爲始하야 全世界로幻轉하여라 果然너는우리朝鮮言論界의木鐸이되고 文學界의權威를振하여라 우리의사랑하난ㅣ벗ㅣ檀鐸아ㅣ 너는우리耳膜을ㅣ두다려우리生命의시로운힘이, 되여라……

이제야, 너는呱々의聲을發하엿지만은 海屋籌를 山파갓차, 積하고與天地無窮토록ㅣ長壽하기만 나난바란다…………다만衷心으로………

三習生 金恒洙

奉祝 檀鐸

壽且無疆

檀鐸

敎權

◉檀君歷史

白頭山人

太古鴻濛之世에我東、北海之南岸九千餘里와東海之西岸六千餘里의一帶地方에 山岳이重疊하고樹木이蒼莽히며 陰鬱閟閉하야晝夜昏夢이不知케라幾千萬年矣러니於是乎雷雨風霆이忽然大作하야 動盪蕩滌로一掃大地ㅣ殆近百年에、獸跡鳥跡이稍稀하고 和雲祥靄ㅣ漸遍矣러니惟我

天祖聖神이此時、現神聖之形하야以造化胚胎로、继啓人類하시니 其子其孫이至於其麗不億이라이에三千團部를方區內에建置하니라 「古語云桓因神市의徒衆이三千團部라하니卽此之謂也러라」當時過去의蕩滌와風雨餘惕에江海가壅塞하고平原大陸에洪水가尙溢이러라「支那夏禹氏ㅣ導山導水時」此時에

天祖聖神이持天符三印하시고 臨御于太白山하시사 (增)戊辰唐堯二十五年○西曆紀元前二千三百三十三年

(註)太白山은在咸鏡北道滿洲交界處山名이有八하니曰不咸曰蓋馬曰徒太曰白山曰太白曰長白曰白頭曰歌爾民商堅○山上有大池北流爲松化江東流爲豆滿江西流爲鴨綠江

應天度하사檀木靈宮을築하시고主治人間三百六十六事하시며命彭吳하야一名虞 導山導水하시니

稱 檀君者ㅣ實起於此而 聖諱聖號난ㅣ隨歷代之言語禮俗하야有時不同이라或云桓因、桓雄、王儉(增)古儉字 하며或云天神、天王、天君、天帝、上帝、帝釋、神人、

神市氏、天仙、仙人、檀神、三神、三聖、成造神、奇首、可汗之號ㅣ多而其實은一也라

天祖開極後六十年에 (增)丁卯虞舜十二年〇西曆으로紀元前二千二百七十四年 三千團部之族을親按撫守하시니風俗이粹美하고衣食住의制作이宛具라、在洋々和氣之中하야不勸而有善하며、不懲之無惡하니、只用報善之賞하시고、不用懲惡之罰하시니라

天祖開極後九十三年에 (增)庚子虞舜四十二年〇西曆紀元前二千二百四十四年 歛寂神功하시고昇御天府하사明々鑑臨하시며、愛護一族하시니於是에三千團部ㅣ日益繁昌하야、其龐淳之像과、良善之知ㅣ恒如一日矣러라「中略」

天祖開極後五百五十年 (增)丁丑夏癸三十五年〇西曆紀元前一千七百八十四年 阿頓神儉ㅣ御宇時에太白山西大阿 (增)今松化江發源於太白山大池在滿洲 ㅣ畔이어늘小團部中에一哲人訖那沙翰이有하야巡遊團部할식一農村에至하야目睹村人兄弟ㅣ毆打之狀하고惻然心動이러니、其後에又過一山村하니一村이空虛無人이라、問其故則數日前에、一群猛獸ㅣ殺害村人故로村人恐㤼하야散去他村이라한ᄃᆡ、訖那沙翰이憫然而歎曰此난我族初有之變也로다即馳往하야謁見阿頓儉神하고伏地涕泣曰某地에난兄弟相鬪하니此난無相愛之心이라爭奪之端이將啓也요、某地猛獸ㅣ害人에人皆不救而散去他村하니此난無相救之心이라、散失之萌이將生也니是난悖戾于 天祖ㅣ立道之大旨와敎人之本意也라竊惟恐 天祖之懲罰이或降也ㅣ일가하노이다한ᄃᆡ阿頓儉神이大驚하야會三千團部之領首將하시고 天祖ㅣ傳授之敎意로明告于團部之內하니此時난去巢이不遠

이라、人心이良淳故로一言之下에如此之事ㅣ遂絶하니라 訖那沙翰이此事를經한後에記載 天祖遺敎하야垂示于世人하니蓋文字則書契創造之時故로不甚明詳이나然이나體天祖ㅣ至道하야唱起本敎할셰、主旨난以神敎로하야著行하니檀君布化之敎ㅣ蓋自訖那沙翰哲人始也러라後世史氏ㅣ稱本敎以仙敎者ㅣ或有之而其淵源則純一之神敎也니라(續)

祝檀鐸創刊

初聞是聲이라

夢中夢人 徐 載 德

呀ㅣ이소리가무슨소리언가、天明未明之間에이夢中夢人의耳廓으로、또차드러오난이소리가무슨소리언가……우리人生이各其動機를發하야諸般動物과한가지로 이世上에波動코져하난이즈음에ㅣ별안간ㅣ全世界를ㅣ한번음지기난ㅣ이큰ㅣ소리가들니이니이소리난엇더한危險者의暴發彈聲도안이고疾風暴雨에雷霆霹靂의聲도안이고深山窮谷의梵王宮殿에서法鼓聲도안이다……ㅣ그러면이것이무슨소리인가ㅣ呀ㅣ이소리는即ㅣ天地萬物을動機식히난光明正大한ㅣ本鐸聲인듸ㅣ아ㅣ우리가한번ㅣ잠자든귀를、가만히기우리고다시금ㅣ드러보옵시다옹、옹ㅣ이소리가참ㅣ오리간만에돌니이난소리이구려……ㅣ……

내ㅣ나히얼마되지는못하엿지만은、前々붓터ㅣ넷老人의傳來하난말삼을드른則距今四千年前ㅣ太初時代에太白山上々峯ㅣ檀木下으로降世하신 檀君이시라하시난君長이天符와三印으로ㅣ이世上을支配하실뎍에비로서、들니여주시든소리가即檀鐸이라하난소리인듸ㅣ그뎍에우리의先祖의精神을여러셔過去와現今間、四千餘年以上以下로、우리의몸外지저々온소리가、漸々年久歲深한關係로、微弱한点에다々랏다가、오날々다시오는이소리가、分明四千年동안、우리先祖의귀에돌니여주시던ㅣ참檀戒聲이現今時代變遷을應用하야ㅣ다시聖靈攸感오로 檀鐸聲이되엿소구려……ㅣ…

참ㅣ반갑고、참ㅣ感謝합니다聖靈이在上하사 天視天聽하신、蔭德으로우리의耳廓을、다시여러주시난이檀鐸聲은即ㅣ우리의精神上、無限한보비이

을세다 우리가恒常、想覺하기를우리의先祖난、엇더한幸福으로ㅣ저ㅣ檀鐸聲가온딕서、無限한幸福을바드셧나하고 깁피〳〵부러워하엿더니 우리도오날〻와서ㅣ이러한希望心이、至誠感天에關係로、昭〻感應하사이檀鐸聲이우리의昏聵한耳邊에돌니여주시니 感謝한光榮이올세다……ㅣ

그러나우리도이소리가온딕서ㅣ 前途에無限한ㅣ幸福을밧겟슴닛가ㅣ 아마우리를사랑하시난蔭德으로돌니여주시난소리이온則ㅣ其幸福은自在하려니와아모리幸福을ㅣ만이〳〵주신다할지라도、우리가이소리를사랑하지안이하면ㅣ그러한幸福을、밧을수가잇슴닛가ㅣ……ㅣ 그幸福을밧고못밧는、關係난、젼혀우리의誠心가온딕ㅣ잇난바이올세다 或은말하기를ㅣ그소리가엇지하며우리의幸福을주갯너냐할거시로딕ㅣ그럿치안이합니다 그소리가우리檀君天祖의聖靈所感으로 우리의게주시난福音인즉、우리가그소리를사랑치안이하면ㅣ엇지其幸福을밧을수가잇슴닛가…… 그러한즉우리의兄弟와姉妹난항상ㅣ마암가온딕檀君天祖의蔭德을讚頌하고 精神으로獻誠하야깁피〳〵 이檀鐸聲을

사랑하면自然的無形훈幸福이 우리의腦首로떠차서〵、全身에均沾되는光榮을밧을것이올세다……

만약우리가 이소리를사랑치안이하난녀는반다시우리의根本을排斥하난一惡魔ㅣ의妖孽인즉 엇지聖鑑이感應하사ㅣ幸福을주실理致가有하오리잇가 반다시幸福은且寘하고 엇더한禍厄이올넌지도…ㅣ몰우겟슴니다 恒常우리난、나라고하난것을닛지마시요、내가나를니즈면、幸福이오지안이하난것인즉 나를사랑하고、나를밋으시요 나라고하난것은、即ㅣ우리의根本되시난檀君天祖의聖德이올세다……

이럼으로누구시면지、미양自己가自己의父母와祖上을恭敬하고 사랑하지안이하고 남의父母와、祖上을恭敬하고 사랑하면ㅣ그것이엇지 天倫에適當한、人事라고할수가잇슴닛가…ㅣ그런즉ㅣ우리天祖의化育中、人物되시난ㅣ兄弟와姉妹난ㅣ더옥〳〵自己의根本을恭敬하시고、사랑하지안이하면即ㅣ天理에違反이올세다、원ㅣ世上을살펴볼지라도누구를勿論하고 自己가이슨후에야 남이잇지、自己가업고서ㅣ남봇터ㅣ잇난것은안이올세다

한번다시精神을收拾하여 깁피〳〵想覺하시요 말삼하난이사람은ㅣ벌서쉬다랏슴니다 다만바라난바는이檢鐸聲ㅣ가온듸서ㅣ 無限한幸福을밧기로誠心的獻身을하엿난듸ㅣ懇切히祝辭하올말삼은、이檢鐸聲이時々로우리兄弟, 姝姉의昏矇한ㅣ耳廓을ㅣ여러쉬압흐로億千萬年에 變態와衰弱함이업시ㅣ永遠無窮하기를…………………奉祝하난바이올세다……

最古文化의移動과其差異

心座 趙南吉

나는元來人種一元說를信하는者이다。地理上原始人類의發生地는亞細亞大陸中部에在하얏다、即中央亞細亞가人類의發生地인것이다。大底人種의皮膚의色은太陽光線과큰關係가잇는것이다、中央亞細亞로봇터此等의民族이그祖國을써나四方으로分散하는딕印度或亞弗利加地方으로移動한人種은熱帶直下의타는듯한太陽光線의빗취여서그로因하야黑色을呈하얏고支那朝鮮日本等으로移動한人種은溫帶地方의太陽光線으로黃色을呈하얏고、歐亞大陸으로移動한人種은地球의西北部即寒帶地方의太陽光線에影響으로다힝이그皮膚를激烈한光線에빗취지안이하고잇서서白色을保全할슈가잇섯다故로皮膚의色으로난人種에優劣에關係가업슬것이다。그보다더重大한것은人類가中央亞細亞로봇터移動하야生한바文化移動即定住的文明과移動的文明과의差異이다。東洋에中央亞細亞로봇터分散한民族이南漸하야、或은、닐(Nile)河沿岸의定住하야、埃及(Egypt)文明을먼드럿스며, 或은 유흐레쓰(Euphrats)河티리쓰(Tigris)河沿岸에定住하야、앳시리아(Assyria)、빠빌론이아(Babylonia)、文明을먼드럿고、或은、인써쓰 (Indus) 河、 안지쓰(Ganges)河沿岸에定住하야印度文明을맨드럿고或

은黃河、楊子江沿岸에定住하야支那文明을맨드러서最古文明의四大中心地를東洋에서全部把한것이다然而인더쓰(Indus)며간지쓰(Ganges)河의灌漑되는沃野의定住한印度人은豐富한自然의恩惠가온데서繁殖되얏다、印度의生活은努力이不必要한生活이다 無爲로生活할大地이다、正、二、月을野外에나아가結跏趺座나하고안젓쓰면그것이더할수업는快樂이다、그럼으로如斯한處地로부터瞑想的、哲學的、天才가輩出한것은當然한事이다、波羅門敎、佛敎、印度敎等이、다、自然의恩惠로생긴것이다、印度人은自然의威嚴과生氣를讚美하고、그로들어갈態度를馴致하얏다、即思想에唯心的傾向이다。支那楊子江、黃河、沿岸의定住한漢民族은印度와갓치自然의恩惠가豐富하지는안엇다그로因하야支那人의先祖는印度人과如히冥想的哲學的이안이요或은耕作或은沼池를堀하야灌漑에便利하게하는等實際的努力을要하얏섯는故로、彼等의倫理는顯著이實際的色彩를띄엿다、그로부터支那에서儒敎가發達한것도當然의事이다。

그려고朝鮮民族도亞細亞大陸과長白山脈을隔하야朝鮮半島에定住하얏다。나는半島라고할적마다如斯한것을聯想한다ㅡ文化發達의、큰貢獻이잇는것을ㅡ古代希臘(Greece)의文明은伊太利(Italy)半島에서發하얏고、現今世界的宗敎인基督敎及回々敎는 아라비아(Arabia)半島에서起하얏고、支那儒敎가山東半島에잇섯고 佛敎、波羅門敎는印度半島로大起하얏스며、葡萄牙(Portugal)와西班牙(Spain)의南歐의文化가이베리아半島(Iberian Peninsula)로부터、和蘭(Holland)와北歐의文化가프란더쓰半島로붓터日本九洲西岸에드러와日本文化를裨補하얏고西洋文化를輸入할端을開하얏스며、결럼쌔쓰(Columbus)가이베리아半島(Iberian Peninsula)에서出航하야米大陸을發見하얏고、島根半島는太古文化의一起點이엿스며、伊豆半島에米國使節이最初에日本의쌍을드듸엿스며、如斯한例를朝鮮에서들면우리朝鮮半島는古代日本이未開하엿슬때日本의文明은專히우리朝鮮半島로서享受하엿섯다。如斯히半島民族은다른大陸或島國民族의比하야先覺者이며文化의起點地이엿다。

然이나如何하엿든지朝鮮民族도朝鮮半島와定住하

얏고農業民族이되엿다、더구나(畓)에農事를하얏다。米로써吾等의肉体를養하고、그藁即집으로집웅을잇고、或草笠도만들고、或집신도삼고、或延도맨드럿다。此의發展은顯著히우리의思想을保守的으로만드럿다、子子孫孫이相傳하야同一의畓을守護하기에그사이自然先祖崇拜의思想이强하야젓스며、其先祖의汗과力으로開拓한畓을버릴수가업서섯슴으로此定住的文明은東洋道德의特種의色彩를加하얏다即年長者의對하야恭敬하는孝德이發達되엿다、現今東洋倫理가衰退하야混沌한狀態에잇지마는年長者에게無禮히하는者를對할적마다참으로寒心하게싱각하며沒常識한者의行爲로싱각한다定住하야農業에從事하는故로年老者는或은집을직히고、或은兒孩를監督하고、或은農業上무엇을가리키고、그리하야努力하얏다、그뿐안이라父子의人情을가지고무엇이던지하야슴으로孝道는東洋道德의中心思想이되엿다。

定住的文明은또東洋結婚制度에影響을及하야다、大概如何한家族을勿論하고先祖代代로定住하얏섯슴으로엇더엇더한家庭의相當한男女가잇다하면各々先祖의系統、身分、財産、性質、遺傳等이相互間에만안이라第三者의게도잘理解되여잇기쩌문에仲謀結婚이成立되얏다現今은自由結婚을絶叫하며當事者間直接으로求婚을할나고하시미는此는時勢의變遷과社會의事情과周圍의事情이그러하게만드른것이다。

農業文明은即植物文明이다、家屋建築도全部木材를利用하며、木綿으로衣服을지으며쌀를먹으며또柔順한蚕을길너그吐하는絲로織하여써絹衣을만드럿다。

如斯한諸原因이相集하야東洋文明을만드럿스며其消極的、唯心的、哲學的、家族的인것은모도다文明史的背景을가지고잇는것이다。東洋文明의是或非를論하는者는반다시그原因을研究할必要가잇슬것이안인가?

歐米人의先祖는中央亞細亞人類發生地로봇터寒帶地方西北部로漸進하얏다彼等은磽确荒蕪地로移住하얏다故로할슈업시牧畜의民이되엿다、이것이歐洲人의風俗과習慣의多大한影響을及하얏다、即彼等은肉食의人種이되얏고牧畜하든바그羊其他畜生

의毛를繼하야衣服을만들고, 皮를剝하야洋靴를지으며 殺한鳥의 羽는婦人의 머리의裝飾 하고또킷스(Kiss)의風俗도牧畜生活의影響으로나는想像하야진다. 遊牧의生活은牧草가盡하여지면他處로移動할수밧게업는것임으로彼等은移動的民族이되얏다故로彼等의性質이活動的이며彼等의體格의構造에는變化가生하얏다, 彼等은恒常移動함으로, 다리가길어젓고 寒帶地方의移住한故로皮膚는白色을呈하얏스며, 또移動的生活은彼等의宗敎와道德의大影響을及하엿다, 彼等은沃野茂林한데支那人, 印度人과如히暢然히生活할수는업시生活資糧를得키爲하야努力이必要하얏섯는故로最初로부터生存競爭을慣熟하얏다, 彼等은自然을征服식키지안으면안이되얏섯다故로其思想은超越的人格神이엿섯다, 彼等은恒常移動하는故로病者, 弱者, 老衰者等은一一伴할수밧게는업섯다。 定住的生活과如히老者를恭敬치는안이하얏고, 그러그이도亦結婚制度에影響을及하얏고, 移動的生活임으로, 한男子가事實上으로多妻를다릴수는업섯슴으로一夫一婦의制度가自然發達하얏고, 이制度는現今東洋서도基督

敎信者의情操(ChristianSentiment)로此制度를法督敎信者의若干에게는取하여잇다。移動的狀態에잇는男女는各自의系統, 身分, 財產을알수업는故로直接當事者間서로그品性, 資格, 能力을判斷할수밧게업섯다, 故로東洋의仲媒制度의比하야求婚制度가發達되얏다男子는모든困難을밧게서밧음으로賢明한內助者가必要하얏다。如斯히하야婦人의實力이顯著이發達되며, 西洋사람이男女同作하야散步하난것과, 握手하는것도, 移動的生活의影響으로想像된다。

前述한것과如히文明史的의淵源을硏究하면東西文化의差異는定住的文明과移動的文明의基因된다。同一한人類가東西隔離한지數萬年에結局今日과如한差異가生한것이다, 皮膚의色이다르고, 言語가다르고, 風俗, 習慣은다를지언정그가온되人類의同一한人情은다갓치움지기고잇다故로人情에는空間的으로말하면, 國境이업스며, 時間的으로말하면老少가업는것이다。

其外의學術의差異는一言而蔽之하자면, 東洋의學術이엇더한事情으로因하야서一局部의學術에偏서

엿섯고, 또社會制度의原因하는階級的歷制政治의

三歸因하얏다고알수밧게는업다。 以上

—四二五四、九、一六、於齋洞寓居에서—

병든몸이客榻에서

三更夜秋月을對하야

龍岡生

내가生長하고, 情들고, 뼈ㅣ든고, 낫ㅣ닉은故郷을私情업시ㅣ(잘잇거라언제나다시볼넌지하난마암으로)뚝ㅣ떼어버릴제ㅣ 堂上鶴髮雙親前에하직을告하옵고, 도라서며어린同生들아, 너희들은父母님을모시고平安히지니며라하난마지막人事를罷한後에, 親戚故舊와次第로作別하고, 쳔々히徒步로鎭南浦停車驛에到着하야, 煙氣난몽기〳〵, 汽笛聲은어서가자지촉하난 私情업난汽車에몸을실니이고, 限定업시오다가, 山도설고물도설른만不是라, 四顧無親戚한ㅣ이漢陽城에몸을갓다두게됨은, 무슨理由인가?…무엇을求함인가?…무엇을하러함인가?…金錢을모흐려함인가…仕宦을바람이던가…勝地江山에求景을하려함인가:智識을널피기爲하야工夫를하려함이던가?……오라ㅣ이것드 너가眞心으로바라지안이하난바는안이지만은 이것으로만은나의그ㅣ最初의目的이라고난할수가업다그러면무엇인가…ㅣ

무론人生이란, 한번生하면, 한번死하난것은日에晝夜가잇난것관갓치, 免치못하난일이다, 이럼오로權利家이나, 金錢家이나, 政治家이나, 技藝家이나, 筋力家이나, 文學家이나, 뿐만안이라貴하니賤하니, 貧하니富하니할것이업시, 終末에난山

屑草衆으로食獸와如히, 草木파如히月落燭滅하덧하여짐은果然이로다 •

如此히思하난同時에 나난突然히異狀한生覺이 腦筋에澎湃이된ㅣ다, 무엇인가即ㅣ다름이안이요, 留名慾이라 ‥이活動舞臺上에서, 어니社會에서든지 成功家가되며 나의일홈을永遠히後世까지留코저하난것밧진마암이며섯다ㅣ‥‥이럼으로나난괴로운客榻에서 無限한束縛 無限한侮辱 無限한節制 怨痛한是非도바드며, 無限한苦楚 無限한風波, 無限한悲哀, 無限한患難 無限한債을격거가면서, 그리도最初의目的을遂치안이하고達하려하엿다‥‥‥ㅣㅣ

아ㅣ나의運命이여, 나의身勢이여, 이와갓치風波患難을격거서그러할인지, 그럿치안이하면立志이시긔함인지, 千萬뜻밧께 泰山과갓치重한病, 惡魔와갓치猛한病이 괴로음을밧고 患難을격거衰弱하여진, 이니一身에덧치며 時刻을떠나기안이하고 終來勝敗의大戰을決하려하니 나난弱하고 저난强한지라 防禦할方針이無하야 다만지날은몸 나난한심으로 客榻을依支하야 군말노

병든몸이客榻에서

父母를呼하며 同生을차즐뿐이더니 幸히神奇한醫術과 高明한手段이世界를울니이난日本千葉縣醫科大學出身인 大東醫院長李觀澗氏의診援을得하야 敵病을擊退하게되엿다 然이나世面에서是助하난 强々한敵病은容易히물너가지안이하고, 怨讎의저ㅣ말은 다시금ㅣ등々실耳聰에빗최이고 床下에우난蟋蟀의소리난耳膜에錚々히울니며 나의心緖난더욱悲哀로도바간다‥‥

아ㅣ古語에말하기를ㅣ風月勝景을當하면ㅣ哀者난哀하고 悲者난悲타하더니 果然이로다 저ㅣ져달은ㅣ猛面의情을生起하고 훈노잇난나의게 적々한나의게 想勢하난미암, 빈가운心情으로 빗최인듯하지만은 나난드리혀人事하기를 한조각의한심과 한숨기운불노하난同時 悲歌一曲이自發함을未覺하엿다‥‥‥ㅣ

悲歌曲은左와如함

三七

병든몸이 客榻에서

一、 괴로은客榻에셔
갓득이나속이샹난한데
이모진病魔까지
나의一身侵略하난구나
모지도다這病魔
몸더갈줄모름으로……!
呻吟하난苦痛聲
半夜客榻冷々하다……!
아이고나의苦痛
위로하리누구런가……!

二、 원수의遙담은동々실音하
청잇난듯東聽에빗최이고
肅々한秋風은陣々히부러
忽々히客榻을부두친다!
萬戶擣衣하난저소리
나의心情더욱처량하고나
床下에우난귀ㅣ蟋蟀아!
너는엇지하여이깁흔밤에
纖々한소리긋칠줄몰으고
그리〳〵스숀피온달빨가

하고長吁一聲에고만客榻에죡ㅣ겨구러지며 소리
업시죡々늣기엿다……
아ㅣ可憐하다 故鄉과갓흐면 父母이시던지 妻
子이던지 同生이던지 親戚이던지 故舊이던지
의쌋뜻한사랑에撫勞를밧으련만은… 四顧無親하
고 形影相吊하난 客地에셔죽거나 살거나나의
情狀을 알아보고撫勞할者ㅣ뉘가이슬리요 이와
갓흔生覺으로 精神업시누엇더니 忽然히壁上에
걸니인自鳴鐘소리ㅣ十二時가됨을報하려고 쩽々
ㅣ치난그소리ㅣ나의耳膜을波動식힌다…ㅣ於是乎
나난精神을좀ㅣ차리며 客榻을依支하야 影窓을
半開하니 明月은어너듯西天에ㅣ걸니엿고 蟋蟀
의聲은그져ㅣ긋치지안이하며 더욱錚々히들니임
으로따라ㅣ나난倏然히 世態의冷薄함을 원망하
난感想이성기엿다……ㅣ
아ㅣ져ㅣ蟋蟀의聲ㅣ져소리…너가故鄉에이슬때에
도 져와갓치울ㅣ더니 半千里距離되난ㅣ여긔에
잇난 저蟋蟀도秋容도ㅣ다름이업시 그ㅣ音聲ㅣ그
소리로、우난도다…아ㅣ最貴하다논우리人生은半
千里논姑舍하고 地境만달나도 言語라든지 風

俗이라든지〃다ㅣ다른ᄃᆡ 微賤한蟋蟀은不然하야
어ᄃᆡ셔든지蟋蟀이면 蟋蟀인其소ᄅᆡ를 다ㅣ갓치
하야其本色을자랑하리하며 셔라셔빔이깁흠을不
顧하고 雄唱雌和에和樂히셔로應하야 和鳴하난
도다ㅣ…아ㅣ何特이蟋蟀뿐이안이라 무엇ㅣ던지
類가同하면셔로차즈며 和親하려한다ㅣ…
然而萬物가온ᄃᆡ가장貴하다하난우리난ㅣ엇지하야
言語風俗에異한것은姑舍하고 同族인저이세리도
人道正義라하난말은耳邊에지나가난ㅣ바람과갓치
하고 그다지冷淡하게 그다지酷毒하게지나려하
난가……ㅣ…ㅣ……아ㅣ冷薄한이世態를 엇지
하면좃탄말인가…………
壁上을한번ㅣ힘잇게치고 병든몸이라精神업시안
젓다가…ㅣ 아셔라하난마암으로한번돌니여生覺
하고 이러야나의몸만ㅣ더욱衰弱하여질것을注意
하엿다 世態가冷薄하면ㅣ너〃셋冷薄하여지며、
나의苦生이아조ㅣ길게되며 이病이나의生命을ᄯᅢ
아셔ㅣ갈가보냐……勿論循環하난天理가ㅣ昭然하
야 冷薄하던것이 淳厚하여도질것이요 이苦生
도安樂이될것이요 이病도終에난ㅣ떠러지고야말

병든몸이客榻에셔

것이다……苦楚난安樂의基礎라ㅣ아모苦生파 患
難이이슬지라도 目的을變치안이하고 男往邁進
하면勿論나도成功家가될ㅣ것이며ㅣ셔라셔바라든
其무슨希望이던지ㅣ다ㅣ其中에自在하리라고나의
自心을慰勞한後에ㅣ寢席에몸을依賴하려하니 여
난ᄉᆡ로두시오 ᄉᆡ날을재촉하난鷄鳴의聲은 萬籟
가俱寂한夜消을攪破하며ㅣ點〃하더라……ㅣ

菊秋旣望夜에……ㅣ

三九

香山金公記

平安北道寧邊郡은自古로名勝의區이라神聖한白頭山來脈으로雄美한妙香山이되여스니距今四千三百七十八年前甲子에檀君이檀木下에降御하사中天窟에서修道하심으로奇異한古蹟이有한處所이라淑英한氣勢와秀麗한光彩가一境에둘니여스니人傑은地靈이라本郡新峴面加北里에一人이居하니姓은金이요名은致順이라其先은金海人이니其鄕의名族이요其妻는白氏니白氏로더부러入하면父兄에孝友하고親族에和睦하며出하면鄕黨知舊와遠近姻戚에救濟를普及하야慈善으로稱譽하기를일삼더라一日은公이白氏를對하야昨夜夢中에天上銀河에서一大鯨가流下하야夫人의背에負하여뵈이니異常하도다한디夫人이曰妾도昨夜에異夢이有하니天上에서紅日이妙香山에墜하며니山과日이合하야我의懷中에入하여뵈이더이다하더니其月노봇터胎氣가有다야十朔에至하미一日은五雲이玲瓏하며香氣滿堂하더니忽然一男子를誕生하니即戊子五月十二日也라像貌가岐嶷하고聲音이洪亮하야祥麟瑞鳳의氣像이有한지라漸長하미名은尙賢이요號난鹿白이라하니公이孩提時로봇터聰明이過人하고孝誠이卓越하야生知의資가有하더라五六歲에就學하미聞一知十함이有하고同年學徒를淳淳相愛하니人無不稱讚而異待之러라成童에至하미三墳五典과諸子百家를無不精通하고又奇正變化의兵略을談하더라冠年에至하미陽川崔門에娶妻하니崔氏가亦貞淑이라二十餘歲에至하니負笈來從者ㅣ多하고且普濟心이有하야急人之困하고救人之病을如同自己하기로人皆慕之하야鹿白先生이라稱하더라先生이每自歎曰人이斯世에生하야致君堯舜하고澤及生靈이當然底事이나既히此를不能한則寧히入山修道하야從吾所好事리라하고遂히科業을廢棄하고名利에念絶하더니一日은其門徒를羣近하고堂上에趨往하야入山할事由를告하고拜退한後其妻崔夫人을對하야曰君我가醮禮를行한지임의十餘年이라今에一男一女가有하니我의父母난

即夫人의父母이라我의不在함으로因하야小勿忘慢하고晨夕奉養을尤極盡誠하야我의不孝之罪를百分之一이라도贖하게함이夫人의職責일가하노라我난從此로作業의心이無하고入山修道하야蒼生의災厄이나救濟코져하노라夫人이聽罷에對曰君子之言을惟命是從하올것이니此로以하야掛念치말고素志를速成케하소서하고衣服과行具를準備하니於焉間日將暮矣다門에出하야香山을望하고行하니此時난壬子四月十五日이라月色은明朗하고山色은鬱蒼한뒤遠景은心懷를引挑하고短節은行步를催促하야刀林江에當到하니東方이己明하고紅日이上天이라刀林江을過하야香山洞口로入하니岩上奇花난遠客을笑迎하고林間鳥啼난風光을歌詠한다停步에漸入하니奇奇峰巒과潺潺流水는塵念이頓絕하니果是仙景이라岩上에暫立하야景色를撮取타가一句詩를吟咏하니山爲高士隱이오水與道心長이라咏罷에笑傲踏石하야火燃花을尋往하니寺中諸僧이歡迎하야座定茶罷한後에修道할事由를商議하니寺中五海石은本是佛家에서修道한僧이라對曰先生이如斯히致誠修道할진뎌小僧이先生의供饋凡節을擧行하려하나이다

先生이大喜하야北日에從此修道하시며中天窟에壇을設하고粮米와香燭을準備하야七日을齋戒한後壇에昇하야先히天地日月星辰과名山大川神靈에告由하고更히從祖神祖의向하야至誠發願하니其祝辭에曰道合天地하고感通靈祇하야聖神子孫으로福利를享하고災殃을止케하소서施化天竹默禱番誦이라如此히發願한제條忽間三年이라此時에崔夫人은在家하야舅姑를甘旨로奉養하고夜則祝天하야家君의所願이速成하고早히歸家하기로獻誠하더니一日은舅親白夫人이子婦崔氏를對하야曰兒子가離家한지三年이라緣故나無한지我心不釋이다하거날崔夫人이柔順한言辭로恭遜히對曰家夫가出家時에言하되三年後還家라하얏스니過慮치마옵소서舅夫人曰吾心이甚히惑亂하야鎭定키難하니暫往香山하야보려히노라하고因治行具하야香山으로向하니라此日에先生이終夜토록設壇下의立하야默禱한後閉口合目하고無思無慮히心神을收斂하며圓融無際한境界를久頌하다가忽然眼이開하야視한則壇前에一卷冊이有한지라心甚異之하야更히香을焚하고拜祝한後冊을取하야見한즉字樣이異常하고文法이奇古하야瞭然

히解釋키難하나大綱意味난知할듯한지라懷中에深藏하고後堂에歸하야異理를硏究코자하더니맛참僧游石이夜饌을持하고來하야談論하다가三叢三妙의至玄至奧함을問答하며東方이已白함을씨닷지못한지라門을開하고擧目視外한즉紅日이已高한듸無數한遊山客或男或女가寺中에渾入하난中先生母親白夫人이雜在하야堂前에立한지라先生이心慌急迫하야下階拜謁한즉母夫人이見其無恙하고喜不自勝하거날別堂으로陪入하야座定한後更히階에下하야伏地請罪曰不肖子난不孝가莫大하와膝下를離하야父母께貽憂가極甚하나이다한듸母夫人曰汝의所願을成함이라何罪가有하리요速히上堂하야我의懷胞를慰하라하거날先生이堂에升하야侍坐한後茶果를先進하고更히山菜를具하야朝飯을供하니此時寺中諸僧이一齊히白夫人께問候하더라先生이母夫人께告曰至今祈禱를未了하얏스니慈主께옵서난即爲還次하옵소서子난祈禱를畢한後下去하오리이다母夫人이聽能에曰誠力으로工夫를畢하고卽히歸家하라下[illegible]하고即日還歸하라하거날先生이母親을陪하고洞口에出하야祗送한後更히還來하야壇下에立하니心神이散亂하야收拾키難한지라內念에思想하되暫時散心한所致이라此가魔障이될가慮하야更히精神을收斂하되終是鎭定키難하기로無限히辛苦하다가因하여別堂에歸하야懷中書를見解하라한즉猝然胸膈이杜塞하며腹中이不平이라心內에思하되誠力이不足함으로神明의沮戲인가恐하더니忽然空中으로霹靂파如한聲이耳에聞하며自然惶劫하야鎭定하랴用力하나終히鎭定치못하고尤極恐惶하야寺中에在키不能한지라狂人과如히行裝을持하고寺門에出하야數步을移하니忽然腹中에셔大折聲이出하며五臟이若絶하고身이倒하야千丈坎下에隕하난지라內念에死하엿난가疑하다가更히精神을收拾하야見한즉身이寺門前松樹下에臥在하엿난듸此時난正히夜子時라擧目仰天한즉九天의星辰은經絡이宛然하야方位를직혓고五洲의世界난區線이分明하야眼前에벌녀잇셔上으로千萬世와下으로千萬代의過去未來가胸中에瞭然한지라自身을살핀즉胸中이灑落하며精神이倍加하거날心竊自喜하야懷中에深藏한冊을心中으로暗究하니若決江河하야無所不通이라身을起하야行步를試驗하니身輕步捷하야恍然히空中에飛하

난듯하미心獨喜自負하야因하야本第로還來하니라
(續)

忠孝烈節錄

忠臣

車聖輹의改名은聖輪이요延安人이니文節公原頫의玄孫이요贊成尙道의孫也 端廟ㅣ遜于寧越也에號泣赴 行在하니戒禦ㅣ甚嚴이라探得闕隙하고辦白屑糕乾呑魚淨水一椀하야候夜深門卒睡하야冒死進上하니 上이曰汝是何人고奏曰臣은陽城車聖輹也니이다上이詳問年齡居住及妻子하시고因 敎曰爾是我忠臣也라我ㅣ不久於世하리니身後無依라當依於爾하리니爾其退俟하라公이掩泣而退하야每詣越承 候러니至丁丑十月二十四日夜夢에 乘輿下降이여날覺甚驚異러니及得 陟方之報히니果是日也라一日에異香이滿室이여날心忽有感하야與其妻金氏로齋沐靜坐러니於夜半에肅然有侍衛聲하고 鸞儀儼臨이여시날侍入內堂하니恍然有聞曰爾無忘前日之語耶아自是로設虛位於內堂하고每曉에汲淨水以進하며朔望에進白屑糕乾呑魚하야遂誠若初하니顯 聖於恭貞間者ㅣ頗頻頻焉이로되爲時諱懼하야戒家人勿說하고傳以嫡子孫하야遵奉無替하더라至肅宗二十四年戊寅 端廟位號追復後에聖輹八代孫叅議臣潤黻가又因夢有 敎曰今則予享이有所하니當月一臨하리라自是로猶恐先訓이易隊하야凡爲陽城車者난家家尊奉하야婦人孺子가皆必稱我 端宗大王하기를至今十五六代四五百年이如一日하더라

烈婦

距今七十年前論山恩津面沙川里烈婦金氏가有하온딕本光山人으로年十五에咸安趙永植의계適하얏온

曰永植은端嗣義氏謚貞節諱旅의后로早孤而質美하야事偏母至孝러니年十七而夭한지라於其死也에烈婦金氏가晝夜禱天에願以身代하고斷指血口하되終不見效라其死에送終奉葬을恪敬盛而已요或媤母가傷心되실가慮하야嘗히憾容으로써ㅣ侍치못하고供饋를至誠으로奉한더니姑李氏가有疾한지라左右扶養을不懈奮勵하되言行이無違하야奄然長逝하거날哀毁過度러니及其合祔에時年이十九라占人窆室하야久而不出하민家人이怪之하야入而視之하니已殉하엿고衣裳에血書가有하니其書曰向에未從君子而死는姑가在堂한故이러니今에姑가棄世하니吾가吾志를遂하노라하엿더라

讀此의記者난不覺愁然動心而申聯祝之義也若泰山之重하고金氏之烈也如秋霜之威로다 嗚呼라冷薄하고紛擾이多한우리浮游하고諍訟을起하는우리男子界나女子社會에셔는엇지車聯祝과與金烈婦의魂이북수럽지안이한가 噫라人生된우리난必히此申聯祝與金烈婦를效則한後에야庶히仰不愧於天하며俯不怍於人일가하노라

詞藻

檀君殿閣韻

放勳初政共比如天降神人析木墟九種時雍治有變於
生日穆大塊所仍從聖蓋成四部更因掃築拠樅風自是
東方君子國傳來心法見於書

后學寶齋 鄭 薰 謨

蘇庵許偉々有道德氣像

檀君靈聖古無如進以存神彌大墟半萬年今追頌歲三
千開部人吹以使民粒食初開野闢我巢居始結廬細究
天符玄妙理一般真味洛河書

七松 尹 吉 炳

蘇庵評儼然有古人風

詞藻

降于太白與堯如建極千年撕是馳庵化無窮三印在審
涵不息萬機瞻卓彼洪恩霑檀域儼然肖像財茅廬此日
蒼生多仰荳敬奉香火誦天否

翠洲 李佖柱

蘇庵評敬心自生

寂寞人間黑暗如弼君創業別門墟東方雨露餘恩澤南
國風雲迴氣運檀木神機初闢地香山靈穴自成盈天符
一片無窮理口乃流光石上否

雪石 玄暎運

蘇菴評鏗然有聲

斯道淵源日乃如仁風始闢大塊墟若令神化歸則滿何
必仙緣竟吸吮滄域一方君子國紫雲今日道人廬使吾
同志來々顧無忘古經闡奧否

于堂 徐載德

蘇菴評別有意思

崇德巍乎天地如始爲岩巳自似墟國都神功千代過陰
陽玄理萬機嘘故玆斧鐵巖香檀欲報恩恩結小廬惟我
弟兄共霑澤著明青史且遐否

醒菴 宋振玉

蘇菴評句々言情

神人舊蹟果何如渭城宮城尙有墟聚德豈徒當世及餘
風猶是後天嘘禩將多士齊趁廟穴處愚民早結廬立敎
東邦其旨大溯源考辭史家書

涙左 尹秉爽

蘇菴評詩體渾々

我東文物竟何如瞻望西都想舊墟神跡明徵後史體道
風長爲後人瞻天心扶敎開榛逕士習方知奮草廬遺迹
四千餘載上伊來著冊幾篇否

晩松 尹秉哲

蘇菴評感有古跡

太白老檀華盖如弼神自來列星墟中天瑞日家々照特
地仁風處々嘘三印有倫融化域一經無盡濟遺廬世人
不解同時事於古惟稽帝典否

淡雲 朴信陽

蘇菴評有風和氣像

輪奐初成煥々如四千年數闢遺墟堯時王業同前照韓
域儒風繼後嘘代迹山川猶有土道崇天地可爲廬我東
崇仰惟檀聖濟々靑衿幽卷否

松谷 李升釆

蘇菴評文泛辭豔

四五

詞藻

太白山光尙自如盖云檀木降神居瑞日雯堦同世照浮
風檀域幾時瞻想像惟宜傳彩繪獻誠何妨祭茅廬四千
年事無徵處讀古靑燈但信書

華北 鄭箕鎭

蘇花評淳然其像

檀君想像夢依如太白山中問古墟東國文明而濤重亮
天寂寞鳳新啼影閣恭瞻修祀典敬堂勤會上仁爲追戲
四千年代事至今猶有舊傳詩

漢山后人 趙海元

蘇花評初疑而轉入眞境

大白山深太古如降神檀木有遐娠形生國土洪　轉氣
送靈風混獄嘘命受一邦開備地化行百姓及窮廬我君
治德同堯世何獨尊九疇史書

樂窩 安鍾淑

蘇花評輕重在其中

遙瞻太白古今如檀聖初年誕降墟命世神人開國號敎
堂賓洛開風貽俱域山川徙夢想堯天日乃是遞爲影閣
春秋恭祝地四千歷史證前書

晩峰 安鍾翰

蘇花評悅若散珠

山柏樹色問何如草宿千霜皮舊墟開國神功時雨化仁
民直澤早恭嗟仙鄉己邈無尋處墻墓深勤有表廬一軆
鮮人同敬意可名于世可傳書

仁農 安鍾泰

蘇花評自有歎意

吾道淵源本自如仁風大闢動遺墟天符造化能生育三
印歷貽在响嗟但願兄弟同海宇何云山水勝區爲氏香
半夜心臺月照入靑檀太古書

杞農 尹滋容

蘇花評有淸雅氣像

降以由天化自如海東基業始相墟澤霑萬物千機動德
合三才一氣嘘盛矣當年神聖關凄然今日庶民廬敬弛
世遠何須說唯有香山石面書

肯華 黃奎熙

蘇花評重默且慷慨

巍乎盛德與天如建極成都析木墟千載以來神聖賴萬
機自動古今臨松姿猶骨飄々像翠石丹崖小々廬遺褒
誰知修道士寅師休息學仙書

寅庵 金敬洙

蔚庵評渾々無瑕

祝 檀鐸創刊

京城府壽松洞二七番地

正直書館

主 鄭圭弼

祝 檀鐸創刊

京城府堅志洞八〇番地
振替口座九六七九番

廣文書市編輯局一同

祝 檀鐸創刊

黃金町二丁目一八一番地

貸家業

同益社

洋々陟降浩天如太白千年尙有墟涵育成脊三印在含
生皷舞萬方嘘紫府躔星通帝座靑邱禮樂化民廬一瓣
心香誠供趁六洲同樣作車書

省齋 宋乙奎

蘇菴評詩體尙古

東邦元祖正何如天降檀君始闢墟民族繁昌敎化由見
童編髮遺風嘘堯時流俗歌烟月韓域獻誠極草墟歷々
四千年事記明々載在古人書

后學 洪承敏

蘇菴評詩僻惟直

神祖與堯緒統如千秋共享太平墟澤沾草木萃生化氣
合陰陽萬像嘘禮樂典草由楠域歲時俎豆建茅廬世間
誰識天符理留待後人石面書

巖雲 申說雨

蘇菴評不覺肅然感想
或無妄評耶敢望容裕

萬里之程이遠이나
行則可達이요
成功之地가難이나
勤則必成이라

檀君敎敎約附則

敎 育

敎育에有二條하니一은自敎堂內로導率指揮하야自至薰陶涵泳也오一은設立學校하야以各科程으로敎之習之也니其目은如左하고細節은在敎育課規則하니라

敎堂敎育

一、明五倫嚴三綱也요

一、言恭遜行端正也요

一、亟導敎約하야以至至善也라

學校敎育

一、讀書立本領也요

一、講習時務也라

救 恤

救恤有二條하니一은患難相救也요一은慶幸相賀니細節은在哀慶課規則하야自有分等하니라

患難相救

一、疾病에以醫藥救하고

一、喪葬에以禮式으로慰之하며又以錢財로助之하고

一、有橫厄及無罪之困이어던自救中으로極力救援之니라

慶幸相賀

一、産出時에窮乏之人은出財救之하고

一、冠婚時에補助하며

一、晬宴及回巹宴에補助할지니라

勸業

一、業者는士農工商也니隨其所能하야褒揚而援助之니라

一、士之有學識者는褒揚公頌하야使之易於得業이니라

一、農之有資基者는或於開墾하며或於築洑에極力援助하야使之安業也니라

一、工之有技藝하고無資本者는或藉給或周旋하야使之進業擴張이니라

一、醫學及理學高明者는或保薦或給資하야使之傳授救衆也니라

褒賞

褒賞이有兩件하니一在外時에素有學行也오一入敎後에篤踐實行也니라

素有學行

一、孝友悌誠篤者

一、智識學力高明者

一、温遜恭謙者

一、技術特異者

右善待遇力褒揚하야使之矜式而易於立身揚名也니라

入敎篤踐

一、誠奉 天祖하야篤遵敎約者

一、言語恭遜하며品行이端正하야亟遵敎旨者

一、克遵敎約하야乃有感通之異蹟者

一、出力捐財하야以補敎務者

右或陞選要任하며或周旋給資하야使之得業務니라

罰責

罰責者는在外時에懲過난不必擧論이요惟三綱中에有大罪及社會上에有名不容者는不許入敎하고其外에는皆許入敎하야聽其自新也니入敎後에罰責之目은如左함

一、侮瀆 天祖하야毁損敎旨者

一、悖言怪行하야汚損敎體者

一、不愛敎友하야好相圭角者

一、偏匿財政하야有不明之行者

右罪之大者는即爲黜敎하고其次는衆會時罰責하고過小而初犯者는潛戒而勸改之耳일세犯則或停敎一年하며或半年而敎證을還收할지니라

罰目은左와如함

事父母（言色不順 奉養不顧 陷惡不諫 暴狠致辱）不孝 侮犯至親父兄者

處夫婦（奸人夫妻 婚娶倒置 正妻疎薄 夫妻相睽）無極別罰 恐辱守身孀婦者

處兄弟（布衆不相容 妻子相毆鬪）爭鬩無忍益不悌 侵凌父執尊長者

交朋友（造言構陷 患難陸毆）鬪鬩傷生不信 傷害敎中儕類者

褒目은左와如함

悅君致敬約附則

事父母 勸農業忠養 勸文藝顯揚 喪祭盡禮意 孝　極力則救窮族者

處夫婦 居處皆而別 臨事和而敬 別　上善　至死不變義烈者

處兄弟 尺布斗粟相容 友愛順敬各盡 悌　盡恭讓於鄕長老者

交朋友 信義終身守 急難相赴救 信　極顧恤於鄕幼孤者

五二

格言

見善如渴하고聞惡如聾이니라
終身行善이라도善猶不足이요一日行惡이라도 自
有餘니라
聞人之善이어든如佩蘭蕙하고聞人之惡이어든如負
芒刺니라
勤爲無價之寶요愼是護身之符니라
避色은如避讐하고好善을如好色하라
凡戲ᄂᆞᆫ無益이요惟勤有功이니라
念々要如臨戰日이요心心常似過橋時하라
千里之程이雖遠이나一步之積이요萬金之資가雖多
나一厘之蓄이니라
守口ᄅᆞᆯ如瓶하고防意ᄅᆞᆯ如城하라
以愛妻子之心으로事親則曲盡其孝니라
心不負人이면面無慚色이니라
忍一時之忿이면免百日之憂이라
學而智遠이면如披祥雲而覩青天하며登高山而望四
海니라

玉不琢이면不成器하고人不學이면不知義니라
人生不學이면乃冥々夜行이니라
學者ᄂᆞᆫ如禾如稻하고不學者ᄂᆞᆫ如蒿如草로다如禾如
稻兮여國之精糧이요如蒿如草兮여耕者憎嫌하고鋤
者煩惱니라
賜子千金이不如教子一經이니라
過去事ᄂᆞᆫ如明鏡이요未來事ᄂᆞᆫ暗似漆이니라

萬古奇譚

隨聞隨記生

쓸々한秋風은 蕭々히楓葉을吹送하고 秋猿은슬피우러士子의客懷를도々난仲秋旣望이다ㅣ잇때에漢陽城北村一隅에 一間斗屋에僅々한生活을하여가며지나난李永瑞라하난사람이이섯다 이李永瑞난元來簪々한班族의後裔로ㅣ仕宦으로말하면ㅣ남의지지안이할만한ㅣ地閥이다 이럼으로 永瑞가二十當年에 어니골ㅣ郡守로가서이섯난되ㅣ永瑞의爲人이淸廉하고剛直한지라이럼으로郡守로이슬其時에ㅣ頌聲이藉々할뿐이더라 然이나엇지하야官錢을ㅣ萬餘兩이나ㅣ逋欠한지라 그ㅣ때로말을하면ㅣ距今百餘年前이라 官錢을千兩만逋欠이되여도ㅣ處絞를當하고 家族까지悲慘한地境에싸지거든況萬餘兩의金錢일가……ㅣ昇天入地하난才操가ㅣ이슬지라도 勿論死刑의執行을免치못할것은定한일이다 이럼으로李永瑞난엇지할줄을몰나ㅣ飮食을全廢하고 晝夜悲痛하다가 一日은生覺하기를ㅣ내가차라리自殺하여ㅣ世上事를니저버리리라決心하고 秋月이皎々한十五夜三更時에 漢陽城을뜨거문피눈물노 하직하고半世靑春을一期로 이世上을永々히떠나려고 아모도몰우게南山蠶頭峯에다다랏다…ㅣ…ㅣ… 蠶頭峯에다다란ㅣ永瑞난 한심을南山이꺼지여라하니한번ㅣ내여쉬이고 뜨거운눈물노城中을向하여 잘잇거라하난뜻으로두어번ㅣ쌕리인後 비월한ㅣ自嘆歌一聲에고만눈을뚝ㅣ감고 蠶頭峯層岩絶壁에뚝ㅣ떠러지엿다………ㅣ

아ㅣ可憐하도다李永瑞여 金錢의束縛으로ㅣ무엇보다도더ㅣ貴重한生命을버리게되니 其悲愴한형상을엇지다ㅣ말하리요 나도筆을잡어이에까지記來하믜 自然이힘이업시筆이손에서떠러짐을씨닷지못하고 世態의凉薄함을怨하엿노라 讀者ㅣ여러분 궁금하실뜻ㅣ하와붓을멋추지못

하고 니여記述하고져하노라
悲慘의욋혜죽난것을榮光으로 生覺하고써러진ㅣ永瑞눈속마암으로나난쥭건니라하엿더니 神耶아夢耶아千萬奘밧세ㅣ엇더한ㅣ素服丹粧한一美人이잇다가 삽뿐바다넘으키며안져운다ㅣ永瑞난엇결曲折을몰나 一邊으론感謝의말노 一邊으론원망의말노其美人을向하여뭇난말이다

永瑞、임의죽은生命을救하니感謝하오나 然이나 이사람은이世上에사라잇난것이도리혀ㅣ죽난것만못한지라 一時生이면一時苦生이라 엇지하여나를救援한난가ㅣ또당신은엇더한사람인지알길를바라노라

美人、사람의生命이至重하니 사라난然後에야苦樂이이슬것이라 엇지金錢으로爲하야人生의至重한生命을버리려하나잇가 나의事情은ㅣ차々말을할려니와ㅣ夜深하니 遲滯말마시고어셔ㅣ나의집으로가셔이다하고 저속을하난지라……ㅣ

永瑞난엇지된ㅣ영문을몰우고 不得已其美人의後를隨하야 引導하난딕로쏫차갈셰ㅣ一處에다々르니 雄壯한高樓畵閣에 文房四友며 其他設備가士大夫家이나無異한지라 俄已요饌床이나오난딕其精潔하고 淡素함이無異於仙界珍味요 器具ㅣ設備가實노驚訝할事이더라 飮食을罷한後에ㅣ궁금함을不勝하며其曲折을뭇는다ㅣ!!

永瑞 活人의至恩과 寬厚한待遇를受하여스나、其曲折을未知하오니、알기를바라노라

美人、나난士大夫家의無男獨女로ㅣ八字가奇薄하여、少年靑孀이되미、집에난兄弟의依支할곳이업고、外로난親戚의도라갈곳이업슴으로、홀노적々한歲月을보내더니 今日에偶然히當頭峑을지나다가ㅣ당신을救하엿노라한딕ㅣ

永瑞、난다맛그ㅣ그러한줄만알고自己죽으려하던ㅣ일을細々히말하니

美人、이聰罷에悽然流涕曰나의身勢도또한ㅣ如此히孤寂한지라바라건딕ㅣ버리지아이하시면ㅣ巾櫛의役을밧들고져하노이다

永瑞、亦曰活我之恩이至重하니、엇지辭讓하리요하고許諾한ㅣ後에和樂한琴瑟노ㅣ同居하여지나오미、싸른光陰은어니둣ㅣ二三年이되엿다ㅣ一日은

永瑞‧ 가美人을向하여曰내가임의離家한지三年이라老母와、妻子의死生을未知하와궁금하오니一次歸省하기를바라노라ㅣ

美人、이曰善라하고悽然이서로作別하니라……ㅣ

永瑞가來하야故宅에往하니、故宅은임의ㅣ他人의所有가되엿난지라、路傍에서彷徨하다가、傍人한듸主人宅의去處를問하니 一老人이잇다가答曰其宅은三年前에社稷洞附近으로往하여ㅣ찰ㅣ산다하거늘、永瑞난ㅣ곳ㅣ달니여가서、차즈니果然自己의名義로門牌가잇난지라 엇지된ㅣ曲折을不知하여들어가지를못하고「이리고너라하엿다」少頃에下人이出來하더니「아이구」一聲에伏地痛哭하난지라！！！永瑞난엇지할줄을몰나ㅣ默々히섯다가、그우난것을멋추려할즈음에、內房에서도其哭聲을聞하고나와보니 晝思夜念으로ㅣ닛지못하고 바라든令監이라 서로붓들고一場痛哭을하믜一大悲劇場을ㅣ일우웟더라 이직은하여우름을멋춘後에 夫人다려其緣故를問한듸ㅣ

夫人、이曰三年前에令監께서、金錢을보내여서ㅣ이리로移居하고 其後ㅣ니여金錢을보내여豊

足한生活을하나令監이돌러오시지ㅣ안이함으로晝宵念慮하면바로소이다하난지라

永瑞、가內心에其美人이그리하면ㅣ줄을알고ㅣ서로慰勞하며中門으로ㅣ들어가니白首老母가在堂하야 永瑞의歸來함을보고 白髮紅顏에눈물이엉긔난지라 永瑞가堂下에업지여痛哭한後ㅣ不孝의ㅣ罪를謝하니慈堂이어서ㅣ올나오라지촉하믜母子ㅣ서로붓들고經歷한일을一場說話하니라

永瑞가往事를古談삼아ㅣ하면서滋味잇난生活을하게되엿다 限十餘日이지난後에永瑞가家人을對하여하난말이 내가其間에少室을娶하엿난듸 今日우리가이와갓치된ㅣ것도모다少室에恩惠라背反치못할處地이니 急히가서보여야하짓다하고 慈堂께하직하고 妻子를作別한後ㅣ少室의집으로도라갈세長橋를지나난듸、忽然空中에서ㅣ永瑞야하고불우난지라 永瑞난가던길을멋추고 어듸서ㅣ뉘ㅣ가自己를呼하난지不知하야、彷徨하더니문득再次呼하여曰나난汝의父親靈魂이다 네가이번가난길이죽난길이다ㅣ네가죽을것을몰우 가난것을ㅣ내가알고야엇지、父子之情理에ㅣ默視할수가업서

서、이와갓치널우난말이니 其女子난實노사람이안이고、진에이다ㅣ만일네가가랴거든ㅣ毒한담비를사ㅣ가지고갓다가、其女子의게、담비츔을밧으야망정……不然則汝의生命을保存할수가ㅣ업다하고 신々부탁하시난지라…ㅣ

永瑞난千萬뜻밧계ㅣ이말을듯고、悅惚한마암에、엇지할줄을몰우다가 조곰精神을차리며 即時父命을좃차담비를、사ㅣ가지고비마즌ㅣ龍太旗格으로、한풀이썩기여ㅣ죽어가난羊의거름으로ㅣ거러가서、門前에當到하엿다…ㅣ

종용한門庭에소리업시 삼빡드러시며、門틈으로가만히엿보니 果然父言과갓치、한밤이나되난ㅣ진에가、房中에업지여 벌너〳〵하난지라 永瑞난ㅣ고만질식을하야 엇지할줄을몰우다가ㅣ그리도下回를좀ㅣ보리라하고ㅣ한번깃츔을보기조케ㅣ라ㅣ깃쳣다 少頃에其진에가벌서、燦하며女子가되야 如前한貌樣으로나오나ㅣ容色이顚無하고、愁色이滿面한지라、방싯ㅣ門을열고、나오면서ㅣ오날이야오십넷가한다……永瑞난강이하야되답을하고、房으로入去하엿다…ㅣ…

兩人이相對하야、안자잇난되 其女子난滿面愁色으로、한심만ㅣ픽々쉬이난지라 永瑞난父命파如히其毒한담비를 픽々피워ㅣ츔을한입물고、밧을가、말가추저하난잇써이다…ㅣ

아ㅣ讀者諸位시여、이를엇지措處하리잇가…ㅣㅣ父命이丁寧할뿐안이라、한번아차실수하면、大丈夫의生命이當場에、업서질것이다 然이나이女子로由하야 永瑞의一身의生命을保存할뿐만안이라、一家全體에對하야莫大한恩人인되ㅣ만일父命되로하면ㅣ恩惠를怨讎로갑흠이요 만일父命되로안이하면、丈夫의生命이當場에、써러지갓스니……

讀者諸位시여ㅣ이러한써를當하면엇지措處하여야조흘가…ㅣ한번깁히生覺지안이치못하리로다ㅣ……

잇써에永瑞난한번돌나生覺을하엿다ㅣ내가커ㅣ女子안이엿스면、벌서三年前、南山蠶頭峯岩絕壁에서、落死怨鬼가되여슬뿐만不是라 나의家族全體를救援할수가、업서슬거시요、싸라서커ㅣ女子가나를害ㅣ할ㅣ마암을두웟스면ㅣ椒初蠶頭峯下에

萬古奇談

ᄯᅥ나를救할뎌에、엇지그커ㅣ두워슬가……ㅣ아ㅣ참
으로이상하도다……ㅣ
이와갓치生覺하난、永瑞난고만ㅣ에라……ㅣ父命이
안이야、祖父님의命이라도ㅣ내가죽을지언뎡ㅣ、
참아못하깃다하고 한입을물엇던ㅣ춤을다른곳에
다가、탁ㅣ비앗엇다……ㅣㅣ……
其女子난겻헤안자잇다가、永瑞가이와갓치마암ㅣ
씀을보고、고만ㅣ永瑞의무릅우에가、푹ㅣ걱구려
지여ㅣ혹々늑기며、슬피운다 永瑞도읫연함을못
이기여 갓치어우려지여、울다가위로하여멋추니
女子가게워ㅣ우름을긋치고 悲越한音聲으로、惜
이뚝々뚝게、말을한다
美人、파연당신과갓튼이난、이世界에다시업슬줄
노生覺합네다 果然千秋萬代ㅣ子々孫々이富
貴功名하고 福祿이無窮하리이다、한딕ㅣ
永瑞난다만千萬에말삼이라고딕답할뿐이다 其女
子난또니여말을한다……ㅣ
美人、내가果然人間사람이안이요、진에ㅣ올세다
내가玉皇의侍婢로서、得罪하여이貌樣으로、
人間에謫降하엿나이다 그리된ㅣ理由난다름

이안이라、내가玉皇의侍婢로이슬뎌에、俄時
長橋空中에서ㅣ당신다려말하던것은、果然당
신의父親이안이요구렁이(長蛇)올세다、그놈
도玉皇의侍童으로이섯난지라、一日은나를쎄
여가지고 劫姦하려하며내가듯지안이하엿더
니그놈이나를玉皇께讒訴하여玉皇께서、나를
이貌樣으로人間에三年苦楚를밧게하엿소이다
그후엇지하야그놈도罪를엇고、커ㅣ구렁이形
狀으로 人間에謫下하엿난딕 내가明日이면
三個年期限이滿하난지라、明日은내가月宮으
로올나갈ㅣ터인딕 그놈이시긔하여俄時당신
의게그와갓치말을하엿난지라 만일당신이、
그놈에말딕로하얏드면、나난이貌樣으로三年
苦楚를더ㅣ밧을번하엿소이다하고호르난눈물
은옷깃을적시이며、혹々늑기난지라이말을、
드른永瑞난瞥眼間千思萬慮가胸中에서徘徊한
다ㅣ……
永瑞의心中에一은玉皇의措處함이밝지못함을怨함
이요一은女子를作別하게되니、차라리총이나
바닷뜨면……ㅣ……하난別々한思念이다ㅣ닐

어난다、然이나위선시원한人猝로ㅣ아ㅣ참、

그러함녯가하고반가운「키쓰」를하엿다 兩人이相對하여一場說話를한ㅣ後、略々한一盃酒로、서로醉토록勸한後에其女子가하난말이다 美人、나난明日早朝에月宮으로、올나갈터이오니

나를生覺지마시고、부듸〳〵郎君은安寧히지

나시요하고서로울고、衾裡에나아가、昏曚의 世界를일우웟다、明朝未明에女子난ㅣ玲瓏한彩雲間으로蹤跡을감추웟난듸、잠이깁헛던ㅣ永瑞난來人去客의소릐에놀나ㅣ쒸이니女子난간곳이업고、層岩絶壁에몸이붓터잇난지라 一邊으로놀납고一邊으로난齟齬함을不勝하여、一點의熱淚를空中으로여련後ㅣ집으로도라오니라……ㅣ

ㅣ古談이나마、하도이상할뿐만안이라 忍之爲德에一資料가될가하여、이에記錄하야 兄弟姉妹諸氏의게紹介하노라 (고만)

積蔭德於冥々之中
하면必有福祿이昭
々來하고

行陰惡於幽々之間
이면必有禍孽이疊
々致니라

編輯室에서……ㅣ

一記者

여러분ㅣ 처음뵈옵습네다、안이ㅣ오리간만에뵈입습네다 入事를한번다시엿줍갓습네다……ㅣ제의姓은檀이요 名은鐸이올세다 또제의住所난太白山檀木靈宮이올세다 以前으로말ㅣ하면우리가ㅣ서로떠러지지못할緣分、膠漆과갓흔情分至親한戚分으로서로依支하고、서로信賴하고 神聖한生活을하여오던ㅣ여러분과、우리여섯나이다 그러하던우리로서、엇지하여中間에 無限한波濤가싱기여、한뎡업난ㅣ눈물노作別이된지가ㅣ아마許久한星霜이엿나뵈오이다……ㅣ

이許久한歲月에여러분을뵈옵지못하와 뵈올時期만苦待하옵더나、오날이야비로서ㅣ뵈옵게되오니그깃쁜感想이엇떠타고말하오리잇가 여러분도ㅣ其間얼마나갑々하여슬넌지요 이럼으로나난이번느올쩍에、이제로붓터난ㅣ永々이서로離別이업시 셕이업시지나려하엿습네다……ㅣ

그러나다못遺憾인겟은、아족도제가혐이微微함으로여러분ᄭᅴㅣ圓滿하게、滿足하게、其무엇을되라지못하난것이올세다 然이나힘잇난디로、여러분을도와딜이려함네다 써웃쳐딜이려함니다 여러분도나를버리지마시고 사랑하여주

시요、過失이잇거든責하여주시요
우리난—서로依支하고、서로信賴하여 同力進行하야、同心活動하야、우리겄
도한번婆娑한이너른世界에빗닉입세다……—

中一百十字削除當

이번은처음임으로、匆忙하와未備한點이不無함으로、未安함이적지안이하나이
다
來月붓터난、무엇이나不足함이업시、充分하게、圓滿하게、여러분의게뵈이려하
나이다 여러분—사랑하여주시요、贊成하여주시요………—
여러분—또다시뵈옵세다……—

編輯室에서

社 告

本社에서ㅣ今也에야비로서 江湖僉位의宿望을萬分之一이라도、奉副키爲하야、本雜志를刊行하엿사오나、創刊中匆忙함이多함으로 從하야未備한點이不無하오니 僉位난知悉하옵시고 容裕하신後ㅣ特爲賛成하여주심을바라오며 左記寄稿規程에依하야 李杜의文章과 董王의筆法을案頭에空老치마시고 現代의肝要한社說及文藝、小說(長短篇을不問)其他忠孝烈等、節行(年代叅照)의事蹟에對하야 寄稿하심을、亦爲顒望하나이다

寄稿의規程

一、寄稿난必히楷書를要함

一、寄稿하시난諸氏난 住所氏名을必히詳記하심을要함

一、寄稿付送時난必히京城府忠信洞一番地檀鐸社編輯部로하심을要함

一、寄稿에對하야 添削及揭載與否난本社에在함

京城府忠信洞一番地

檀鐸社編輯部 白

廣告料

等級	壹頁	半頁	四半頁
特別	三〇、〇〇		
壹等	二〇、〇〇	一二、〇〇	六、五〇〇
二等	一五、〇〇	七、〇〇〇	四、〇〇
三等	一二、〇〇	六、〇〇〇	三、〇〇

本誌定價

冊數	代金	郵稅	合計
一冊	三五〇	〇二〇	三七〇
五冊	一、六〇〇	一〇〇	一、七〇〇
十冊	三、〇〇〇	二〇〇	三、二〇〇

注意

◉本誌代金及郵稅난必히先金을要하며郵便切手代用은一切謝絶함

◉先金이盡훈時난「先金盡」이라한赤印을捺함

大正十年十一月九日印刷
大正十年十一月十二日發行

京城府忠信洞一番地
編輯兼發行人 鄭薰謨

京城府黃金町三丁目三〇四番地
印刷者 李錫圭

京城府黃金町三丁目三〇四番地
印刷所 三英社印刷所

京城府忠信洞一番地
發行所 檀鐸社

◎身體는不可不强健

身體는萬事之本이니不可不强健이로다……然則身體에强健을何에求함이可하뇨……此는經驗者ㅣ多하니必히大力丸에問할지니라

▲生命을愛함에必히大力丸을愛할지며

▲健强長壽를欲함에必히大力丸을要할지니라

▲此大力丸之靈藥은精神上確效가有함은世所公認이로다

壯筋補血 大力丸

定價

一個月分 四圓五十錢

二個月分 八圓五十錢

三個月分 十二圓

主治……【壯筋補血·夜夢氣泄…先天不足…精神困憊…神經衰弱 欲食不化·腎氣不足…面黃肌瘦·氣虛血枯·陰虛火動】……

京城府義州通二丁目六番地

大力丸 淋疾丸 製造 本舖 洪濟堂藥房 主 李敏洪

【振替京城四五八六番】【電話二六五四番】

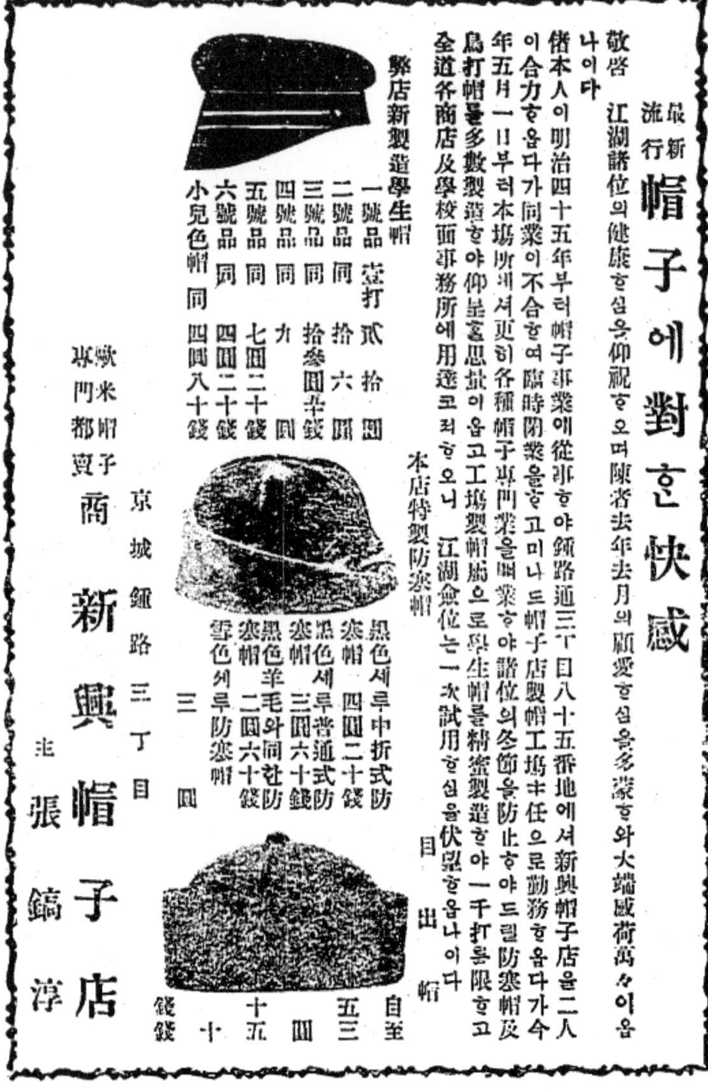
最新流行
帽子에 對ᄒᆞᆫ 快感
敬啓 江湖諸位의健康ᄒᆞ심을仰祝ᄒᆞ오며陳者去年去月의顧愛ᄒᆞ심을多蒙ᄒᆞ와大端感荷萬々이올나이다
偖本人이明治四十五年부터帽子事業에從事ᄒᆞ야鍾路通三丁目八十五番地에셔新興帽子店을二人이合力ᄒᆞ옵다가同業이不合ᄒᆞ여臨時閉業을ᄒᆞ고미나드帽子店製帽工場主任으로勤務ᄒᆞ옵다가今年五月一日부터本場所에셔更히各種帽子專門業을開業ᄒᆞ야諸位의冬節을防止ᄒᆞ야드릴防寒帽及鳥打帽를多數製造ᄒᆞ야仰呈ᄒᆞ올思量이옵고工場製帽所으로學生帽를精密製造ᄒᆞ야一千打를限ᄒᆞ고全道各商店及學校事務所에用達코져ᄒᆞ오니 江湖僉位는一次試用ᄒᆞ심을伏望ᄒᆞ옵나이다
本店特製防寒帽
目出帽
自至 五三 圓 十五 十 錢錢
黑色세루中折式防寒帽 四圓二十錢
黑色세루普通式防寒帽 三圓六十錢
黑色羊毛와同ᄒᆞᆫ防寒帽 二圓六十錢
雪色세루防寒帽 三圓
弊店新製造學生帽
一號品 壹打 貳拾圓
二號品 同 拾六圓
三號品 同 拾參圓五十錢
四號品 同 九圓
五號品 同 七圓二十錢
六號品 同 四圓二十錢
小兒色帽 同 四圓八十錢
歐米帽子專門都賣商
京城鍾路三丁目
新興帽子店
主 張鎬淳

『김선생염백기』

85 『김선생염백기』 영인본

金先生廉白公肖像

87 『김선생염백기』 영인본

金先生廉白記

朝鮮平安道寧邊郡은自古名勝之地라白頭山來脈으로妙香山이되얏스니距今四千二百五十六年前戊辰歲에檀君이檀木下에降御하사與堯並立ᄒᆞ시와修道ᄒᆞ시든處이라古蹟이往々有之ᄒᆞ야淑英ᄒᆞᆫ氣像과秀麗ᄒᆞᆫ光彩가一境에彌滿ᄒᆞ니人傑은地靈이라是郡新峴面如在里에有人ᄒᆞ니姓은金이요名은致順이니金海人이라一鄕의名門巨族으로忠孝相傳ᄒᆞ고世々積善之家라其妻난白氏니公이與白氏로孝養父母하고慈善一里ᄒᆞ야家聲을承襲ᄒᆞ더니一日은公이白氏를對ᄒᆞ야夢事를言ᄒᆞ야曰自天上銀河水로붓터一大龜가流下ᄒᆞ야夫人背에負ᄒᆞ얏스니此는異兆라若孕胎하면貴子를生ᄒᆞᆯ리라白氏聽罷에微笑曰妾도昨夜에異夢이有ᄒᆞ니天上에紅日이妙香山에墜ᄒᆞ야山과日이合爲一塊하야入我懷中이라하더니自是月로果有孕胎ᄒᆞ야十朔에至ᄒᆞ미一日은五雲이玲瓏ᄒᆞ며香氣가滿室하더니一男子을誕生하니即戊子五月十二日也라像貌가岐嶷하고聲音이洪亮하야祥麟瑞鳳의氣像이有한지라公의母夫人이新生兒의氣像을見하고其喜를不勝하야新兒를洗하고産婦를救함에勞苦하야夜

深에至ᄒᆞ믹暫臥ᄒᆞ얏더니殷々ᄒᆞᆫ雷聲이起하며天上으로瑞氣가亘ᄒᆞ야産室에入하더니其瑞氣中으로忽一黑鼠가下來하야新生兒上唇을犯하야噬嚙하거ᄂᆞᆯ心甚驚駭ᄒᆞ야打逐其鼠라가便以覺之ᄒᆞ니即枕上一夢也라且異且怪ᄒᆞᆫ니라其兒가漸長에名曰尙廉이오字曰國甫요號曰廉白이라廉白이自孩提로聰明이過人ᄒᆞ야至極한孝誠과卓越한德義가生而知之함과如한지라五六歲에就學하믹聞一知十함이有하고入孝出恭하며同年學輩를見하족淳々相愛하니人無不稱讚而異待之러라成童에至하믹三墳五典과諸子百家를無不通知함이有하고六韜三略을涉獵이有하야奇正의變化를說하나但世無高明之師友하야不遇의感이有하더라冠年에至하믹熙川崔氏門에娶하니妻崔氏가亦賢淑하야仰事舅姑以孝하고俯得兄弟及姨娣以愛之하며睦于姻婭하니一家和樂하야一鄕이稱頌하더라廉白이二十餘歲에至하믹負笈願從者多하고且先業이不貧하야普濟之心으로急人之困하고救人之病에從事하믹恒常不報之地에恩을施하니人皆慕之하야廉白先生이라稱하더라先生이每自歎曰人生於世하야致君堯舜하고澤及生靈이是所當然底事어ᄂᆞᆯ旣不得於是則寧入山修道하야從吾所好라하고遂念絕名利하야廢棄科業하니라一日은別其門徒하고乃歸其家하야

對其妻崔氏曰醮行이今己十餘禩에一男一女가有하니足이夫人의寓心할바라家事
를善爲處理하야上奉父母하고下撫子女하야家聲를勿替케하라吾則八字崎嶇하야
旣不得獻身於國家하야不事於君而不治於民하니從此以無心於産業則不如入山修
道하고百姓의福利를爲하야至誠祈禱하야生靈에災厄을救濟코져하노라夫人이聽
罷에對曰君子의言이生靈을爲하야災厄을消除코져하시니雖未袪한女子인들用意
하심을豈不賛成乎아奉養父母와教育子女는妾이當竭力이無違於君子之意하리다
衣服과行具를準備하거늘先生이即趨堂上하야事由를備告하고退側하니此時난壬
子四月望日이라家事의處理와行具裝束으로自然日暮어늘所願이欲速하야晝夜를
不計하고門에出하야香山을望하고行하니月色은明瞭하고鬱蒼한山色은心事를引
導하며華暢한風光은行步를催促하야月臨江을當到하니東方이己明而紅日이上天
이라過月臨江而香山洞口에入하니岩上奇花는遠客을笑迎하고林間啼鳥난光風을
歌詠이라信地에漸到하니奇々한峰巒과潺々한流水는塵念이頓絶하니此非仙境之
眞歟아岩上에暫立하야景光을搜取하다가一句詩를吟哦하니山爲高士隱이요水與
道心長이라吟罷에綠水靑山深邃處로火藏菴을尋往하니寺中諸僧이歡迎하야座定

茶罷한後與僧海石으로祈禱할事由를商議하니海石은本是佛家에修道僧이라對曰先生이如斯히致誠할진딘小僧이先生手下의셔使喚으로凡節을擧行하리다先生이大喜하야其日로爲始하야檀君修道하시든中天窟에다壇을設하고粮米와香燭을准備하야七日齋戒한後壇에出하야先히天地日月星辰名山大川神靈에告由하고更히檀君天祖씌向하야至誠發願하니其祝辭曰道合天地하고感通靈誠하야聖神子孫으로福利를享有하고來하난災厄는本身에止케하쇼셔施化天尊點禱審涵이라如此히發願하기를三年에至히얏더라此時에崔氏夫人이在家하야晝則甘旨로舅姑씌奉養하고夜則仰天奉祝하기를家君의所願을速就하야歸家함을祈禱하니라一日은母親白氏夫人이子婦崔氏을對하야曰兒子가離家한지三年이라消息이無하니緣故나無한가하시니거늘崔氏柔順한言辭로恭遜히對曰離家時에言하되三年後還家라하얏스니過慮치勿하소셔母夫人曰吾心이甚히愁亂하야鎭定키難하니暫往香山하야諫風하겟다ᄒᆞ고此日에香山을向하니라是時에先生이晝則周易을熟讀하야天地陰陽理氣를通達하고夜則設壇下에出하야祈禱祝願하기를三年에至하얏스나一次에夢事도無하고別로神驗함이無하기로恠異히여기더니一日은淸水를奉하고設壇下에

出하니前日에無하든一張書가有하거ᄂᆞᆯ淸水를奉하고焚香祝辭한後其一張書取를覧하니書則書이나字樣이或楷도有하고草도有하며篆隷도有한中或佛經의唵字도如한지라文義를或解釋할것도有하고或未解할것도有한지라異常히知하고深藏한後別堂에歸하야與僧海石으로易理를講論하다가曉에至하야暫臥하얏더니忽然淸風一陣이起하며身이飛하야空中에飄揚하더니風이化하야靑龍이幻하며全身에八卦를畵하고頭에河圖洛書를畵하얏스며靑黃赤白黑五色이晃忽한五角이生한龍이곳先生의口로飛入하난지라胸膈이開하야灑落하더니忽然身이化하야白蝶이되야翅을叙한즉四方이無碍하고身을動한즉山이崩頹함과如하거ᄂᆞᆯ擧目視之하니天下江山이膝下에在한듸人種과草木이依稀하거ᄂᆞᆯ口으로施化天尊默禱審涵을誦하며手足으로蹈舞한즉人種과萬物이漸生하나人의精神과知覺이無한지라更히翅를叙하고左右로旋回한즉人의精神과知覺이生하야人倫五常의禮法을敎授하야뵈이니是난即檀君天祖의胚胎法과如한證據를現함이라然이나身이更히變形치못하거ᄂᆞᆯ翅를翙하며口를開하고左便으로旋하야右便으로旋回하니四海에셔風이起하며天이石磨와如히斡旋하기를無數하더니因하야口中으로入하거ᄂᆞᆯ驚悟하니非夢似夢

三

이라一身이戰慄하며心神이晃忽하더라精神을鎭定하야視之하니東方이己明하야無數한遊山客男女가寺中에入하난ᄃᆡ其母親白氏夫人이其中에入하시거ᄂᆞᆯ先生이驚起하야急히堦下에下하야母夫人ᄭᅴ拜謁하니母夫人이意外에兒子를相逢하니不勝喜悅하야曰旣至三年에消息이何故오嚴責하시난지라母親을別堂으로陪入座定한後更히堦下에下하야伏地請罪曰不肖子난不孝가莫大하와膝下를離하야父母ᄭᅴ貽憂가不尠하오니다母夫人이堦上으로招致하시니如命하야乃進茶果後山菜를具하야朝飦을進供하니此時에寺中諸僧이一齊히白夫人ᄭᅴ問候하고各其歡迎을表하더라先生이母夫人ᄭᅴ告曰至今ᄭᅡᆺ祈禱를未了하얏ᄉᆞ오니慈主ᄭᅴ셔난即爲還次하옵소셔子난祈禱를畢한後歸省하올리다母夫人이聽罷에依其言還家하시니先生이母親을陪하고洞口ᄭᅥ지往하야拜伏祇送하고更히設壇下에進할ᄉᆡ內念컨ᄃᆡ暫時라도散心되야致誠에或妨害가無할가慮하야更히心神을抖擻하나自然發心이된지라是夜設壇下에進하니心機가不一하야更히祝文을具하고別堂에座하얏더니夜已深矣라忽然胷膈이塞함과如하며腹中이大不平하거ᄂᆞᆯ心中이惶惚하야精神을取拾하고思維하되吾가誠心이不足하기로神明에罰을被하얏난가하든次에自空中으로雷聲

이聞하며號令이秋霜과如하여即地로山外에出하라하거늘驚起하야行裝도收拾치못하고胷腹은尙痛하나暫不可遲滯하야山外에出하니此時난定히子夜라忽然胷中所隔이通하난聲이有한지라此난無他라天地陰陽運氣가吾身에通하야道를覺悟하야心靈이開하난證驗인가精神이慌忙하야樹木間에忽顚倒하야腹痛이更發하니想覺하되吾의五膓이斷하난가하고地에仆臥하야精神을察한즉小頃에腹痛도愈하고胷中도爽然하며心神이淸灑하야上으로千萬世와下으로千萬世의過去未來가瞭然在目함과如한지라更思하기를吾가山神의罰을被하야成狂함이如斯한가勵하야擧目仰天하니太極이宛然한듸九天의銀河水가分하고星辰이各其方位을纏列하얏스며四方을周察하니五大州六大州와婆娑世界가다眼前에列在하얏거늘心神이灑落한지라身을起하야行步을試驗하니一身이風雲에擁出함과如한지라自然心廣體胖하야本第로間關還來하야堂上에承候하고祀宇에展拜한後家事을整理할식己往習慣으로家內에爲祝하든神社淫妖한事을一々撤廢하고祭禮를修設할식七日齋沐하고先히檀君天祖띄祭祀를設行하고次으로家廟을設하고祭禮를行하니是난即他人의效則한事가되얏더라多數한門徒가此를効則하야家中의邪神淫祠을撤破하고檀

四一

君崇奉함이盛行하더라先生이常爲歎息하되旣不得致位하야國家의事業을成치못하니寧히此世上生靈이나救濟하리라고貧窘한人에게난食料를得케하고患難에溺한人은災厄을免케하며疾病에罹한人은藥餌로救濟하되狂人은設法하야完人이되게하니其神異함을無不稱頌하더라一日은先生이喟然歎曰人生於世하야但在家治產만하난게是난井蛙에不過한지라江山游覽이나하고各名山勝地에祈禱하야生靈의災厄를消除케하리라하고因하야遍游名區할셰熙川楚山地境에在한天眞菴을向하니此時난癸亥七月旬間也라到天眞菴하니峯巒이湙邃하야人迹不到하난處이라無一個僧하고但一空寺이라先生이法堂에入하야獨臥하얏더니夜深한後自空中으로絃誦之聲이淸雅히聞하더니小頃에絃誦之聲이漸近하며藹然한氣運이房中에透入하며一位神人이深衣幞巾으로儼然한氣像이猉獜을乘하고七十弟子가左右로侍立이라先生이避座하야恭遜히立하얏더니神人이向先生曰我난魯國孔子라하시거늘先生이急히拜禮하고陪立하니孔子曰至今世遠俗末하야周公의祭祀가漸衰하고五倫三綱이從此廢棄가될지라君는幸히五倫三綱을扶하고祭禮를致하야愚昧한生靈으로風俗을改良케하라하시고使其弟子로互相知面禮를行하라命하시니七十諸

人과相見式을行하고因하야空中으로一齊히向往하거늘先生이甚히驚異하야向空中而四拜하고纔定精神而坐하니僧徒가出迎하야坐定한後供養을進한니라食罷에散步하다가欄干에依坐하얏더니適會에白紙商이來함을見하고心神이喜悅하야白紙數卷을買하얏스나所用處난無하더라閱月後歸家하니一日은先生이靜坐하야天眞菴에서所經한事를生覺하니心神이忽動한야天眞菴에서持來한白紙를以剪刀로心神이使하난딕로剪裁하야壁上에掛하고見한즉先後天度數와河圖洛書며九宮八卦이며陰陽五行에盛衰하난原因이完然한지라先生曰人이生於陰陽理氣之中하야萬物之中에最靈하니行動이理氣가合한즉吉하고理氣가不合하면凶하고衰하난니所以로聖人이制禮作樂하시미私意의臆見이안니오天地陰陽理氣를從하야其理氣에合하게함이라若耳目之所好와心志之所樂만從하면是난私慾이라私慾은天理와相背되야凶하고衰하기易하니聖人의道가至今에衰함에溺하야惡에犯한人種을不忍하샤使我로敎導하고愛濟하라하심이라하고先生이自悟한니라一日은忽一狂女가疾聲而來하야大言曰衆生들아我言을聽하라我난天下大聖人釋迦牟尼인딕我와如한聖人이또한在하기로訪來하얏노라하며入門하야先生께拜見하고言曰我난三十

三天極樂世界를主章하고生靈에게命과福을與하난日光菩薩이라하며狂言妄說이無數한지라其狂女난熙川居梁興澤의妻朴氏니本是介潔한女子로成狂한지라狂女가又曰道德君子가此地에有함을聞하고月前에此近地寧邊主峰으로移舍하고今來하얏스니來頭事를指導하라하난지라先生이其女子의擧動을見하고曰儒敎난動함을主하야陽界를맛타陽敎이오佛敎난靜함을主하야陰界를맛타陰敎이라先後天地의陰陽은雖有盛衰之理나또한相背치못할거시어늘今에彼女子가成狂하야彼의言이彼의精神으로言함이아니라至今陰氣가旺盛한故로佛敎가旺運될兆朕을彼女子로하야곰言하게함이니또한異常한事이라하고因하야靜肅端坐하고經文을朗讀하다가更히正陽正陰의理致와邪術異端의奸私함을辯明說到하니其女子가惶恐伏地曰我心則女子의身分으로中饋之任이나主하고門外에不出함을非不知也나若行動을如此히不爲하면身上이不平하야成病이되고任意妄動하면百體가從令하며心神이快豁하니此事를願乞判明하노라先生이聽罷에有可矜之心하야乃正色肅然曰豈有是理리요此非他라人皆有主星直星하야心有感通者하니感通之中에도心不正大면拘於虛靈하야反失其眞이오非鬼神所使也라必以正大로爲心하고勿浮於虛靈하야

收拾精神하고靜肅之態을思하라하고仍히易理로嚴肅히一場講明하니其女子가潛點底首一頃에即帶羞愧之色하며行動이頗히安整하야曰聽此先生之言하니前日所爲가無非妄行이라從今으로改過하올니다하고因即退去하야仍作賢淑之女한니라

一日은先生이於草堂에無思無慮히含默靜坐하얏슨니此時난甲辰三月初라隱々히自空中으로有號令曰吾等은即冥府十王이라奉天尊之命하고招待金尙廉이來하니尙廉은我를隨하라先生이聞命即起하야十王을隨하야到一處하니五雲이玲瓏하고淸氣가襲人이라忽入一境하니奇花瑤草와珍禽異獸가果然別有天地오非人間이라瓊宮瑤臺은晃惚俗眼이라蒼々한盤石上에有一大殿閣하니琥珀礎珊瑚棟과琉璃窓水晶簾에光彩가燦爛한딕層々한白玉堦下에至하야與十王으로俯伏待命하니少頃에一仙官이先生을引導하야入殿內하니儼然龍塔上에太極冕旒冠과日月龍袍을着한尊嚴한君王이儼肅히殿坐하섯난딕白玉書案과檀木香塔下에先生이稽首俯伏하니天尊曰我난本是天神으로上元甲戊辰歲에朝鮮太白山檀木下에降하야東方에君長되얏다가更히上天하야至今施化天尊이라人間의善惡報應을主宰하난故로此時를當하야汝에게一言을與할事가有하야命地府招汝以來라大抵陰陽肇判할時에太

陽도亦是太陰에셔化하야戊土宮에潛伏하얏다가一萬八千歲後에陰陽이始分하야九宮을開하고八方이列하미坤未風이起하면地樞가動하고乾戌風이起하면天柱가浮하고巽巳風이起하면天尾가擧하고寅艮風이起하면水氣가低하고四方風이往來하면地乃乾燥하난니然後에一陽이始生이라所以로厥初에陰陽混合타가肇判之初에天浮於上하고地凝於下라是謂開闢이니開闢之中에又有十二回ᄒᆞ니今回ᄂᆞᆫ即第三回開闢運也라今世之人이但知敬天ᄒᆞ고不知敬地ᄒᆞᄂᆞ니夫ㅣ人之生也에生於地ᄒᆞ고居於地ᄒᆞ야自天子王后將相以及細民이皆宅於地ᄒᆞ고食於地ᄒᆞ고衣於地ᄒᆞ니地之德이大矣라歲之豊歉도地之造化요人民亂動에以作兵禍도地運所使오其他疾病流行과風雲雨雪과寒熱暑濕도亦地之所應이오以至於人之盛衰興亡과禍福吉凶이皆地之造化로所使而然也라世人이不知此由ᄒᆞ고皆以爲天之所使라ᄒᆞᄂᆞ니以其厥初則天亦在戊己土本宮而化生也라以戊己土九宮之氣로變成九天之時에子一水陽金之精이爲日ᄒᆞ고亥六水陰金之精이爲月ᄒᆞ고剛水生金精이爲星辰ᄒᆞ야日月로爲晝夜長短之表ᄒᆞ고星辰으로爲物之直星과人之主星ᄒᆞ야各賦其性ᄒᆞ나니天은只有乾之道ᄒᆞ야以一萬八千歲之合數로開闢運而其中에有上中下元甲ᄒᆞ니合數爲六

千歲라分三元ᄒᆞ야二千歲가爲上元甲ᄒᆞ고二千歲가爲中元甲ᄒᆞ고二千歲가爲下元甲ᄒᆞ고一歲之中에有十二月三百六十日ᄒᆞ고一月之中에有三十日ᄒᆞ고一日之中에有十二時ᄒᆞ니年神方位가從此循環ᄒᆞ야以生萬物이나萬物之消長은亦地之所使라所以로天은以陰陽五行之氣로賦與人知覺之性而其性이皆善이나不能守其性善ᄒᆞ고變爲性惡이亦地之所使也라所以로上帝惻怛于此하샤世出聖賢而教萬民하야使守其天賦之性이라我ᄂᆞᆫ以上帝命으로稱帝釋하고爲施化天尊ᄒᆞ야主宰人間三百六十事故로今使汝로教人民하노니汝不覺悟아汝於香山祈禱時에授以天書一張ᄒᆞ얏ᄉᆞ니汝必在心이라天生萬物에人爲之主라制文字하야名萬物ᄒᆞ고教禮法ᄒᆞ야以傳後世하ᄂᆞ니人不守其責ᄒᆞ미邪法이流行하야惡ᄒᆞᆫ者가善ᄒᆞᆫ者ᄅᆞᆯ害하고强ᄒᆞᆫ者가弱ᄒᆞᆫ者ᄅᆞᆯ壓ᄒᆞ야專히邪欺ᄅᆞᆯ崇尙하야人種이衰亡ᄒᆞᆯ地境이라是ᄂᆞᆫ下元甲末運을當ᄒᆞᆷ이라至今下元甲年數가已盡하고自今年爲始하야再元甲子年이라此時ᄂᆞᆫ丕往泰來하ᄂᆞᆫ運數가回復ᄒᆞ야日出東方에天下文明ᄒᆞᆯ時代인즉東方은天地長男이요日月正中ᄒᆞᆫ外라東方禮法이新明於天下ᄒᆞᆯ자라此ᄂᆞᆫ天地造化ᄅᆞᆯ地爲承順하야自然히運回됨이니當此時하야汝ᄂᆞᆫ禮法으로教人ᄒᆞ되父母先祖의忌祭와受服하ᄂᆞᆫ禮法과以五

倫三綱으로入孝出恭하는道理로世上에顯明ᄒᆞ라ᄒᆞ시고更히下諭하시되汝가末年에厄會가有하니此亦已定之數也라하시며玉案에在ᄒᆞᆫ三冊經書를下賜하시며曰一冊은天地度數요一冊은人間祭禮요一冊은萬物理氣가昭載ᄒᆞᆫ것이라且人이生於天地陰陽之中하얏스니乾爲父坤爲母物爲同胞라敬天敬地를同一히ᄒᆞᆷ을人間에指導하라今自甲子年以後로天下諸國이相雜ᄒᆞ다가過六十年則天下ㅣ皆效則於汝之禮法ᄒᆞᆯ리니銘心하라ᄒᆞ시고聖諭ᄒᆞ심을畢하ᄆᆡ忽一陣淸風이起하며紫氣가宮闕을擁蔽하는지라但一身이盤石上에坐하얏더니忽自雲中으로一靑龍이出하ᄆᆡ不知中에身이龍背에在하야龍飛中天에乃至崑崙山하야天下世界을周觀ᄒᆞᆯ시一陣淸風이起하며身墜於人間하니乃是一夢이라精神을收拾하야見ᄒᆞᆫ즉家人이左右에侍坐하야號泣하거ᄂᆞᆯ先生이其緣故를問ᄒᆞᆫ즉答曰昨暮에先生이草堂에靜坐라가忽有異聲터니仍作長眠이오나但手足이不冷하고大脉이不絕ᄒᆞᆷ으로侍坐니다하거ᄂᆞᆯ先生이默然이想來하니天上에셔天尊게옵셔下諭하시든聖音이在耳하며天地度數에陰陽理氣며人生行爲에福善禍淫이며制禮作樂에現世禮法等句語가歷々記念하겟고下賜하신冊子中에祭禮式을先覺ᄒᆞᄆᆡ瞭然在目ᄒᆞ니第一은天皇氏ᄯᅢ祭禮와日月星辰을

爲ᄒᆞᄂᆞᆫ法이며五岳四瀆山川城隍에祈祝과古今歷代聖賢에게祭奠이며其他忠臣烈士追享法이며大夫庶士의家廟之禮와雷司電神雨師風伯左社右稷土穀之神을爲祝하ᄂᆞᆫ法과第二ᄂᆞᆫ魑魅鬼魎邪神妖鬼一切退逐하ᄂᆞᆫ法을一々記錄ᄒᆞᆯ너라此時ᄂᆞᆫ甲子五月日也라先生曰天道與地氣로陰陽이되야相合하나其中에陰陽의盛衰가有하니陽이盛ᄒᆞᄂᆞᆫ運回에ᄂᆞᆫ天道가旺盛ᄒᆞᆯ時라所以로善ᄒᆞᆫ者ㅣ善道를行하야惡ᄒᆞᆫ者를善ᄒᆞᆫ듸로引導하고陰이盛ᄒᆞᆫ運回에ᄂᆞᆫ地氣가旺盛하ᄂᆞᆫ時라惡ᄒᆞᆫ者ㅣ惡ᄒᆞᆫ事를行하야善ᄒᆞᆫ者로退去하ᄂᆞ니下元甲二千年末運ᄂᆞᆫ即地氣가旺盛ᄒᆞᄂᆞᆫ期會라此時ᄂᆞᆫ邪欺가制度가됨으로弱ᄒᆞᆫ者의肉을强ᄒᆞᆫ者ㅣ食하고善ᄒᆞᆫ者ᄂᆞᆫ弱ᄒᆞ고惡ᄒᆞᆫ者ᄂᆞᆫ旺하ᄂᆞ니是ᄂᆞᆫ天道循環ᄒᆞ야無往不復일ᄉᆡ更히上元甲運回가되야天道가旺盛ᄒᆞ야惡者ᄂᆞᆫ衰하고善者난旺할지라今年ᄂᆞᆫ上元甲子인즉一甲以內에난陰陽勢力이交換하난時代라地氣가倍動하야更히歸一ᄒᆞᆫ後에야我의禮法이天下의行ᄒᆞᆯ지라際此時하야在家獨善함이不可ᄒᆞᆫ즉遍遊四方하며救禍濟溺함만不如하다하고周行各地하며貧寒者난以食道로引導하고疾病者난藥餌로治療케하며惡한者난善道로教導하고善良한人에게난敬天敬地와入孝出恭이며祭禮法을教導하니先生의教化를授하야信仰하

난者난丙戌年과如한惡疾에도一人도罹한者無하얏심으로關西關北에셔風俗을改
良하고先生의祭禮法을遵行하난者多하니家々에檀君天祖를崇奉하며祭禮를大行
하야先生의法이盛行하더라先生이四方에遊覽할새南至嶺湖이며北至白頭山으로
金剛山을遍踏하야無窮한眞理와正大한祭禮를到處에廣布하고西入中原하다가道
不行함을知하고還하니라此時先生의夫人崔氏난作故하고後室金氏가平壤에寓居
하야先生을奉饋하든바癸巳年間에先生이門徒玄利福을對하야曰我가年近七旬에
餘年이不多하니當與君으로金海故鄕에偕往하야先塋에省楸하고先祖의遺跡을廣
探하리라하고即日發行하야金海首露王陵寢에參拜한後同族門中을一々訪問하야
敎誼를表하고舊蹟을廣求하고還한니라一日은先生曰我欲咸北地方에遊覽하리라
하고門徒宋萬玉、李始化、朴大吉、金德成、朴亨植等을率하고發程하야永興朴
文根家에至하야萬鏡臺에上하니萬鏡臺난白頭山來脉으로朝鮮主脉이라齋沐致祭
할새天地神明과檀君께祈禱한後一日은先生이喟然歎曰方今世上이騷擾함이極度
에至하야平壤城中이有亂할지니吾直往平壤하리라한딕宋萬玉이對曰平壤은繁華
地라有亂이면必倍於他일지니何必平壤에往하올잇가先生笑曰至今平壤에셔日淸

이交戰이되면不過三四日에淸兵이大敗하야歸할지니其間에無知한生靈이生路를莫知하고亂動하야自相踐踏하다가死亡을難免할지오且吾의家眷이該地에在하니急往救護하리라其翌日에先生이宋萬玉等과登程하야孟山에到하니淸兵이業已軍粮을運輸하난지라平壤에셔避亂者無數하야號哭之聲이載路라先生이一行을促하야平壤에至하니淸兵이城中을占據한지라家眷을訪見하니後室金氏와門徒等이焦燥中先生의還함을見하고喜不自勝하야心神이稍整하더라淸兵이城野에遍海하야掠奪이無數하니城內城外避亂者男女無論하고失魂落魄하야東西를不分하고扶老携幼하야道路에彷徨하난지라先生이家人을團束하야在家不出케하고門徒李元旭等數人을率하고大道上十字街에立하야避亂者를見하고親不親間에執其手而挽留曰我난金廉白이라하난人이라男負女戴하며扶老携幼하고去將安之오道路捿屑하다가邱壑을難免할지니在家則生하고離家則死할지라還家하야家産汁物이나收拾하고安心在家하면不過幾日에無事할것이요外國人인들安心在家하야初多關係者에게有何浸責이리요하며無限力挽하니雖是蒼皇罔措中이나廉白先生의聲名만聞한者면聽其言而還家安接하고其外則罔知死生하고聽若不聞而走하난지라先生이

城內外男女老少을會集하고面諭하되現今城中에空虛家舍가多하니秋毫라도持來하면是난賊心이라賊心이有하면如此亂中에豈望圖生乎아亂中에人心이不變이라야一身만圖生할뿐아니라子孫까지保存하리라하며面面相對하야詢々懇諭하니聽者無不感其言하더라或避亂者所向無處하야老弱을率하고道路에셔彷徨한者ㅣ有하면先生이自宅으로同來하야饋飼하며設明日去則死할지니我家에在하야死生을갓치하자하니人々이其德을感服치안이하난이업더라此난癸巳八月十六日이라日本軍人이自中和로平壤에至하야淸兵으로相戰할새淸兵이大敗하야西北으로退去하난지라日本軍人이入城하야民居을安撫ᄒᆞ며秋毫不犯하니避亂하얏든老少男女가如雲入來하야各其歸所할새家産什物이如一完全함은即廉白先生의保護라하야無不賛頌하더라此時에先生을慕仰하야來者連續ᄒᆞ며多數하門徒의居處가狹窄한지라平壤城北牧丹峯下에寺刹이有ᄒᆞ니一은永明寺요一은新興寺라僧尼輩가兵亂을避하야擧皆出去하미一空虛한寺刹일너라先生이臨時로門徒와家眷을挈ᄒᆞ고寺中에入居하미寺中什物을極力保全하며一無損失케하고門徒로敎理를講明케하니라一日은先生이宋萬玉을對하야曰我의年今六十九歲라旣不得事君之忠하고但修

道山中ᄒᆞ야檀君天祖의道理를通한後四方에雲遊하며活人之策을施할時에死者도或生케하며亡할者도或扶植케하야自然天地造化를奪ᄒᆞᆷ이不無하다謂ᄒᆞᆯ지라豈無鬼神의倩恳乎아已往香山에서生靈을爲하야福利를祈禱할時에生靈에게來하난災殃을我身에止함을至願하얏스니此亦天定한數이라雖非命橫死인들奈何乎아且我生時祖母께서一夢事를得ᄒᆞ니忽然天鼠가我의身을噬嚼하더라ᄒᆞ니亦天定厄也라今年이未半하야我當逝矣라逝後에設有寃讎나寃讎로知치勿하고以待回運하면逝去二十年後면我의寃을伸하야줄君子가有할것이요五十年이되면我의教理가天下에盛行할지라君은我의後事를善助하라非君則秘機를豈可漏泄乎아하며言笑自若하야不平之氣가少無한지라萬玉이는其緣故를不知하고半信半疑하더라其翌日에先生이萬玉의歸家ᄒᆞᆷ을促ᄒᆞ며謂曰某時던지我의通知前에난勿來ᄒᆞ라하니라此時는丙申春間이라先生이吉日을擇하야

檀君天神에祭禮를擧行ᄒᆞᆯ서各處門徒가祭需品을準備하야大牢禮로設行하니永明寺로會集하는人이數百에達하난지라所聞이傳播하야警官이疑訝하고禎探한즉檀君께祭祀를擧行하난祭官이요書籍은檀君歷史의眞理와聖經의教理뿐이라警官이

査見하고反히贊成하니라此時에平壤觀察使가金先生을請邀하야修道하난眞理를
聞ᄒᆞᆫ즉先生니儼然端坐하야對하되天符三印의妙衍한理와誠信愛濟禍福報應의理
며檀君께祭禮를誠心으로設行하난節次를一々答述하니觀察使聽罷에曰果然理學
君子라하더라時에新興寺居處하고僧徒난永明寺에居處한지라僧侶가金先生의多
數한門徒의來往하며盛大히祭祀를設行ᄒᆞᆷ을見하고忌厭의心이萠動하야先生을對
하야曰俗人이寺中에居住ᄒᆞᆷ이不可하니他處로移居하라하난지라此난先生의後室
金氏가本以德薄人으로人心을收拾치못하야僧徒와相詰이有함을因함이라然이나
女僧金修子梁修子난反히先生의道德을欽慕함으로移居하라고發論한僧을責하더
니一日은平壤觀察府官屬의朴某가先生의學行을恒常慕仰하는中僧尼輩에게見逐
함을聞하고僧徒를招하야大責曰汝輩가本以無理之徒나金先生을對하야無禮ᄒᆞᆫ行
動을敢爲하난다亂離中汝輩가擧皆逃走하미空虛寺中에金先生이入處하야佛像과
汁物을一々極力保護하얏거ᄂᆞᆯ不思報恩하고反히移居ᄒᆞ라하니甚是可痛이라若更
有此等의說이入聞ᄒᆞ면汝輩난限死嚴懲하리라하얏더니此로因하야僧徒가十分猜忌
之心이倍出하야先生을謀害ᄒᆞᆯ凶計를釀出하더라此를知하고先生이玄利福에게命

하야城中으로移居할家舍를定하라한ᄃᆡ後室金氏가極力沮止하난지라先生이歎曰
都是天定한數也라豈可避免乎아하며長子聲振을招하야曰我生前에孫子亨鳳의婚
姻을見할지니即成婚하게하라하ᄆᆡ對曰婚姻을己往에价川金都正의女息과定하얏
사오니吉日을捐擇하야婚事를擧行하올니다하고擇日한즉丙申五月初五日이最吉
한지라涓吉單子를婦家로專送한지라先生曰今番過婚한後中原에往하야遊覽할지
니不可不各處作別도하고香山僧이나逢着하리라하고門徒를率하고慈山士野洞金
村에往하야檀君께祭祀를設行하고雲山李珍國家에往하야祭祀를擧行하고山邑에巡
廻하난處마다祭祀를設行하며孫子婚姻後에난中原에往할意로面々公布하고仍히
作別하기를甚히缺然히하고本家로回還하니라各處門徒가先生이中原에往하심과
婚事在近함을聞하고婚禮도見하고先生께告別할次로各其婚需의補助을持하고遠
近을勿論하야來者甚多한지라時난五月初四日也라門徒安永吉卞榮朝金泰賢三人
을先生이命하야婚行을治送하고玄利福任錫鎬로來賓을接待케하고宴需을準備하
며宴席을佈陳할ᄉᆡ此日은初五日黃昏이라忽然面目이生疎한人十餘名이闖入하야
先生을向하야詰問曰緣何事由로數百人의多數가會集하얏난요先生曰我의孫子婚

姻인故로知舊間宴會에來集함이라하며泰然靜坐하얏더니少頃에門外에셔放砲一聲에四面에셔應砲하며兵丁이環圍하고兵丁이一齊히突入하야先生을詰縛하며來賓을捕捉하난지라驀地에不意之變을當하니蒼荒罔措함은泰山이崩壞와如한지라砲聲이沉息하며先生以下捕縛한人을点考하니凡七十七人이오砲彈下에一人도傷命은無하더니諸人을平壤鎭衛隊로捉入하난지라城中士女가其風色을見하고事由을不知하야人心이甚히沸騰하더라此事에原因을論하면當初에永明寺僧尼가金先生을逐出하랴다가朴某에게受責한後凶計을醸出하야先生을謀陷코ᄌᆞ秘密裡에出함이라適者에香山으로來한金修子라稱한女僧은本是路柳墻花로出家落髮하야年紀도少하고姿色도不無하야邪惡한計巧와尖利한口辯이有하야能하人을欺弄할만한지라佛家의淸靜한五戒난心頭에毫無하고放姿히官門이나出入하야倒鸞顚鳳의態度로豪蕩한官人을聯結함을能事로삼난者라此時에平壤大隊長金有鉉과奸邪한情이特緊한지라曾與金先生後室金氏와感情이有하니金氏가該女僧을對하야迫切한言으로責하되汝가僧尼의名色이되야佛經의工夫난心頭에少無하고路柳墻花와如하니寧히退俗하야改嫁함이妥當하리라하얏더니該女가此로嫌을作한中一日은

諸僧이會坐ᄒᆞ야金先生逐黜할計을謀議할ᄉᆡ金修子聞하고報嫌할思想이萌動하야腹釼을抱하고觀察府에入하야觀察使의게告曰寺中에在한金廉白은本是東學에魁首로其弟子가西北에最多하야近日에緣何凶計인지來往之人이頻數하야恒常煩劇하오니若日後에事變이有하면或寺中에連累가有할가深慮가되야來告하나니다觀察使笑曰我曾金先生으로酬酌함이有하니實是通理君子也라崇奉은檀君이오行하난바난陰陽盛衰之理와福善報應之理에明瞭한지라엇지東學이라謂하리요學問이高明하니自然來訪者多한지라汝矣僧尼난無識함으로善人을不知하고妄言으로說到하난야反히責斥하난지라該女僧이敢不更言하고退하야直入鎭衛隊하야隊長金有鉉을見하니有鉉이淫心의蕩情으로戲弄하미金修子假作正色曰令監이國家의干城之將이되야殊常한輩가咫尺에在하되全然不知하고但히戲談으로爲能事乎아有鉉曰殊常한輩는指誰오金修子曰新興寺金先生이라稱한人은東學에大先生이라至今懲戢을아니하면日後에其勢가猖獗할지라엇지令監의不審之責을免乎잇가所謂寺刹이라하난것은僧의家이라俗人이入處하야不精한事가多하오니速히措處하소셔有鉉曰我聞한즉金先生은東學이안이요亂離中에寺中에入居하야什物을收拾하

며佛像을保護하야寺中이如前하다하니엇지迫切히逐黜하리오女僧曰其人이東學이안니면엇지東學軍이何故來往乎잇가有鉉曰汝言과如할진ᄃᆡ禎探하리라如斯히相談한後一朔이過하니即五月初五日也라金先生의孫子婚姻을因하야宴會에來賓이各處에셔會集함을金修子가利用하야內心에思維하되至今이야我의計巧와相孚되얏다하며鎭衛隊에投入하야金有鉉을見하고附耳密語하되今日黃昏에新興寺에東學軍이無數히會集하니或着冠하며或着巾하고或擔銃者數千名이或先或後하야滿山遍野에如雲會集이라聞한즉今夜에本隊를襲擊한다하오니事機十分危急하야火色이迫頭하온지라令監은急히他處로避身하야不意의患을免하소셔金有鉉은本是酒色之徒라知識이無하야其女僧의恐動함을聞하고手足이荒忙하야急々히大隊室의出하야各中隊을招集하니中小隊々長과正校下士等이一齊히入하미軍令을下하야三中隊를發하야新興寺를圍之三匝하며平服兵丁十數名은直入寺中하야捜索한즉果然會集한人幾百名이라一邊放銃하며一邊捕縛하니先生以下七十餘人을風雨와如히擁入營傲하야嚴重히着枷囚禁하니嗚呼라先生의時運이不幸한지라皇天이先生을出하시미善惡을雙立케하야金有鉉과如한惡者가出함이라天定之數를烏得免乎

아先生이就囚한後金有鉉이當夜에軍部에報告하니彼의功績을自著코자함이라其
翌日에金有鉉이大隊에出坐하고先生以下七十餘人을押上하야兵丁이左右에擁立
하고廣張威勢하며有鉉曰汝輩은國法의禁하난東學으로無難聚軍하야反賊을作하
야不軌함을圖謀하난야先生이正色曰我의所學는仁과義라엇지不軌한心이有하며
所謂東學은吾所不知라如此한無理의言은我에無關이로라有鉉曰汝言이可謂言足
而飾非라汝東學이안니면何事을緣하야多數한人衆을聚集하며今夜에本營을刼迫
코자함은何故오先生이微笑曰隊長은千人之將이라如彼히愚迷한가我는寧邊서來
此寓居가于今四個年이오昨日은我의孫子婚日이라婚家則价川金氏家이오各處門
徒가我의孫子婚日을聞하고宴席에來한人이라所以로畧設酒肴하야來賓을接待함
이어늘何據가有하야如是逼迫乎아隊長의所見과如히機械贓物이無한지라無罪之
人을如是搆捏하니皇天在上하시니豈不畏乎아하며言辭가如流하며儼如霜雪한지
라有鉉는本以無知沒覺者라或抵賴不伏인가하며無數惡刑하며曰直招則生하고抵
賴則殺하리라한디先生의氣色이泰然하고言語가從容히答하되魑魅魍魎이敢히我
를戲弄하난야我의死는即天也라엇지隊長이死生을任意로하리요然이나士난可殺

이연졍不可辱이라하니隊長의無識함이라無罪한人을東學의魁首라稱하야軍部에報告하얏다하니回題를待하야我의一身만殺하고其餘는放釋하난것이當然하거늘엇지無理한惡刑을我에게如此히辱되게하난요有鉉이先生을更히營獄에下囚하고其外七十餘人을次第惡刑하야惡刑을不勝하야東學이라하면刑을止하고東學이아니라不伏하면窮凶極惡의刑을行하다가營獄에還囚하니라此時에先生이受刑하고獄中에在하미門徒가互相痛哭하며先生의刑處를撫摩하며報讎之言을發하난지라先生이其動靜을見ᄒᆞ고笑曰君等이何其汲覺之甚乎아我가前日에各處에巡回하며作別時에過婚後中原에往하다함은即后土本宮이中央인故로中原이라稱함이요香山僧을逢한다함은今番事가香山으로來한女僧이永明寺에在하야我을謀害함이라我가此을因하야黃泉에歸할日이幾個日이無餘하니此난即皇天이我를生할時에后土本宮에셔我를招去할日을預定함이라金有鉉이豈敢殺我리요有鉉은即后土宮의使者뿐이라豈足以寃讎라謂할리요我가此事를當함이即天命을順受함이可하거늘君等은何不覺悟하고反히有鉉을報讎코자하난요有鉉도將次報復을當함은自然한理致라엇지人力을費하야報讎乎아君等은不久에放送되고我는死할지니我死後라

도金有鉉을寃讎로知치勿하고吾子聲振이雖未祛나或乃父를爲하야報讎코자할지라도挽執하야我의魂을慰하라하며言笑自若하야一團春風의和氣自生하난지라金有鉉이先生에動靜을察한즉畏㤼함은毫無하고獄中에在하야淸聞靜肅한氣像이顯於外한지라有鉉이又使搜探寺中하니但檀君과天地神明께崇奉하난祭禮와天地開闢以後陰陽盛衰之理며忠君愛親과入孝出恭이며五倫三綱의人道正義로衆生을敎導하난書籍뿐이요其外他證據는秋毫도無하며七星門外派守兵이報하되金先生의孫子婚行이自价川으로還來라하니其婚宴에來往人多數證據가昭然한지라有鉉이後悔할際에軍部에서回題가下來하니金有鉉의報告을上奏裁可하야魁首만砲殺하고餘黨은放釋하라심이라有鉉이鍊兵場에出하야在囚한金先生玄利福外七十五人을押出하야曰汝等을東學으로認証하얏더니更探한즉婚宴에來함이分明하나聚衆한罪로三日赴役한後放免할거시요金先生과玄利福은軍部에更報하야待回題擧行할리라ᄒᆞ거ᄂᆞᆯ七十五人이無奈ᄒᆞ야三日應役한後放還하니各處來人들이或喫㤼도하고居處도不便하야移去한者多하되崔鍾學夫婦와金相玉夫婦와金德成等이在한지라崔鍾學夫人月宮金氏가酒肴을盛備하야在囚하얏든諸人을慰懷하니諸人들이先

生과玄利福을生覺하고號泣不已하며先生이獄中에서遺言을一々傳布하니無非着荒罔措하니라金有鉉이七十五人을放釋하고思하즉公廳한僧女에誣言을聽하고點昧한賢人을殺하게되니寧히僧女을捉하야誣告한証授을軍部에論報하야暧昧한君子을放釋하리라하고兵丁을發하야女僧金修子를捕捉코자하니女僧이七十五人放免함을見ᄒ고或及坐律이有할가하야業已走한지라有鉉이更思한즉我가女僧의誣告을因하야輕先히軍部에報告하야回顧ᄭ지下來한지라今若金先生을白放하면上部를欺弄이라하야罪責이不無할리라雖是暧昧하나無可奈何라하더라先生이獄中에在ᄒ야玄利福에게淳々諭之曰我의命限이六十九歲라今日厄會는已定한數라豈可逃避리오我若避厄이면是난逆天이라夫君子난順天으로爲本이라하시고其長子聲振에게遺書를作하야玄利福에게付囑하니其書에曰我의死는天地運命이라金有鉉을寃讎로知치勿하라君子의節은天然不改할지라死生을因하야善心을變하고陋名에溺하리요今番獄中에서同患難한諸人에게來世에相逢하자我言을傳布하고汝亦兄弟와同一하게지녀라且乃父의生前所行之祭禮式을遵守勿替하야以待其時가至可々라書畢에利福에게付與하니라是日은即甲申五月二十六日也라先生이朝

起하야玄利福에게謂曰今日에난我與君으로永訣하난日이라한듸利福이痛哭不已하니先生이利福의手를執하고慰撫曰我死後君은芳名을惜하야清節의心을不變하고我의遺傳한祭禮法의原理를體我教導하라已往에宋萬玉에게囑托한言이有하니詳聞하라하니라先生이日影을見하미已時에至한지라喟然歎曰我의死할時干이至하얏다하더니少頃에兵丁이來하야先生과玄利福을曳出하니先生이玄利福을顧謂曰我난逝矣라君은善在善在하라하시고更無他言하며顏色이天然하고動靜이從容히獄門에出하니數百名兵丁이聚立하고金有鉉이騎馬而立하야曰玄利福은警察署로移囚하라하고先生은捕縛하야陣前에立하고平壤西門外十字街로擁出하니此時에清明하든天氣가忽然晦塞하며日影이無光하니라城中城外에士女가會同하야涕泣相謂曰世上에如斯히寃痛한事가有乎아하며其中에先生에게受恩한男女老少勿論하고無不痛哭歎恨不已하더라十字街에至하니昏霧가四面에起하야咫尺을不卞한中砲聲一落에雙虹이幷起하난지라兵丁이散歸하거늘此時에門人金相玉妻李氏가匍匐先往하야先生의屍所을見한즉雙虹이先生屍體上에셔起立하얏난지라少頃의先生의長子聲振內外가出來하야天崩地坼과如히罔知所措하고屍體를扶하고痛

哭不已也러라月宮金氏와金德成、金相玉、咸基道、安永吉、諸門人이出來하야
見한즉靑々한天上의月光이黑暗하고昏霧가四塞한中에十字街大路上에白沙場靑
草난漠々한ᄃᆡ先生의屍體가臥하야顔色은如笑하고上唇에彈丸을中하야腦後로出
한지라此난盖先生初生時에黑鼠가上唇을噬嚙이見兆也러라諸人이蒼荒罔措中精
神을收拾하야收屍禮節을擧行하고血流을收歛하니昏霧가漸收하며雙虹이消하고
日光이稍甦하난지라先生의子聲振과孫孝鳳이昊天罔極하며痛入骨髓하야眼無所
視라懷劒入城하야復讎코자하거ᄂᆞᆯ諸人이挽執曰先生의遺書가自在하니不必妄行
이라하야停止케하고禮文을從하야襄禮를擧行할ᄉᆡ平壤普通門外에安葬하고碑石
을竪立한니라此時에米國人宣敎師가平壤에在하야先生의事變을聞하고來吊하며
歎息曰昔日에耶蘇氏난天學이오今日의金先生은地學이라耶蘇氏난猶太國에誕生
하야十字街에셔生靈을爲하야流血死亡하고今에金廉白의血은平壤十字街에셔血
流함이尋常치안니하다하더라玄利福은追後放還하니라宋萬玉이海州에在하야一
夜夢에先生이高車를乘ᄒᆞ고橫馳ᄒᆞ야中原으로入ᄒᆞ신다ᄒᆞ난지라是난不吉之兆也
라即尹文賢을平壤에專送ᄒᆞ얏더니果然凶音을報ᄒᆞ거ᄂᆞᆯ萬玉이先生의靈位을虛設

호고一場痛哭한後先生의前日秘諭호시든言이無非來事를先覺하심이라엇지天縱之姿가아니시리요宋萬玉이平壤에即來하야先生墓所에痛哭한後諸門人相逢하야前日에宋萬玉에게秘語하심을相談하고先生의先見之明을無不歎服하니라玄利福宋萬玉이先生의遺訓을遵守하더라平壤叅領金有鉉이金廉白을無罪히砲殺한後朝夕呻吟하더니未幾에慘死을渠亦當하얏스니果然天理에明々히報應함을可知러라

乙巳十月日에平壤宋萬玉德川李泰祚平原金明麗三人이京城에檀君敎刱設됨을聞하고商議曰檀君敎가世上에發展되얏스니此난金先生之道가闡明되겟다하고先히李泰祚가其夫人吉泰熙及崔鍾學夫人月宮金氏로作伴하야京城에來하야檀君敎에奉敎式을擧行하고禮式等節을詳考한즉金先生의曾行하든法式과差異가別無한지라平壤에下往하야公布한즉宋萬玉金明麗兩人이繼次上京하야入敎한後因하야平壤府慶上里에다檀君敎支部를設立하기로本部에請願하야承認한後檀君御眞을平壤支部에奉安하왓더니仝十一月日에本部大宗師鄭亶齋先生과講師徐于堂氏가平壤에下往하야支敎々況을視察할時에支敎長宋萬玉外一般敎徒가陳述하되金廉白先生이香山에셔檀君天祖께千日祈禱하야感通靈誠하든事와專히祭祀主義로風俗

을改良한事이며丙申年에慘禍를當한後天地翻覆함과如하오나伸冤할日이無하다
하며無不號泣不已하난지라大宗師鄭先生이聽其事之顚末하고肅然이起曰本師가
不肖하나檀君教에獻身하야忝居主宰하니濫則濫矣나今此諸君의陳述함을聞한즉
金先生은即吾教의先覺이라先覺의事를後學이엇지感歎치안니하리요教規를遵하
야宗令으로金先生의靈位를設하고祭奠을行하야其幽冥의冤을萬分의一이라도伸
케하리라하고宗令을發하니其文에曰故金公廉白은早年에入于妙香山하야
檀君聖靈之下에千日祈禱를唯一한精誠으로感通靈誠하야斥邪扶正하며修道光明
에理數顯達ᄒᆞ야四時祭享을先奉　檀君ᄒᆞ고專히祭祀主義로感覺風俗이라不幸히
丙申에遭禍慘毒ᄒᆞ니悠々蒼天은此何忍言가嗚呼라本師가雖不肖나崇奉我　檀君
聖靈하옵고施化佈教之際을當하야乃於先覺의至誠惻怛함과道脉相傳함을寧不欽
歎哉리요是로以하야宗令으로金先生廉白靈位을　檀君聖殿左便一宇에奉設하고
春秋祭奠을遵禮奉行하야一以慰幽冥之冤하고一以表先覺之誠하노니惟吾同胞教
員은咸悉遵奉하야如一無二也哉ㄴ져
當日에宗令을如是히發하니金先生門徒되얏든一般教員이或放聲而哭하며或相扶

而泣曰金先生遺訓의二十年後에自然히寃을伸하리라함이有하시든니今日에果然復見天日이라하더라金先生長女金氏가現在熙川地하니相路가三百餘里라當席에忽來倒地曰本人의父親이五日前夜에現夢曰京鄕에檀君教人이平壤에會同하야乃父의積寃을伸雪케하거늘汝난吾의子息되야何不往叅하난야하심으로晝夜倍道하야衝雪而來하니果然夢不虛事라하고一場慟哭에致謝不已하미見者無不奇喜하야曰金先生의靈魄이不泯하심을推此可知라하니라此日은卽丁巳十一月十一日也더라是日에

檀君天祖께祭享을設行하고金先生의事實을告由하옵고金先生의肖像을奉設하고祭奠을行하니라此日에宋萬玉等이右事實로回章을發하야已往金先生門徒되얏든諸人에게一々通知하니라

戊午四月日에平壤檀敎支部를建築하얏다하고該支敎長宋萬玉이本部에報告가有함으로本部大宗師鄭先生과講師徐于堂이平壤에下往하야敎堂落成式을叅觀하고役費出處를問한즉宋萬玉이言하되已往金先生在世時에金先生命으로忠孝稧를設置하얏더니此로費用하얏다하며德川檀君敎支敎長李泰祚와順川　檀君敎支敎長

一七

車延模가次第로言하되該兩處에도金先生의命으로設稧가有하니此로役費를삼아檀君敎支部建築코자한다하니大槪金廉伯先生은檀君敎의先覺뿐안이라頹敗한西關風俗을改良하야五倫三綱을扶植하고周公의祭祀主義를繼行하얏스니可謂東方의通理君子也로다此記를金先生의首弟子宋萬玉李泰祚兩人이檀君敎本部로持來하얏기로公刊廣佈하노라

金先生廉白記 終

金先生門人氏名錄

宋萬玉 車龍瑞 李華鎬 李元旭 李賢鎬 李元植 李善鎭 朴文根 金亨浩 李泰祚 崔鍾學 吳瀅健 車延模 金明麗 仝尙伯

金養增 朴亨植 朴大吉 安守德 李碩潤 金龍洙 金利鳳 康利順 李義弘 張琪淸 金禮守 金德盛 金振洙 李珍國 金載煥

金顚吉 玄利福 安永吉 車鳳吉 安得信 安得洙 洪光蓮 車鳳模 車鳳岐 卓益周 安謙 金連洙 金慶福 魯貞祿 朴永吉

車鴻祚 崔元朝 車鳳夏 許道永 朴俊健 吳鎭燮 黃成初 金德水 鄭國民 金三德 白永珍 康俊喆 梁元道 姜鳳學 仝貞幹 金永喆

金永華 玄利敦 宋俊哲 玄利官 朴魯述 劉萬燮 李永燁 玄贊極 韓承初 張翰奎 金達鉉 崔奎玉 車載玉 趙仁學 金德成 姜賢奎

方錫寶 金鳳鍵 韓達富 金尙律 金明律 王世鎭 姜鳳俊 裵時容 金亨浩 方正彦 李承鶴 方昌鎬 吳廣鍾 吳能鍾 金利奎 吳瀅鑑

李應模 金達興 金承穆 黃泰和 趙俊學 吳利順 李元赫 方宇賢 許泳 邊龍國 尹達亨 方俊學 李寬基 李榮重 朴大吉 許贊

金炳涉 車亨澤 朴煥慶 崔鳳信 徐相陸 金麟禎 朴東弼 姜贊周 金炳淳 趙仁學 金昌禧 趙元學 金亨昊 李春華 李明淑 李孟淑

梁允京 徐繼璘 朴淳錫 朴仁燮 金鼎宥 金鼎般 方健植 金炳洙 金明俊 方永斗 白泰國 朴炳淳 吳興楚 金樂禧 朴希淳 朴錫華

朴在錫 方鳳鎬 趙尙學 李樂杜 高昌俊 朴大涉 李義鳳 金基宗 朴煥泰 趙德奎 薛國賢 盧相植 王志洙 金致鉉 金和豐 朱成烈

十八

李樂彬 鄭允國 金道濟 金鳳傑 金鳳祥 李亨道 崔敬俊 金敬璣 趙燦玉 魯鳳淳 金尙奎 金尙俊 車戴鳳 朴養善 李興德 趙德夏

朴俊鍵 金德俊 金浩吉 方宇珍 李宗吉 金元吉 朴膺福 劉田八 玄贊燮 張根泰 金仁德 崔地福 吳聖柱 金俊善 金炳涉 全信朝

金興魯 金聖魯 崔三福 崔四福 金仁德 張海星 劉田承 朴俊杰 朴相俊 朴俊珏 李元奉 李元錫 李元鎭 李元化 李元德 方準植

方玹植 方仁炅 方仁燦 朴俊成 金仁植 李千吉 張基淸 朴鳳周 金世珍 金炳華 李用洛 方宥柱 李錫禹 李元國 宋文贊 崔泰華

崔重華 尹時俊 尹基衡 金君禧 車鎬彙 方泰俊 陳炳燮 金明喆 韓雲玗 金應謨 林乃根 梁允京

吉寬燁 金弘範 宋文贊 金俊模 金明俊 張舜七 崔錫華 白太國 崔錫奎 李永國 桂雲成 金貞淳

金學瑝 韓明倫 韓明俊 劉亨道 李陽鳳

姊妹

朴貞鳳 金桂淑

金先生門下設稧姊妹錄

吉泰熙 李泳守 全德守

金元善 金興疇 林鳳仁

李君元 李元寶 李文彥

李宗實 康德俊 朴弼根 劉德淳 申聖弼 崔德富 趙斗成 朴化俊 文炳華 金鶴鳳 徐尙植 金益德 文順化 韓龍俊 桂達元 安正俊

丁鳳元 姜達浩 高贊俊 安正烈 趙貞俊 吉應涉 權珍華 咸貞烈 金應守 申濟化 許七星 朴充植 金鍾淑 洪順基 金基煥 吉鳳雲

鄭致俊 姜周 崔伯 金雲成 張賢玉 李奉天 崔成福 洪致善 車仁洙 李珍守 朴錫元 金基俊 李文益 裵弘卿 朴宇賢 奇承孝

大正十三年三月二十九日 印刷
大正十三年三月三十一日 發行

京城府東崇洞壹參○番地의壹五號
編輯兼發行者 鄭鎭洪

京城府公平洞五十五番地
印刷者 沈禹澤

京城府公平洞五十五番地
印刷所 大東印刷株式會社

平壤府慶上里三十六番地
發行所 檀君教支部

金先生廉白記 全

<1>

金先生廉白記

朝鮮 平安道 寧邊郡은 自古名勝之地라. 白頭山 來脉[1]으로 妙香山이 되얏슨니 距今四千二百五十年前 戊辰歲에 檀君이 檀木下에 降御하사 與堯並立ᄒᆞ시와 修道ᄒᆞ시든 處이라.

古蹟이 往々有之ᄒᆞ야 淑英ᄒᆞᆫ 氣像과 秀麗ᄒᆞᆫ 光彩가 一境에 彌滿[2]ᄒᆞ니 人傑[3]은 地靈이라. 是郡 新峴面 加在理에 有人ᄒᆞ니 姓은 金이요 名은 致順이니 金海人이라. 一鄕의 名門巨族으로 忠孝相傳ᄒᆞ고 世々積善之家라. 其妻난 白氏니 公이 與白氏로 孝養父母하고 慈善一里ᄒᆞ야 家聲을 承襲[4]ᄒᆞ더니, 一日은 公이 白氏를 對ᄒᆞ야 夢事를 言ᄒᆞ야 曰 自天上 銀河水로붓터 一大龜가 流下ᄒᆞ야 夫人背에 負ᄒᆞ얏슨니, 此ᄂᆞᆫ 異兆라. 若孕胎하면 貴子를 生ᄒᆞᆯ리라. 白氏聽罷[5]에 微笑曰 妾도 昨夜에 異夢이 有ᄒᆞ니, 天上에 紅日이 妙香山에 墜ᄒᆞ야 山과 日이 合爲一塊하야 入我懷中이라하더니 自是月로 果有孕胎ᄒᆞ야 十朔에 至ᄒᆞ미 一日은 五雲이 玲瓏ᄒᆞ며 香氣가 滿室하더니 一男子를 誕生하니 卽戊子(1828) 五月十二日也라. 像貌가 岐嶷[6]하고 聲音이 洪亮[7]하야 祥獜瑞鳳의 氣像이 有한지라. 公의 母夫人[8]이 新生兒의 氣像을 見하고 其喜를 不勝하야 新兒를 洗하고 産婦를

1) 來脉(내맥) : 풍수지리에서, 종산(宗山)에서 내려온 산줄기.
2) 彌滿(미만) : 널리 가득 찬 상태에 있음.
3) 人傑(인걸) : 특히 뛰어난 인재.
4) 承襲(승습) : 아버지의 봉작(封爵)을 이어받음.
5) 聽罷(청파) : 듣기를 다 마침.
6) 岐嶷(기억) : 어릴 때부터 지덕이 뛰어남.
7) 洪亮(홍량) : 맑고 큼.
8) 母夫人(모부인) : '남의 어머니'의 높임말.

救함에 勞苦하야 夜

<2>

深에 至ᄒᆞ미 暫臥ᄒᆞ얏더니 殷々한 雷聲이 起하며 天上으로 瑞氣가 亘ᄒᆞ야 産室에 入하더니 其瑞氣中으로 忽一黑鼠가 下來하야 新生兒 上唇을 犯하야 噬嚼[9]ᄒᆞ거ᄂᆞᆯ 心甚驚駭[10]ᄒᆞ야 打逐其鼠라가 便以覺之ᄒᆞ니 卽枕上一夢也라. 且異且怪ᄒᆞᆫ니라.

其兒가 漸長에 名曰 尙廉이오 字曰 國甫요 號曰 廉白이라. 廉白이 自孩提[11]로 聰明이 過人ᄒᆞ야 至極한 孝誠과 卓越한 德義가 生而知之[12]함과 如한지라. 五六歲에 就學ᄒᆞ미 聞一知十함이 有하고 入孝出恭하며 同年學輩를 見하즉 淳々[13]相愛하니 人無不稱讚而異待之러라. 成童에 至ᄒᆞ미 三墳五典[14]과 諸子百家를 無不通知함이 有하고, 六韜三略[15]을 涉獵이 有하야 奇正[16]의 變化를 說하나 但世無高明之師友하야 不遇의 感이 有하더라.

冠年[17]에 至하미 熙川 崔氏門에 娶하니 妻崔氏가 亦賢淑하야 仰事[18]舅姑以孝하고 俯得 兄弟及姨娣以愛之하며 睦于姻恤[19]하니 一家和樂하야 一鄕이 稱頌하더라.

廉白이 二十餘歲에 至하미 負芨[20]願從者 多하고 且先業이 不貧하야 普濟之心으로 急人之困하고 救人之病에 從事하미 恒常 不報之地에 恩을

---

9) 噬嚼(서작) : 씹음.
10) 驚駭(경해) : 뜻밖의 일로 몹시 놀라 괴이하게 여김.
11) 孩提(해제) : 어린 아이.
12) 生而知之(생이지지) : 학문을 닦지 않아도 태어나면서부터 앎.
13) 淳淳(순순) : 흘러가는 모습이 조용함.
14) 三墳五典(삼분오전) : '삼분'은 복희(伏羲)·신농(神農)·황제(黃帝)의 글, '오전'은 소호(少昊)·전욱(顓頊)·고신(高辛)·당우(唐虞)의 글.
15) 六韜三略(육도삼략) : 중국 고대 병학의 최고봉인 무경칠서(武經七書 : 육도, 손자, 오자, 사마법, 황석공삼략, 위료자, 이위공문대) 중 두 책.
16) 奇正(기정) : 그때그때의 형편에 따라 둘러대는 수단과 원칙적인 방법.
17) 冠年(관년) : 성년의 나이.
18) 仰事(앙사) : 우러러 섬김.
19) 睦于姻恤(목우인휼) : 친족·외척 간에 화목하고, 구휼로써 도탑게 함.
20) 負芨(부급) : 타향으로 공부하러 감.

施하니 人皆慕之하야 廉白先生이라 稱하더라.

先生이 每自歎曰 人生於世하야 致君[21]堯舜하고 澤及生靈[22]이 是所當然底事어늘 旣不得於是則寧入山修道하야 從吾所好라 하고 遂念絶名利하야 廢棄科業하니라.

一日은 別其門從하고 及歸其家하야

<3>

對其妻崔氏曰 醮行[23]이 今已十餘祺에 一男一女가 有하니 足이 夫人의 寓心[24]할 바라.

家事를 善爲處理하야 上奉父母하고 下撫子女하야 家聲를 勿替케 하라. 吾則八字崎嶇하야 旣不得獻身於國家하야 不事於君而不治於民하니 從此以無心於産業則不如入山修道하고 百姓의 福利를 爲하야 至誠祈禱하야 生靈에 災厄을 救濟코져 하노라. 夫人이 聽罷에 對曰 君子의 言이 生靈을 爲하야 災厄을 消濟코져 하시니 雖未祛[25]한 女子인들 用意하심을 豈不贊成乎아 奉養父母와 教育子女는 妾이 當竭力[26]이 無違於君子之意하리다. 衣服과 行具를 準備하거늘 先生이 卽趨堂上하야 事由를 備告[27]하고 退側하니 此時난 壬子(1852) 四月望日이라.

家事의 處理와 行具裝束[28]으로 自然日暮어늘 所願이 欲速[29]하야 晝夜를 不計[30]하고 門에 出하야 香山을 望하고 行하니 月色은 明瞭하고, 鬱蒼한 山色은 心事를 引導하며, 華暢한 風光은 行步를 催促하야 月臨江

---

21) 致君(치군) : 임금에게 몸 바쳐 충성을 함.
22) 澤及生靈(택급생령) : 살아있는 사람에게 혜택이 미침.
23) 醮行(초행) : 신랑이 초례를 지내려고 처가로 가는 일.
24) 寓心(우심) : 마음을 붙이어 둠.
25) 未祛(미거) : 강하지 못함.
26) 竭力(갈력) : 있는 힘을 다해 애씀.
27) 備告(비고) : 모두 알림.
28) 裝束(장속) : 몸을 꾸며서 차림.
29) 欲速(욕속) : 속히 됨을 바람.
30) 不計(불계) : 옳고 그름, 이롭고 해로움 따위를 가리어 따지지 아니함.

을 當到하니 東方이 已明而紅日이 上天이라. 過月 臨江而香山洞口에 入하니 岩上奇花는 遠客을 笑迎하고 林間 啼鳥[31]난 光風을 歌詠[32]이라. 信地에 漸到하니 奇々한 峰巒[33]과 潺々한 流水는 塵念[34]이 頓絶[35]하니 此非仙境之眞歟아. 岩上에 暫立[36]하야 景光을 搜取하다가 一句詩를 吟哦하니 山爲高士[37]隱이요 水與道心長이라.

吟罷에 綠水靑山 深邃處로 火藏菴을 尋往[38]하니 寺中 諸僧이 歡迎하야 座定

<4>

茶罷한 後 與僧 海石으로 祈禱할 事由를 商議하니 海石은 本是 佛家에 修道僧이라.

對曰 先生이 如斯히 致誠할진되 小僧이 先生 手下의셔 使喚으로 凡節을 擧行하리다. 先生이 大喜하야 其日로 爲始하야 檀君 修道하시든 中天窟에다 壇을 設하고 粮米와 香燭을 准備하야 七日齊戒한 後 壇에 出하야 先히 天地日月星辰 名山大川神靈에 告由하고 更히 檀君天祖씌 向하야 至誠發願하니 其祝辭曰 道合天地하고 感通靈誠하야 聖神子孫으로 福利를 享有하고 來하난 災厄는 本身에 止케 하쇼셔. 施化天尊 點[39]禱審涵이라. 如此히 發願하기를 三年에 至하얏더라.

此時 崔氏夫人이 在家하야 晝則甘旨[40]로 舅姑씌 奉養하고 夜則仰天奉祝[41]하기를, 家君의 所願을 速就하야 歸嫁함을 祈禱하니라.

---

31) 啼鳥(제조) : 우는 새.
32) 歌詠(가영) : 시가를 읊음.
33) 峰巒(봉만) : 꼭대기가 뾰족하게 솟은 산봉우리.
34) 塵念(진념) : 속세의 명예와 이익을 생각하는 마음.
35) 頓絶(돈절) : 아주 끊어짐.
36) 暫立(잠립) : 잠깐 섬.
37) 高士(고사) : 인격이 고별한 선비.
38) 尋往(심왕) : 찾아감.
39) 點(점) : 黙(묵)의 오기.
40) 甘旨(감지) : 맛이 좋은 음식.
41) 奉祝(봉축) : 공경하는 마음으로 축하함.

一日은 母親 白氏夫人이 子婦 崔氏을 對하야 曰 兒子[42]가 離家한지 三年이라. 消息이 無하니 緣故나 無한가 하시거늘 崔氏 柔順한 言辭로 恭遜히 對曰 離家時에 言하되 三年後 還家라 하얏스니 過慮치 勿하소서. 母夫人曰 吾心이 甚히 愁亂[43]하야 鎭定키 難하니 暫住香山하야 踈風하겟다ᄒᆞ고 此日에 香山을 向하니라.

是時에 先生이 晝則周易을 熟讀하야 天地陰陽理氣를 通達하고 夜則設壇下에 出하야 祈禱祝願하기를 三年에 至하얏스나 一次에 夢事도 無하고 別로 神驗함이 無하기로 怪異히 여기더니, 一日은 淸水를 奉하고 設壇下에

<5>

出하니 前日에 無하든 一張書가 有하거늘 淸水를 奉하고 焚香祝辭한 後 其一張書收를 覽하니 書則書이나 字樣이 或楷[44]도 有하고 草도 有하며 篆隸[45]도 有한 中 或佛經의 唵字도 如한지라. 文義를 或解釋할 것도 有하고 或 未解할 것도 有한지라. 異常히 知하고 深藏[46]한 後 別堂에 歸하야 與僧海石으로 易理을 講論하다가 曉에 至하야 暫臥하얏더니, 忽然 淸風一陣이 起하며 身이 飛하야 空中에 飄揚[47]하더니 風이 化하야 靑龍이 幻하며 全身에 八卦를 畵하고 頭에 河圖洛書를 畵하얏스며 靑黃赤白黑 五色이 晃忽한 五角이 生한 龍이 곳 先生의 口로 飛入하난지라. 胸膈[48]이 開하야 灑落[49]하더니 忽然 身이 化하야 白蝶이 되야 翅를 叙한즉[50] 四方이 無碍[51]하고 身을

42) 兒子(아자) : 아들의 낮춤 말.
43) 愁亂(수란) : 수심(愁心)으로 정신이 어지러움.
44) 楷(해) : 한자 서체의 하나로 예서에서 변한 것으로 자형이 가장 방정한 것.
45) 篆隸(전례) : 한자체에서 전자(篆字)와 예자(隸字).
46) 深藏(심장) : 깊이 감추어 둠.
47) 飄揚(표양) : 바람에 날림.
48) 胸膈(흉격) : 심장과 비장 사이의 가슴 부분.
49) 灑落(쇄락) : 개운하고 깨끗함.
50) 翅(시)를 叙(서)한즉 : 날개를 편즉.
51) 無碍(무애) : 하는 일에 막힘이 없이 순탄함.

動한즉 山이 崩頹[52]함과 如하거늘 擧目視之하니 天下江山이 膝下에 在한딕 人種과 草木이 依稀[53]하거늘 口으로 "施化天尊 默禱審涵"을 誦하며, 手足으로 蹈舞[54]한즉 人種과 萬物이 漸生하나 人의 精神과 知覺이 無한지라. 更히 翅를 叙하고 左右로 旋回한즉 人의 精神과 知覺이 生하야 人倫五常의 禮法을 敎授하야 뵈이니 是난 卽 檀君天祖의 胚胎法과 如한 證據를 現함이라. 然이나 身이 更히 變形치 못하거늘 翅를 翔하며[55] 口를 開하고 左便으로 旋하야 右便으로 旋回하니 四海에셔 風이 起하며 天이 石磨와 如히 斡旋하기를 無數하더니 因하야 口中으로 入하거늘 驚悟하니 非夢似夢

<6>

이라. 一身이 戰慄하며 心神이 晃忽하더라.

精神을 鎭定하야 視之하니 東方이 已明하야 無數한 遊山客[56] 男女가 寺中에 入하난딕 其母親 白氏夫人이 其中에 入하시거늘, 先生이 驚起하야 急히 堦下에 下하야 母夫人씌 拜謁하니 母夫人이 意外에 兒子를 相逢하니 不勝喜悅하야 曰 旣至三年에 消息이 何故오, 嚴責하시난지라. 母親을 別堂으로 陪入座定한 後 更히 堦下에 下하야 伏地請罪[57]曰 不肖子난 不孝가 莫大하와 膝下를 離하야 父母씌 貽憂[58]가 不尠[59]하오니다. 母夫人이 堦上으로 招致[60]하시니 如命하야 乃進茶果後 山菜를 具하야 朝飦을 進供하니 此時에 寺中諸僧이 一齊히 白夫人씌 問候하고 各其 歡迎을 表하더라.

先生이 母夫人씌 告曰 至今것 祈禱를 未了하얏ᄉᆞ오니 慈主씌셔난 卽

52) 崩頹(붕퇴) : 붕괴.
53) 依稀(의희) : 거의 비슷한.
54) 蹈舞(도무) : 좋아서 어찌할 바를 모르고 뜀.
55) 翅(시)를 翔(상)하며 : 날개로써 빙빙 돌아 날며.
56) 遊山客(유산객) : 산으로 놀러 오는 사람.
57) 請罪(청죄) : 죄줄 것을 청함.
58) 貽憂(이우) : 남에게 근심 · 걱정을 끼침
59) 不尠(불선) : 적지 않음.
60) 招致(초치) : 불러서 이르게 함.

爲還次[61]하옵소셔. 子난 祈禱를 畢한 後 歸省하올리다. 母夫人이 聽罷에 依其言還家하시니 先生이 母親을 陪하고 洞口거지 往하야 拜伏祇送[62]하고, 更히 設壇下에 進할ᄉᆡ 內念컨ᄃᆡ 暫時라도 散心되야 致誠에 惑 妨害가 無할가 慮하야 更히 心神을 抖擻[63]하나 自然發心이 된지라. 是夜 設壇下에 進하니 心機가 不一하야 更히 祝文을 具하고 別堂에 座하얏더니 夜已深矣라. 忽然 胷膈이 塞함과 如하며 腹中이 大不平하거ᄂᆞᆯ 心中이 惶㤼[64]하야 精神을 收拾하고 思維하되 吾가 誠心이 不足하기로 神明에 罰을 被하얏난가 하든 次에 自空中으로 雷聲

<7>

이 聞하며 號令이 秋霜과 如하여 卽地로 山外에 出하라 하거ᄂᆞᆯ 驚起하야 行裝도 收拾치 못하고 胷腹은 尙痛하나 暫不可遲滯하야 山外에 出하니 此時난 定히 子夜[65]라.

忽然 胷中 所隔이 通하난 聲이 有한지라. 此난 無他[66]라. 天地陰陽運氣가 吾身에 通하야 道를 覺悟하야 心靈이 開하난 證驗인가. 精神이 慌忙하야 樹木間에 忽顚倒하야 腹痛이 更發하니 想覺하되 吾의 五臟이 斷하난가하고 地에 仆臥[67]하야 精神을 察한즉 小頃에 腹痛도 愈[68]하고 胷中도 爽然[69]하며 心神이 淸灑[70]하야 上으로 千萬世와 下으로 千萬世의 過去 未來가 瞭然在目함과 如한지라.

更思하기를 吾가 山神의 罰을 被하야 成狂[71]함이 如斯한가. 勵하야 擧

61) 還次(환차) : 길 떠난 웃어른이 돌아옴.
62) 祇送(지송) : 편안히 보내드림.
63) 抖擻(두수) : 정신을 차려 일어남.
64) 惶㤼(황겁) : 두렵고 겁이 남.
65) 子夜(자야) : 자시인 한 밤중.
66) 無他(무타) : 다른 까닭이 아니거나 없음.
67) 仆臥(부와) : 쓰러져 눕거나 잠.
68) 愈(유)하고 : 낫고.
69) 爽然(상연) : 매우 시원하고 상쾌함.
70) 淸灑(청쇄) : 맑고 깨끗함.
71) 成狂(성광) : 미친 사람이 됨.

目仰天하니 太極이 宛然한딕 九天의 銀河水가 分하고 星辰이 各其 方位을 纏[72]列하얏스며, 四方을 周察하니 五大州 六大洲와 婆娑[73]世界가 다 眼前에 列在하얏거늘 心神이 灑落한지라. 身을 起하야 行步을 試驗하니 一身이 風雲에 擁出[74]함과 如한지라. 自然心廣體胖[75]하야 本第[76]로 間關[77]還來[78]하야 堂上에 承候[79]하고 祀宇에 展拜[80]한 後 家事을 整理할식 己往習慣으로 家內에 爲祝하든 神社淫妖한 事을 一々撤廢하고 祭禮를 修設할식 七日齊沐하고 先히 檀君天祖씌 祭祀를 設行하고 次으로 家廟을 設하고 祭禮를 行하니 是난 卽他人의 效則한 事가 되얏더라. 多數한 門徒가 此를 效則하야 家中의 邪神淫祠을 撤破하고 檀

<8>

君崇奉함이 盛行하더라. 先生이 常爲歎息하되 旣不得致位[81]하야 國家의 事業을 成치 못하니 寧히 此世上 生靈이나 救濟하리라고 貧窘한 人에게 난 食料를 得케하고 患難에 溺한 人은 災厄을 免케하며 疾病에 罹한 人은 藥餌로 救濟하되 狂人은 說法하야 完人이 되게 하니 其神異함을 無不稱頌하더라.

一日은 先生이 喟然歎曰 人生於世하야 但在家治産만 하난게 是난 井蛙에 不過한지라. 江山游覽이나 하고 各名山勝地에 祈禱하야 生靈의 災厄을 消除케 하리라 하고 因하야 遍游名區할식 熙川 楚山 地境에 在한 天眞菴을 向하니 此時난 癸亥(1863) 七月旬間[82]也라.

72) 纏(전) : 얽히다.
73) 婆娑(파사) : 娑婆(사바)의 오기.
74) 擁出(옹출) : 둘러싸고 나옴.
75) 心廣體胖(심광체반) : 마음이 너그러워서 몸에 살이 오름.
76) 本第(본제) : 고향에 있는 본집.
77) 間關(간관) : 길이 울퉁불퉁하여 걷기 곤란한 상태.
78) 還來(환래) : 뉘우치고 한탄함.
79) 承候(승후) : 웃어른의 안부를 물음.
80) 展拜(전배) : 임금이 궁궐, 종묘, 문묘, 능침에 참배함.
81) 致位(치위) : 높은 벼슬자리에 오름.
82) 旬間(순간) : 음력 초열흘께.

到天眞菴하니 峯巒[83] 湀邃[84]하야 人迹不到하난 處이라. 無一個僧하고 但一空寺이라. 先生이 法堂에 入하야 獨臥하얏더니 夜深한 後自空中으로 絃誦[85]之聲이 淸雅히 聞하더니 小頃에 絃誦之聲이 漸近하며 藹然[86]한 氣運이 房中에 透入하며 一位神人이 深衣幞巾으로 儼然한 氣像이 猉獜을 乘하고 七十弟子가 左右로 侍立[87]이라.

先生이 避座하야 恭遜히 立하얏더니 神人이 向先生曰 我난 魯國 孔子라 하시거늘, 先生이 急히 拜禮하고 陪立하니 孔子曰 至今世遠俗末하야 周公의 祭祀가 漸衰하고 五輪三綱이 從此廢棄가 될지라. 君는 幸히 五倫三綱을 扶하고 祭禮를 敎하야 愚昧한 生靈으로 風俗을 改良케 하라 하시고 使其弟子로 互相知面禮를 行하라 命하시니, 七十諸

<9>

人과 相見式을 行하고 因하야 空中으로 一齊히 向往하거늘, 先生이 甚히 驚異하야 向空中而四拜하고 纔[88]定精神而坐하니 僧徒가 出迎하야 坐定한 後 供養을 進한니라.

食罷에 散步하다가 欄干에 依坐하얏더니 適會에 白紙商이 來함을 見하고 心神이 喜悅하야 白紙 數劵을 貿하얏스나 所用處난 無하더라.

閱月[89]後 歸家하니 一日은 先生이 靜坐하야 天眞菴에서 所經[90]한 事를 生覺하니 心神이 忽動한야 天眞菴에서 持來한 白紙를 以剪刀[91]로 心神이 使하닉로 剪裁하야 壁上에 掛하고 見한즉 先後天度數와 河圖洛書며 九

83) 峯巒(봉만) : 꼭대기가 뾰족하게 솟은 산봉우리.
84) 湀邃(돌수) : '深邃(심수, 깊고 그윽함)'의 오기.
85) 絃誦(현송) : 거문고를 타면서 시를 읊음.
86) 藹然(애연) : 화기롭고 온화한, 매우 왕성한.
87) 侍立(시립) : 웃어른을 모시고 섬.
88) 纔(재) : 비로소.
89) 閱月(열월) : 한 달 동안을 지냄.
90) 所經(소경) : 겪은.
91) 剪刀(전도) : 가위.

宮[92]八卦이며 陰陽五行에 盛衰하난 原因이 完然한지라. 先生曰 人이 生於陰陽理氣之中하야 萬物之中에 最靈하니 行物이 理氣가 合한즉 吉하고 理氣가 不合하면 凶하고 衰하난니 所以로 聖人이 制禮作樂하시믜 私意의 臆見[93]이 안니오, 天地陰陽理氣를 從하야 其理氣에 合하게 함이라. 若耳目之所好와 心志之所樂만 從하면 是난 私慾이라. 私慾은 天理와 相背되야 凶하고 衰하기 易하니 聖人의 道가 至今에 衰함에 溺하야 惡에 犯한 人種을 不忍하샤 使我로 教導하고 愛濟하라 하심이라 하고 先生이 自悟한니라.

一日은 忽一狂女가 疾聲而來하야 大言曰 衆生들아. 我言을 聽하라. 我난 天下 大聖人 釋迦牟尼인듸 我와 如한 聖人이 또한 在하기로 訪來하얏노라 하며 入門하야 先生게 拜見하고, 言曰 我난 三十

<10>

三天 極樂世界를 主章하고 生靈에게 命과 福을 與하난 日光菩薩이라 하며 狂言妄說이 無數한지라. 其狂女난 熙川居 梁興澤의 妻 朴氏니 本是介潔[94]한 女子로 成狂한지라. 狂女가 又曰 道德君子가 此地에 有함을 聞하고 月前에 此地 寧邊主峰으로 移舍하고 今來하얏스니 來頭事[95]를 指導하라 하난지라. 先生이 其女子의 擧動을 見하고 曰 儒教난 動함을 主하야 陽界를 맛타 陽教이오, 佛教난 靜함을 主하야 陰界를 맛타 陰教이라. 先後天地의 陰陽은 雖有盛衰之理나 또한 相背치 못할거시어늘 今에 彼女子가 成狂하야 彼의 言이 彼의 精神으로 言함이 아니라, 至今 陰氣가 旺盛한 故로 佛教가 旺運될 兆朕을 彼女子로 하야곰 言하게 함이니 또한 異常한 事이라 하고 因하야 靜肅端坐하고 經文을 朗讀하다가 更히 正陽

92) 九宮 : 아홉 방위의 자리. 「낙서(洛書)」에 응한 구성(九星)에 중궁(中宮)과 팔괘(八卦)를 팔문(八門)에 배합한 것.

93) 臆見(억견) : 어떤 근거 없이 미루어 헤아려 하는 자기 상상의 소견. 억상(臆想).

94) 介潔(개결) : 성질이 굳고 깨끗함.

95) 來頭事(내두사) : 앞으로 닥쳐올 일.

正陰의 理致와 邪術異端의 奸私함을 辨明說到하니 其女子가 惶恐伏地曰 我心則女子의 身分으로 中饋[96]之任이나 主하고 門外에 不出함을 非不知也나 若行動을 如此히 不爲하면 身上이 不平하야 成病[97]이 되고 任意妄動하면 百體[98]가 從令하며 心神이 快豁하니 此事를 願乞判明하노라.

先生이 聽罷에 有可矜之心하야 乃正色肅然曰 豈有是理리요 此非他라. 人皆有主星[99]直星[100]하야 心有感通者하니 感通之中에도 心不正大면 拘於虛靈하야 反失其眞이오 非鬼神所使也라. 必以正大로 爲心하고 勿浮於虛靈하야

<11>

收拾精神하고 靜肅之態을 思하라 하고 仍히 易理로 嚴肅히 一場講明하니 其女子가 潛黙底首 一頃에 卽帶羞愧[101]之色하며 行動이 頗히[102] 安整하야 曰 聽此先生之言하니 前日所爲가 無非妄行이라. 從今[103]으로 改過하올니다 하고 因卽退去하야 仍作賢淑之女한니라.

一日은 先生이 於草堂에 無思無慮히 含黙靜坐하얏슨니 此時난 甲辰[104] 三月初라.

隱々히 自空中으로 有號令曰 吾等은 卽冥府[105]十王이라. 奉天尊之命하고 招待 金尙廉이 來하니 尙廉은 我를 隨하라. 先生이 聞命卽起하야 十王을 隨하야 到一處하니 五雲이 玲瓏하고 淸氣가 襲人이라. 忽入一境하니 奇花瑤草와 珍禽異獸가 果然 別有天地오, 非人間[106]이라. 瓊宮瑤臺은

96) 中饋(중궤) : 안살림 가운데 음식에 관한 일을 책임 맡은 여자.
97) 成病(성병) : 근심, 걱정을 너무하여 마침내 병이 됨.
98) 百體(백체) : 몸의 온갖 곳.
99) 主星(주성) : 점성술에서 어떤 사람의 운명을 맡고 있는 별.
100) 直星(직성) : ①사람의 나이에 따라 그 운명을 맡고 있는 아홉 별 ② 타고난 운명.
101) 羞愧(수괴) : 부끄럽고 창피스러워 볼 낯이 없음.
102) 頗(파)히 : 상당히.
103) 從今(종금) : 지금으로부터.
104) 甲辰 : '甲子(1864)'의 오기.
105) 冥府(명부) : 저승. 죽어서 심판을 받는다는 곳.
106) 非人間(비인간): 경치가 매우 아름다운 곳.

晃忽俗眼[107]이라. 蒼々한 盤石上에 有一大殿閣하니 琥珀礎珊瑚棟[108]과 琉璃窓水晶簾[109]에 光彩가 燦爛한ᄃᆡ 層々한 白玉堦下에 至하야 與十王으로 俯伏[110]待命하니 少頃에 一仙官이 先生을 引導하야 入殿內하니 儼然 龍塔上에 太極冕旒冠과 日月龍袍을 着한 尊嚴한 君王이 儼肅히 殿坐하섯난ᄃᆡ, 白玉書案[111]과 檀木香塔下에 先生이 稽首[112]俯伏하니 天尊曰 我난 本是 天神으로 上元甲 戊辰歲에 朝鮮 太白山 檀木下에 降하야 東方에 君長되얏다가 更히 上天하야 至今 施化天尊이라. 人間의 善惡報應을 主宰하난 故로 此時를 當하야 汝에게 一言을 與할 事가 有하야 命地府招汝以來라. 大抵 陰陽肇判[113]할 時에 太

<12>

陽도 亦是 太陰에서 化하야 戊土宮에 潛伏하얏다가 一萬八千歲後에 陰陽이 始分하야 九宮을 開하고, 八方이 列하ᄆᆡ 坤未風이 起하면 地樞가 動하고 乾戌風이 起하면 天柱가 浮하고 巽巳風[114]이 起하면 天尾가 擧하고 寅艮風이 起하면 水氣가 低하고 四方風이 往來하면 地乃乾燥하난니 然後에 一陽이 始生이라. 所以로 厥初에 陰陽混合타가 肇判之初에 天浮於上하고 地凝於下라. 是謂 開闢이니 開闢之中에 又有十二回ᄒᆞ니 今回ᄂᆞᆫ 卽第三回 開闢運也라. 今世之人이 但知敬天ᄒᆞ고 不知敬地ᄒᆞᄂᆞ니 夫ㅣ 人之生也에 生於地ᄒᆞ고 居於地ᄒᆞ야 自天子王后將相以及細民[115]이 皆宅於地ᄒᆞ고 食於地ᄒᆞ고 衣於地ᄒᆞ니 地之德이 大矣라. 歲之豊歉[116]도 地

107) 俗眼(속안) : 속된 안목. 속인이 보는 바.
108) 棟(동) : 용마루.
109) 簾(렴) : 발. 주렴.
110) 俯伏(부복) : 고개 숙이고 엎드림.
111) 書案(서안) : 책을 얹는 책상.
112) 稽首(계수) : 구배의 하나. 머리가 땅에 닿도록 몸을 굽혀 하는 절.
113) 肇判(조판) : 처음 쪼개어 갈라짐.
114) 巽巳風(손사풍) : 손방(巽方)과 사방(巳方)에서 불어오는 바람. 곧 남동풍을 이르는 말.
115) 細民(세민) : 가난하고 비천한 백성.
116) 歲之豊歉(세지풍겸) : 수확의 풍작과 흉작.

之造化요, 人民亂動에 以作兵禍[117]도 地運所使오, 其他 疾病流行과 風雲雨雪과 寒熱暑濕도 亦地之所應이오, 以至於人之盛衰興亡과 禍福吉凶이 皆地之造化로 所使而然也라. 世人이 不知此由ᄒᆞ고 皆以爲天之所使라ᄒᆞᄂᆞ니 以其厥初則天亦在戊己土 本宮而化生也라. 以戊己土 九宮之氣로 變成九天之時에 子一水陽金之精이 爲日ᄒᆞ고 亥六水陰金之精이 爲月ᄒᆞ고 剛水生金精이 爲星辰ᄒᆞ야 日月로 爲晝夜長短之表ᄒᆞ고 星辰으로 爲物之直星과 人之主星ᄒᆞ야 各賦其性ᄒᆞ나니 天은 只有乾之道ᄒᆞ야 以一萬八千歲之合數로 開闢運而其中에 有上中 下元甲ᄒᆞ니 合數爲六

<13>

千歲라. 分三元ᄒᆞ야 二千歲가 爲上元甲ᄒᆞ고, 二千歲가 爲中元甲ᄒᆞ고, 二千歲가 爲下元甲ᄒᆞ고, 一歲之中에 有十二月三百六十日ᄒᆞ고, 一月之中에 有三十日ᄒᆞ고, 一日之中에 有十二時ᄒᆞ니, 年神方位가 從此循環ᄒᆞ야 以生萬物이나 萬物之消長은 亦地之所使라. 所以로 天은 以陰陽五行之氣로 賦與人知覺之性而其性이 皆善이나 不能守其性善ᄒᆞ고 變爲性惡이 亦地之所使也라.

所以로 上帝惻怛[118]于此하샤 世出聖賢而敎萬民하야 使守其天賦之性이라. 我ᄂᆞᆫ 以上帝命으로 稱帝釋하고 爲施化天尊ᄒᆞ야 主宰人間三百六十事故로 今使汝로 敎人民하노니, 汝不覺悟아. 汝於香山 祈禱時에 授以天書一張ᄒᆞ얏스니 汝必在心이라. 天生萬物에 人爲之主라. 制文字하야 名萬物ᄒᆞ고 敎禮法ᄒᆞ야 以傳後世하ᄂᆞ니 人不守其責ᄒᆞ미 邪法이 流行하야 惡ᄒᆞᆫ 者가 善ᄒᆞᆫ 者를 害하고 强ᄒᆞᆫ 者가 弱ᄒᆞᆫ 者를 壓ᄒᆞ야 專히 邪欺를 崇尙하야 人種이 衰亡ᄒᆞᆯ 地境이라. 是ᄂᆞᆫ 下元甲 末運을 當ᄒᆞᆷ이라. 至今 下元甲 年數가 已盡하고 自今年爲始하야 再元甲子年이라. 此時ᄂᆞᆫ 丕往泰來하ᄂᆞᆫ 運數가 回復ᄒᆞ야 日出東方에 天下文明ᄒᆞᆯ 時代인즉, 東方은 天地長

117) 兵禍(병화) : 전쟁이나 난리로 말미암은 재앙.
118) 惻怛(측달) : 불쌍히 여기어 슬퍼함.

男이요 日月正中흔 外라. 東方禮法이 新明於天下홀지라. 此는 天地造化를 地爲承順하야 自然히 運回됨이니 當此時하야 汝는 禮法으로 敎人흐되 父母先祖의 忌祭와 受服하는 禮法과 以五

<14>

倫三綱으로 入孝出恭하는 道理로 世上에 顯明흐라 흐시고 更히 下諭[119]하시되 汝가 末年에 厄會가 有하니 此亦已定之數也라 하시며 玉案[120]에 在흔 三冊經書를 下賜하시며 曰 一冊은 天地度數요, 一冊은 人間祭禮요, 一冊은 萬物理氣가 昭載흔 것이라. 且人이 生於天地陰陽之中하얏스니 乾爲父坤爲母物爲同胞라. 敬天敬地를 同一히흠을 人間에 指導하라. 今自甲子年以後로 天下諸國이 相雜흐다가 過六十年則天下ㅣ 皆效則[121]於汝之禮法홀리니 銘心하라 흐시고 聖諭[122]흐심을 畢하믹 忽一陣淸風이 起하며 紫氣[123]가 宮闕을 擁蔽[124]하는지라.

但一身이 盤石上에 坐하얏더니 忽自雲中으로 一靑龍이 出하믹 不知中에 身이 龍背에 在하야 龍飛中天에 乃至崑山하야 天下世界을 周觀할싀 一陣淸風이 起하며 身墜於人間하니 乃是一夢이라. 精神을 收拾하야 見흔즉 家人이 左右에 侍坐하야 號泣하거늘 先生이 其緣故를 問흔즉 答曰 昨暮에 先生이 草堂에 靜坐라가 忽有異聲터니 仍作長眠이오나 但手足이 不冷하고 大脉이 不絶흠으로 侍坐[125]니다 하거늘 先生이 默然이 想來하니 天上에셔 天尊게읍셔 下諭하시든 聖音이 在耳하며 天地度數에 陰陽理氣며 人生行爲에 福善禍淫[126]이며 制禮作樂에 現世禮法等 句語가 歷々記念하겟고 下賜하신 冊子中에 祭禮式을 先覺흐믹 瞭然在目흐니 第一은

119) 下諭(하유) : 지방 벼슬아치에게 서울에 올라오도록 내리는 임금의 명령.
120) 玉案(옥안) : 옥으로 장식한 책상.
121) 效則(효칙) : 본받아 법으로 삼음.
122) 聖諭(성유) : 제왕의 칙유. 임금의 칙유를 높여 이르는 말.
123) 紫氣(자기) : 보랏빛 기운.
124) 壅蔽(옹폐) : 보이지 않도록 가림. 막고 덮음.
125) 侍坐(시좌) : 어른을 모시고 앉음.
126) 福善禍淫(복선화음) : 착한 사람에게는 복이 오고 못된 사람에게는 재앙이 옴.

天皇氏께 祭禮와 日月星辰을

<15>

爲ᄒᆞᄂᆞᆫ 法이며, 五岳 四續 山川 城隍에 祈祝[127)]과 古今 歷代 聖賢에게 祭奠[128)]이며, 其他 忠臣烈士 追享法이며, 大夫庶士의 家廟之禮와 雷司 電神 雨師 風伯 左社右稷[129)] 土穀之神을 爲祝하ᄂᆞᆫ 法과 第二ᄂᆞᆫ 魑魅 鬼魎 邪神 妖鬼 一切 退逐하ᄂᆞᆫ 法을 一々 記錄ᄒᆞᆯ너라. 此時ᄂᆞᆫ 甲子(1864) 五月日也라.

先生曰 天道與地氣로 陰陽이 되야 相合하나 其中에 陰陽의 盛衰가 有하니 陽이 盛ᄒᆞᄂᆞᆫ 運回에ᄂᆞᆫ 天道가 旺盛ᄒᆞᆯ 時라. 所以로 善ᄒᆞᆫ 者ㅣ 善道를 行하야 惡ᄒᆞᆫ 者를 善ᄒᆞᆫ듸로 引導하고, 陰이 盛ᄒᆞᆫ 運回에ᄂᆞᆫ 地氣가 旺盛하ᄂᆞᆫ 時라. 惡ᄒᆞᆫ 者ㅣ 惡ᄒᆞᆫ 事를 行하야 善ᄒᆞᆫ 者를 退去하ᄂᆞᆫ니, 下元甲 二千年 末運은 卽 地氣가 旺盛ᄒᆞᄂᆞᆫ 其會라.

此時ᄂᆞᆫ 邪欺가 制度가 됨으로 弱ᄒᆞᆫ 者의 肉을 强ᄒᆞᆫ 者ㅣ 食하고 善ᄒᆞᆫ 者ᄂᆞᆫ 弱ᄒᆞ고 惡ᄒᆞᆫ 者ᄂᆞᆫ 旺하ᄂᆞᆫ니 是ᄂᆞᆫ 天道循環ᄒᆞ야 無往不復일식 更히 上元甲 運回가 되야 天道가 旺盛ᄒᆞ야 惡者ᄂᆞᆫ 衰하고 善者난 旺할지라. 今年는 上元甲子인즉 一甲 以內에난 陰陽勢力이 交換하난 時代라. 地氣가 倍動하야 更히 歸一한 後에야 我의 禮法이 天下의 行ᄒᆞᆯ지라. 際此時[130)]하야 在家獨善함이 不可한 즉 遍遊四方하며 救禍濟溺함만 不如하다 하고 周行各地하며 貧寒者난 以食道로 引導하고 疾病者난 藥餌로 治療케 하며 惡한 者난 善道로 敎導하고 善良한 人에게난 敬天敬地와 入孝出恭이며 祭禮法을 敎導하니 先生의 敎化를 授하야 信仰하

<16>

난 者난 丙戌年(1886)과 如한 惡疾에도 一人도 罹한 者 無하얏심으로

127) 祈祝(기축) : 빌고 소망함.
128) 祭奠(제전) : 의식을 갖춘 제사와 의식을 갖추지 아니한 제사를 통틀어 이르는 말.
129) 左社(좌사) : 토지신. 右稷(우직) : 곡신.
130) 際此時(제차시) : 이때를 만나.

關西關北에서 風俗을 改良하고, 先生의 祭禮法을 遵行하난 者 多하니 家々에 檀君天祖를 崇奉하며 祭禮를 大行하야 先生의 法이 盛行하더라.

先生이 四方에 遊覽할 식 南至嶺湖이며 北至白頭山으로 金剛山을 遍踏[131)]하야 無窮한 眞理와 正大한 祭禮를 到處에 廣布하고 西入中原하다가 道不行함을 知하고 還하니라.

此時 先生의 夫人 崔氏난 作故하고, 後室 金氏가 平壤에 寓居[132)]하야 先生을 奉饋하든바 癸巳年間에 先生이 門徒 玄利福을 對하야 曰 我가 年近七旬에 餘年이 不多하니 當與君으로 金海 故鄕에 偕往[133)]하야 先塋에 省楸[134)]하고, 先祖의 遺蹟을 廣探하리라고 卽日發行하야 金海 首露王 陵寢[135)]에 參拜한 後 同族 門中을 一々訪問하야 敦誼[136)]를 表하고, 舊蹟을 廣求하고 還한니라.

一日은 先生曰 我慾咸北地方에 遊覽하리라 하고, 門徒 宋萬玉, 李始化, 朴大吉, 金德成, 朴亨植 等을 率하고 發程하야 永興 朴文根家에 至하야 萬鏡臺에 上하니 萬鏡臺난 白頭山 來脉으로 朝鮮 主脉이라. 齊沐致祭[137)]할식 天地神明과 檀君께 祈禱한 後 一日은 先生이 喟然歎 曰 方今 世上이 騷擾함이 極度에 至하야 平壤城中이 有亂할지니 吾直往平壤하리다 한듸, 宋萬玉이 對曰 平壤은 繁華地라. 有亂이면 必倍於他일지니 何必平壤에 往하올잇가.

先生笑曰 至今 平壤에서 日清

<17>

이 交戰이 되면 不過 三四日에 淸兵이 大敗하야 歸할지니, 其間에 無知

131) 遍踏(편답) : 널리 돌아다님.

132) 寓居(우거) : 정착되지 아니하고 임시로 삶.

133) 偕往(해왕) : 함께 감.

134) 省楸(성추) : 성묘.

135) 김해 수로왕릉 : 가락국(금관가야)의 시조이자 김해 김씨의 시조인 수로왕(재위 42~199)의 무덤으로, 경남 김해시 서상동 123번지(가락로93번길 26)에 위치함. 사적 제73호.

136) 敦誼(돈의) : 도타운 정.

137) 致祭(치제) : 윗사람이 제물과 제문을 내리어 죽은 아랫사람을 제사하는 일.

한 生靈이 生路를 莫知하고 亂動하야 自相踐踏[138]하다가 死亡을 難免홀지오, 且吾의 家眷[139]이 該地[140]에 在하니 急往救護하리라.

其翌日에 先生이 宋萬玉 等과 登程[141]하야 孟山에 到하니 淸兵이 業已軍粮을 運輸하난지라. 平壤에셔 避亂者 無數하야 號哭之聲이 載路[142]라. 先生이 一行을 促하야 平壤에 至하니 淸兵이 城中을 占據한지라. 家眷을 訪見하니 後室 金氏와 門徒 等이 焦燥[143] 中 先生의 還함을 見하고 喜不自勝하야 心神이 稍整하더라. 淸兵이 城野에 遍海[144]하야 掠奪이 無數하니 城內 城外 避亂者 男女 無論하고 失魂落魄하야 東西를 不分하고, 扶老携幼[145]하야 道路에 彷徨하난지라. 先生이 家人을 團束하야 在家不出케하고 門徒 李元旭 等 數人을 率하고 大道上 十字街에 立하야 避亂者를 見하고 親不親間에 執其手而挽留曰 我난 金廉白이라 하난 人이라. 男負女戴[146]하며 扶老携幼하고 去將安之오 道路捿屑[147]하다가 邱壑[148]을 難免홀지니 在家則生하고 離家則死홀지라. 還家하야 家産什物이나 收拾하고 安心在家하면 不過幾日에 無事홀것이요, 外國人인들 安心在家하야 初多關係者에게 有何侵責이리요 하며 無限力挽하니 雖是 蒼皇罔措[149] 中이나 廉白 先生의 聲名만 聞한 者면 聽其言而還家安接하고 其外則罔知死生하고 聽若不聞[150]而走하난지라.

---

138) 踐踏(천답) : 짓밟음.
139) 家眷(가권) : 호주나 세대주에게 딸린 식구. 집안 식구.
140) 該地(해지) : 바로 그 땅. 또는 그곳.
141) 登程(등정) : 길을 떠남.
142) 載路(재로) : 길에 가득함.
143) 焦燥(초조) : 애를 태워서 마음을 졸이는 모양.
144) 遍海(편해) : 사람이 바다처럼 많음.
145) 扶老携幼(부로휴유) : 노인을 부축하고, 어린아이를 이끌고 감.
146) 男負女戴(남부여대) : 남자는 짐을 등에 지고, 여자는 짐을 머리에 인다는 뜻으로, 가난한 사람이나 재난을 당한 사람들이 살 곳을 찾아 이리저리 떠돌아다니는 것을 이르는 말.
147) 捿屑(서설) : 일정한 거처 없이 떠돌아다님.
148) 邱壑(구학) : 언덕과 골짜기.
149) 蒼皇罔措(창황망조) : 어찌할 겨를도 없이 허둥지둥 어쩔 줄을 모름.
150) 聽若不聞(청약불문) : 듣고도 못 들은 체함.

先生이

<18>

城內外 男女老少을 會集하고 面諭[151]하되 現今 城中에 空虛家舍가 多하니 秋毫라도 持來하면 是난 賊心[152]이라. 賊心이 有하면 如此亂中에 豈望圖生[153]乎아, 亂中에 人心이 不變이라야 一身만 圖生할쁜아니라, 子孫까지 保存하리라 하며 面面[154]相對하야 諄々懇諭[155]하니 聽者無不感其言하더라.

或避亂者 所向無處하야 老弱을 率하고 道路에셔 彷徨한 者ㅣ 有하면 先生이 自宅으로 同來하야 饋飼[156]하며 說明曰 去則死할지니 我家에 在하야 死生을 갓치 하자 하니 人々이 其德을 感服치 안이하난 이 업더라. 此난 癸巳[157] 八月十六日이라.

日本軍人이 自中和[158]로 平壤에 至하야 淸兵으로 相戰할시 淸兵이 大敗하야 西北으로 退去하난지라. 日本軍人이 入城하야 民居를 安撫[159]ᄒ며 秋毫不犯하니 避難하얏든 老小男女가 如雲入來하야 各其 歸所할시 家産汁物이 如一完全함은 卽 廉白先生의 保護라하야 無不贊頌하더라.

此時에 先生을 慕仰[160]하야 來者 連續ᄒ며 多數한 門徒의 居處가 狹窄[161]한지라. 平壤城北 牧丹峯下에 寺刹이 有ᄒ니 一은 永明寺요, 一은 新興寺라. 僧尼輩가 兵亂을 避하야 擧皆出去하믹 一空虛한 寺刹일너라.

---

151) 面諭(면유) : 면전에서 말로 타이름.
152) 賊心(적심) : 남의 물건을 도둑질하는 마음.
153) 圖生(도생) : 살기를 도모함.
154) 面面(면면) : 여러 사람들의 얼굴 하나하나.
155) 懇諭(면유) : 간절히 타이름.
156) 饋飼(궤사) : 음식을 권하고 먹임.
157) 癸巳 : '甲午(1894)'의 착오로 사료됨.
158) 中和(중화) : 평안남도 최남부에 위치하는 군.
159) 安撫(안무) : 보살핌.
160) 慕仰(모앙) : 우러러 그리워함.
161) 狹窄(협착) : 차지하고 있는 자리가 몹시 좁음.

先生이 臨時로 門徒와 家眷을 絜ᄒᆞ고[162] 寺中에 入居하믹 寺中什物을 極力保全하며 一無損失케 하고 門徒로 教理를 講明케 하니라.

一日은 先生이 宋萬玉을 對하야 曰 我의 年今 六十九歲라. 既不得事君之忠하고 但修

<19>

道山中ᄒᆞ야 檀君天祖의 道理를 通한 後 四方에 雲遊[163]하며 活人之策을 施할 時에 死者도 或 生케 하며 亡할 者도 或 扶植[164]케 하야 自然天地造化를 奪홈이 不無하다 謂홀지라. 豈無鬼神의 倩忌[165]乎아. 已往 香山에셔 生靈을 爲하야 福利를 祈禱할 時에 生靈에게 來하난 災殃을 我身에 止함을 至願[166]하얏스니 此亦天定한 數이라. 雖非命橫死인들 奈何[167]乎아. 且我生時祖母께셔 一夢事를 得ᄒᆞ니 忽然 天鼠가 我의 身을 噬嚼하더라ᄒᆞ니 亦天定厄也라. 今年이 未半하야 我當逝矣라. 逝後에 設有寃讎나 寃讎로 知치 勿하고 以待回運하면 逝去二十年後면 我의 寃을 伸하야줄 君子가 有할 것이요, 五十年이 되면 我의 教理가 天下에 盛行할지라. 君은 我의 後事를 善助하라. 非君則秘機를 豈可漏泄乎아 하며 言笑自若[168]하야 不平之氣가 少無한지라. 萬玉이는 其緣故를 不知하고 半信半疑하더라.

其翌日에 先生이 萬玉의 歸家홈을 促ᄒᆞ며 謂曰 某時던지 我의 通知前에난 勿來ᄒᆞ라 하니라. 此時는 丙申(1896) 春間이라.

先生이 吉日을 擇하야 檀君天神에 祭禮를 擧行홀ᄉᆡ 各處 門徒가 祭需品을 準備하야 大牢禮로 設行하니 永明寺로 會集하는 人이 數百에 達하

162) 絜(혈)ᄒᆞ고 : 묶고.

163) 雲遊(운유) : 뜬구름처럼 돌아다니며 놂.

164) 扶植(부식) : 도와서 서게 함.

165) 倩忌 : 猜忌(시기)의 오기.

166) 至願(지원) : 몹시 바람.

167) 奈何(내하) : 어찌하겠는가.

168) 言笑自若(언미자약) : 말하고 웃는 것이 태연하다는 뜻으로, 놀라거나 근심이 있어도 평소 태도를 잃지 않고 침착함을 이르는 말.

난지라. 所聞이 傳播하야 警官이 疑訝하고 禎探[169]한즉 檀君께 祭祀를 擧行하난 祭官이요, 書籍은 檀君歷史의 眞理와 聖經의 敎理뿐이라. 警官이

<20>

査見하고 反히 贊成하니라. 此時에 平壤 觀察使가 金先生을 請邀[170]하야 修道하난 眞理를 聞훈즉, 先生니 儼然端坐하야 對하되, 天符三印의 妙衍한 理와 誠信愛濟禍福報應의 理며, 檀君께 祭禮를 誠心으로 設行하난 節次를 一々이 答述하니 觀察使 聽罷에 曰 果然 理學君子라 하더라.

時에 新興寺 居處하고 僧徒난 永明寺에 居處한지라. 僧侶가 金先生의 多數한 門徒의 來往하며 盛大히 祭祀를 設行홈을 見하고, 忌厭[171]의 心이 萠動하야 先生을 對하야 曰 俗人이 寺中에 居住홈이 不可하니 他處로 移居하라 하난지라. 此난 先生의 後室 金氏가 本以德簿人으로 人心을 收拾치 못하야 僧徒와 相詰이 有함을 因함이라. 然이나 女僧 金修子 梁修子난 反히 先生의 道德을 欽慕함으로 移居하라고 發論한 僧을 責하더니, 一日은 平壤觀察使府官屬의 朴某가 先生의 學行을 恒常 慕仰하는 中 僧尼輩에게 見逐[172]함을 聞하고 僧徒를 招하야 大責曰 汝輩가 本以無理之徒나 金先生을 對하야 無禮훈 行動을 敢爲하난다 亂離 中 汝輩가 擧皆逃走하미 空虛寺中에 金先生이 入處하야 佛像과 汁物을 一々 極力 保護하얏거늘 不思報恩하고 反히 移居ᄒᆞ라 하니 甚是可痛이라. 若更有此等의 設이 入聞ᄒᆞ면 汝輩난 限死嚴懲하리라 하얏더니, 此로 因하야 僧徒가 十分猜忌之心이 倍出하야 先生을 謀害훌 凶計를 醸出[173]하더라. 此를 知하고 先生이 玄利福에게 命

<21>

---

169) 禎探(정탐) : '偵探'의 오기.
170) 請邀(청요) : 남을 청하여 맞이함.
171) 忌厭(기염) : 꺼리고 싫어함.
172) 見逐(견축) : 내쫓김을 당함.
173) 醸出(양출) : 어떤 사건이나 현상을 빚어냄.

하야 城中으로 移居할 家舍를 定하라한디 後室 金氏가 極力沮止하난지라. 先生이 歎曰 都是[174]天定한 數也라. 豈可避免乎아 하며 長子 聲振을 招하야 曰 我生前에 孫子 亨鳳의 婚姻을 見할지니 卽成婚하게 하라 하믹 對曰 婚姻을 已往에 价川 金都正의 女息과 定하얏사오니 吉日을 捐擇하야 婚事를 擧行하올니다 하고 擇日한 즉 丙申 五月初五日이 最吉한지라. 涓吉[175]單子를 婦家로 專送한지라. 先生曰 今番 過婚한 後 中原에 往하야 遊覽할지니 不可不 各處 作別도 하고 香山僧이나 逢着하니라 하고, 門徒를 率하고 慈山 士野洞 金村에 往하야 檀君께 祭祀를 設行하고, 雲山 李珍國家에 往하야 祭祀를 擧行하고 山邑에 巡廻하난 處마다 祭祀를 設行하며 孫子 婚姻後에 난 中原에 往할 意로 面々公布하고 仍히 作別하기를 甚히 缺然히 하고 本家로 回還하니라.

各處 門徒가 先生이 中原에 往하심과 婚事 在近함을 聞하고 婚禮도 見하고 先生께 告別할 次로 各其 婚需의 補助를 持하고 遠近을 勿論하야 來者 甚多한지라. 時난 五月初四日也라.

門徒 安永吉 卞榮朝 金泰賢 三人을 先生이 命하야 婚行을 治送[176]하고, 玄利福 任錫鎬로 來賓을 接待케하고 宴需를 準備하며 宴席을 佈陳[177]할식, 此日은 初五日 黃昏이라. 忽然 面目이 生疎한 人 十餘名이 闖入[178]하야 先生을 向하야 詰問曰 緣何事由로 數百人의 多數가 會集하얏난요. 先生曰 我의 孫子 婚

<22>

姻인 故로 知舊間 宴會에 來集함이라 하며 泰然 靜坐하얏더니 少頃에 門外에서 放砲一聲에 四面에서 應砲하며 兵丁이 環圍하고 兵丁이 一齊히

174) 都是(도시) : 도무지. 아무리해도.
175) 涓吉(연길) : 전통 혼례에서 사주단자를 받은 신부 집에서 신랑 집에 택일하는 일.
176) 治送(치송) : 짐을 챙겨서 길을 떠나보냄.
177) 佈陳(패진) : 베풂.
178) 闖入(틈입) : 갑자기 뛰어 듦.

突入하야 先生을 詰縛하며 來賓을 捕捉[179]하난지라. 驀地[180]에 不意之變을 當하니 蒼荒罔措함은 泰山이 崩壞와 如한지라. 砲聲이 沉息[181]하며 先生 以下 捕縛한 人을 点考하니 凡人 七十七人이오. 砲彈下에 一人도 傷命은 無하더니, 諸人을 平壤 鎭衛隊로 捉入[182]하난지라.

城中 士女[183]가 其風色[184]을 見하고 事由를 不知하야 人心이 甚히 沸騰하더라. 此事에 原因을 論하면 當初에 永明寺 僧尼가 金先生을 逐出하랴다가 朴某에게 受責한 後 凶計을 釀出하야 先生을 謀陷코ᄌᆞ 秘密裡에 出함이라. 適者에 香山으로 來한 金修子라 稱한 女僧은 本是 路柳墻花[185]로 出家 落髮하야 年紀도 少하고 姿色[186]도 不無하야 邪惡한 計巧[187]와 尖利[188]한 口辯이 有하야 能히 人을 欺弄[189]할 만한지라. 佛家의 淸靜한 五戒난 心頭에 毫無하고 放姿히 官門이나 出入하야 倒鸞顚鳳의 態度로 豪蕩한 官人을 聯結함을 能事로 삼난 者라. 此時에 平壤大隊長 金有鉉과 奸邪한 情이 特緊[190]한지라.

曾與金先生 後室 金氏와 感情이 有하니 金氏가 該女僧을 對하야 迫切한 言으로 責하되, 汝가 僧尼의 名色이 되야 佛經의 工夫난 心頭에 少無하고 路柳墻花와 如하니 寧히 退俗[191]하야 改嫁함이 妥當하리라 하얏더니, 該女가 此로 嫌을 作한 中 一日은

---

179) 捕捉(포착) : 꼭 잡음.
180) 驀地(맥지) : 갑자기, 졸지에.
181) 沉息(침식) : 공격이 멈춤.
182) 捉入(착입) : 잡아들임.
183) 士女(사녀) : 남자와 여자.
184) 風色(풍색) : 남 보기에 좋지 못한 기색.
185) 路柳墻花(노유장화) : 길 가의 버들과 담 밑의 꽃은 누구든지 쉽게 만지고 꺾을 수 있다는 뜻으로, '기생'을 의미함.
186) 姿色(자색) : 여자의 고운 얼굴.
187) 計巧(계교) : 여러 모로 빈틈없이 생각하여 낸 꾀.
188) 尖利(첨리) : 끝이 뾰족하고 날카로움.
189) 欺弄(기롱) : 속이어 농락함.
190) 特緊(특긴) : 특별히 얽혀있음.
191) 退俗(퇴속) : 승려가 다시 속인이 됨.

<23>

諸僧이 會坐ᄒᆞ야 金先生 逐黜할 計을 謀議할ᄉᆡ 金修子 聞하고 報嫌할 思想이 萠動하야 腹釰을 抱하고 觀察府에 入하야 觀察使의게 告曰 寺中에 在한 金廉白은 本是 東學에 魁首로 其弟子가 西北에 最多하야 近日에 緣何 凶計인지 來往之人이 頻數[192]하야 恒常 煩劇[193]하오니 若日後에 事變이 有하면 或 寺中에 連累가 有할가 深慮가 되야 來告하나니다.

觀察使笑曰 我曾 金先生으로 酬酌[194]함이 有하니 實是 通理君子也라. 崇奉은 檀君이오, 行하난 바난 陰陽盛衰之理와 福善報應之理에 明瞭한지라. 엇지 東學이라 謂하리요. 學問이 高明하니 自然 來訪者 多한지라. 汝矣僧尼난 無識함으로 善人을 不知하고 妄言으로 說到하난야 反히 責斥하난지라.

該女僧이 敢不更言하고 退하야 直入 鎭衛隊하야 隊長 金有鉉을 見하니 有鉉이 淫心의 蕩情[195]으로 戲弄하믹 金修子 假作 正色曰 令監이 國家의 干城之將이 되야 殊常한 輩가 咫尺에 在하되 全然 不知하고 但히 戲談[196]으로 爲能事乎아.

有鉉曰 殊常한 輩는 指誰[197]오.

金修子曰 新興寺 金先生이라 稱한 人은 東學에 大先生이라. 至今 懲戢[198]을 아니하면 日後에 其勢가 猖獗할지라. 엇지 令監의 不審之責을 免乎잇가. 所謂 寺刹이라하난 것은 僧의 家이라. 俗人이 入處하야 不精한 事가 多하오니 速히 措處하소서.

有鉉曰 我聞한즉 金先生은 東學이 안이요. 亂離中에 寺中에 入居하야

192) 頻數(빈삭) : 매우 잦음.
193) 煩劇(번극) : 몹시 번거롭고 바쁨.
194) 酬酌(수작) : 술잔을 서로 주고받는다는 뜻에서 말을 서로 주고받음.
195) 蕩情(탕정) : 방탕한 마음.
196) 戲談(희담) : 실없이 하는 말.
197) 指誰(지수)오 : 누구인지 지목하시오.
198) 懲戢(징집) : 징계하고 단속함.

汁物을 收拾하

<24>

며 佛像을 保護하야 寺中이 如前하다 하니 엇지 迫切히 逐黜하리오.

女僧曰 其人이 東學이 안니면 엇지 東學軍이 何故來往乎잇가.

有鉉曰 汝言과 如할진ᄃᆡ 稹探하리라 如斯히 相談한 後 一朔이 過하니 卽五月初五日也라. 金先生의 孫子 婚姻을 因하야 宴會에 來賓이 各處에셔 會集함을 金修子가 利用하야 內心에 思維하되 至今이야 我의 計巧와 相孚되얏다 하며 鎭衛隊에 投入하야 金有鉉을 見하고 附耳密語하되 今日 黃昏에 新興寺에 東學軍이 無數히 會集하니 或着冠하며 或着巾하고 或擔銃者 數千名이 或先或後하야 滿山遍野[199]에 如雲會集이라 聞한 즉 今夜에 本隊를 襲擊한다 하오니 事機[200]十分危急하야 火色이 迫頭하온지라. 令監은 急히 他處로 避身하야 不意의 患을 免하소셔.

金有鉉은 本是 酒色之徒라. 知識이 無하야 其女僧의 恐動[201]함을 聞하고 手足이 荒忙하야 急々히 大隊室의 出하야 各中隊을 招集하니 中小隊々長과 正校下士等이 一齊히 入하ᄆᆡ 軍令을 下하야 三中隊를 發하야 新興寺를 圍之三匝[202]하며 平服兵丁 十數名은 直入 寺中하야 搜索한 즉 果然 會集한 人 幾百名이라. 一邊[203]放銃하며 一邊捕縛하니 先生 以下 七十餘人을 風雨와 如히 擁入營敝하야 嚴重히 着枷囚禁하니 嗚呼라, 先生의 時運이 不幸한지라.

皇天이 先生을 出하시ᄆᆡ 善惡을 雙立케 하야 金有鉉과 如한 惡者가 出함이라. 天定之數를 烏得免乎

<25>

199) 滿山遍野(만산편야) : 산과 들에 가득히 뒤덮임.
200) 事機(사기) : 일이 되어 가는 가장 중요한 기틀 .
201) 恐動(공동) : 위협적인 말로 사람을 두렵게 함.
202) 圍之三匝(위지삼작) : 여러 겹으로 둘러쌈.
203) 一邊(일변) : 한쪽. 한편.

아.[204] 先生이 就囚[205]한 後 金有鉉이 當夜에 軍部에 報告하니 彼의 功績을 自著코자 함이라.

其翌日에 金有鉉이 大隊에 出坐하고 先生 以下 七十餘人을 押上[206]하야 兵丁이 左右에 擁立하고 廣張威勢하며, 有鉉曰 汝輩은 國法의 禁하난 東學으로 無難聚軍하야 反賊을 作하야 不軏[207]함을 圖謀하난야.

先生이 正色曰 我의 所學는 仁과 義라. 엇지 不軏한 心이 有하며 所謂 東學은 吾所不知라. 如此한 無理의 言은 我에 無關이로라.

有鉉曰 汝言이 可謂言足而飾非[208]라. 汝東學이 안니면 何事을 緣하야 多數한 人衆을 聚集하며 今夜에 本營을 劫迫[209]코자 함은 何故오.

先生이 微笑曰 隊長은 千人之將이라. 如彼히 愚迷한가. 我는 寧邊셔 來此寓居[210]가 于今四個年이오, 昨日은 我의 孫子 婚日이라. 婚家則价川 金氏家이오. 各處 門徒가 我의 孫子 婚日을 聞하고 宴席에 來한 人이라. 所以로 畧設 酒肴하야 來賓을 接待함이어늘 何據가 有하야 如是逼迫乎아. 隊長의 所見과 如히 機械臟物이 無한지라. 無罪之人을 如是搆揑[211]하니 皇天在上하시니 豈不畏乎아 하며 言辭가 如流하며 儼如霜雪한지라.

有鉉는 本以無知沒覺者라. 或抵賴[212]不伏인가 하며 無數惡刑하며 曰 直招[213]則生하고 抵賴則殺하리라 한듸 先生의 氣色이 泰然하고 言語가 從容히 答하되 魑魅魍魎이 敢히 我를 戱弄하난야 我의 死는 卽天也라. 엇지 隊長이 死生을 任意로 하리요. 然이나 士난 可殺

---

204) 烏得免乎(오득면호) : 어찌 면할 수 있겠는가?
205) 就囚(취수) : 옥에 갇힘.
206) 押上(압상) : 押付上送(압부상송). 죄인을 체포하여 상급 관청으로 넘겨 보냄.
207) 不軏(불월) : 不軌(불궤)의 오기. 반역을 꾀함.
208) 言足而飾非(언족이식비) : 교묘한 말이 자기의 나쁜 점을 꾸미기에 넉넉함.
209) 劫迫(겁박) : 위력으로 협박함.
210) 寓居(우거) : 남의 집이나 타향에서 임시로 삶.
211) 搆揑(구날) : 날조.
212) 抵賴(저뢰) : 변명을 하며 신문에 복종하지 않음.
213) 直招(직초) : 지은 죄를 사실대로 바로 말함.

<26>

이연졍 不可辱이라하니 隊長의 無識함이라. 無罪한 人을 東學의 魁首라 稱하야 軍部에 報告하얏다 하니 回題를 待하야 我의 一身만 殺하고 其餘는 放釋하난 것이 當然하거늘 엇지 無理한 惡刑을 我에게 如此히 辱되게 하난요.

有鉉이 先生을 更히 營廠에 下囚하고 其外 七十餘人을 次第 惡刑하야 惡刑을 不勝하야 東學이라 하면 刑을 止하고, 東學이 아니라 不伏하면 窮凶極惡[214]의 刑을 行하다가 營廠에 還囚하니라.

此時에 先生이 受刑하고 獄中에 在하미 門徒가 互相痛哭하며 先生의 刑處를 撫摩하며 報讎之言을 發하난지라. 先生이 其動靜을 見ᄒᆞ고 笑曰 君等이 何其汲覺[215]之甚乎아. 我가 前日에 各處에 巡廻하며 作別時에 過婚後 中原에 往하다함은 卽后土[216] 本宮이 中央인 故로 中原이라 稱함이요, 香山僧을 逢한다함은 今番事가 香山으로 來한 女僧이 永明寺에 在하야 我을 謀害함이라. 我가 此를 因하야 黃泉에 歸할 日이 幾個日이 無餘하니 此난 卽皇天이 我를 生할 時에 后土 本宮에셔 我를 招去할 日을 預定함이라. 金有鉉이 豈敢殺我리요. 有鉉은 卽 后土의 使者쁜이라. 豈足以寃讎라 謂할리요. 我가 此事를 當함이 卽天命을 順受함이 可하거늘, 君等은 何不覺悟하고 反히 有鉉을 報讎코자하난요. 有鉉도 將次 報復을 當함은 自然한 理致라. 엇지 人力을 費하야 報讎乎아 君等은 不久에 放送되고, 我는 死할지니 我死後라

<27>

도 金有鉉을 寃讎로 知치 勿하고 吾子 聲振이 雖未祛[217]나 或乃父를 爲하

214) 窮凶極惡(궁흉극악) : 몹시 흉측하고 악독함.
215) 汲覺(급각) : 밝히려고 힘씀.
216) 后土(후토) : 토지의 신.
217) 未祛(미거) : 강하지 못함.

야 報讎코자 할지라도 挽執[218)]하야 我의 魂을 慰하라하며 言笑自若하야 一團春風의 和氣自生하난지라.

金有鉉이 先生에 動靜을 察한즉 畏㤼함은 豪無하고 獄中에 在하야 淸閒靜肅한 氣像이 顯於外한지라. 有鉉이 又使搜探[219)] 寺中하니 但 檀君과 天地神明께 崇奉하난 祭禮와 天地開闢以後 陰陽盛衰之理며 忠君愛親과 入孝出恭이며 五倫三綱의 人道正義로 衆生을 敎導하난 書籍뿐이요, 其外他 証據는 秋毫도 無하며 七星門派 守兵이 報하되 金先生의 孫子 婚行이 自价川으로 還來라 하니 其婚宴에 來往人 多數 証據가 昭然[220)]한지라.

有鉉이 後悔할 際에 軍部에셔 回題가 下來하니 金有鉉의 報告을 上秦裁可하야 魁首만 砲殺하고 餘黨은 放釋하라심이라. 有鉉이 鍊兵場에 出하야 在囚한 金先生 玄利福 外 七十五人을 押出하야 曰 汝等을 東學으로 認証하얏더니 更探한즉 婚宴에 來함이 分明하나 聚衆한 罪로 三日 赴役한 後 放免할거시오. 金先生과 玄利福은 軍部에 更報하야 待回題擧行할리라 ᄒᆞ거늘 七十五人이 無奈ᄒᆞ야 三日 應役한 後 放還하니 各處 來人들이 或喫㤼[221)]도 하고 居處도 不便하야 移去한 者 多하되 崔鐘學 夫婦와 金相玉 夫婦와 金德成 等이 在한지라.

崔鐘學 夫人 月宮金氏가 酒肴을 盛備하야 在囚하얏든 諸人을 慰懷[222)]하니 諸人들 先

<28>

生과 玄利福을 生覺하고 號泣不已하며, 先生이 獄中에셔 遺言을 一々傳布하니 無非蒼荒罔措하니라.

---

218) 挽執(만집) : 붙들어 말림.
219) 搜探(수탐) : 수사하고 탐지함.
220) 昭然(소연) : 일이나 이치에 밝음.
221) 喫㤼(끽겁) : 몹시 겁을 집어 먹음.
222) 慰懷(위회) : 괴롭거나 슬픈 마음을 위로함.

金有鉉이 七十五人을 放釋하고 思하즉[223], 公壓한 僧女에 誣言[224]을 聽하고 黠昧한 賢人을 殺하게되니 寧히 僧女을 捉하야 誣告한 証授을 軍部에 論報하야 暖昧[225]한 君子을 放釋하리라하고 兵丁을 發하야 女僧 金修子를 捕捉코자 하니 女僧이 七十五人 放免함을 見ᄒ고 或及坐律[226]이 有할가하야 業已[227]走한지라.

有鉉이 更思한 즉 我가 女僧의 誣告을 因하야 輕先히 軍部에 報告하야 回題까지 下來한지라. 今若 金先生을 白放[228]하면 上部를 欺弄[229]이라 하야 罪責이 不無할리라. 雖是曖昧[230]하나 無可奈何[231]라 하더라.

先生이 獄中에 在ᄒ야 玄利福에게 淳々諭之曰 我의 命限이 六十九歲라. 今日 厄會[232]는 已定한 數라, 豈可逃避리오. 我若避厄이면 是난 逆天이라. 夫君者난 順天으로 爲本이라 하시고, 其長子 聲振에게 遺書를 作하야 玄利福에게 付囑하니 其書에 曰 我의 死는 天地運命이라. 金有鉉을 寃讎로 知치 勿하라. 君子의 節은 天然不改할지라. 死生을 因하야 善心을 變하고 陋名에 溺하리요. 今番 獄中에셔 同患難한 諸人에게 來世에 相逢하자 我言을 傳布하고 汝亦兄弟와 同一하게 지닉여라. 且乃父의 生前所行之祭禮式을 遵守勿替하야 以待其時가 至可々라. 書畢에 利福에게 付與하니라. 是日은 卽甲申[233] 五月二十六日也라. 先生이 朝

<29>

起하야 玄利福에게 謂曰 今日에난 我與君으로 永訣하난 日이라한ᄃᆡ, 利

223) 思하즉 : '思한즉'의 탈자.
224) 誣言(무언) : 없는 일을 있는 것처럼 거짓으로 꾸며 남을 해쳐서 말함, 또는 그런 말.
225) 暖昧(난말) : 曖昧(애매)의 오기.
226) 反坐律(반좌율) : 고자질한 사람에게 무고(誣告)한 내용과 같은 죄명으로 벌을 과하던 법률.
227) 業已(업기) : 이미.
228) 白放(백방) : 죄가 없음이 밝혀져 놓아 줌.
229) 欺弄(기롱) : 속이어 농락함.
230) 暖昧 : 曖昧(애매)의 오기.
231) 無可奈何(무가내하) : 몹시 고집을 부려 어찌할 수가 없음.
232) 厄會(액회) : 재앙이 닥치는 기회.
233) 甲申 : '丙申(1896)'의 오기.

福이 痛哭不己하니 先生이 利福의 手를 執하고 慰撫曰 我死後 君은 芳名[234]을 惜[235]하야 淸節의 心을 不變하고 我의 遺傳한 祭禮法의 原理를 體我敎導하라. 己往에 宋萬玉에게 囑托한 言이 有하니 詳聞하라 하니라. 先生이 日影을 見하미 巳時에 至한지라.

喟然[236]歎曰 我의 死할 時干이 至하얏다 하더니 少項에 兵丁이 來하야 先生과 玄利福을 曳出[237]하니 先生이 玄利福을 顧謂曰 我난 逝矣라. 君은 善在善在하라 하시고, 更無他言하며 顔色이 天然하고 動靜이 從容히 獄門에 出하니 數百名 兵丁이 聚立[238]하고 金有鉉이 騎馬而立하야 曰 玄利福은 警察署로 移囚하라 하고, 先生은 捕縛하야 陣前에 立하고 平壤 西門外 十字街로 擁出하니 此時에 淸明하든 天氣가 忽然晦塞[239]하며 日影이 無光하니라.

城中 城外에 士女가 會同하야 涕泣[240]相謂曰 世上에 如斯히 寃痛한 事가 有乎아 하며, 其中에 先生에게 受恩한 男女老少 勿論하고 無不痛哭歎恨不己하더라.

十字街에 至하니 昏霧가 四面에 起하야 咫尺을 不卞한 中 砲聲一落에 雙虹이 幷起하난지라. 兵丁이 散歸하거늘 此時에 門人 金相玉 妻 李氏가 匍匐先往하야 先生의 屍所을 見한 즉 雙虹이 先生 屍體上에셔 起立하얏난지라.

少頃의 先生의 長子 聲振 內外가 出來하야 天崩地坼과 如히 罔知所措[241]하고 屍體를 扶하고 痛

<30>

234) 芳名(방명) : 남의 이름의 존칭.
235) 惜(석)하야 : 소중히 여겨.
236) 喟然(위연) : 숨을 쉬며 서글프게 탄식하는 모양.
237) 曳出(예출) : 밖으로 끌어냄.
238) 聚立(취립) : 여럿이 한 곳에 모여 섬.
239) 晦塞(회색) : 밝았던 것이 캄캄하게 아주 콱 막힘.
240) 涕泣(체읍) : 눈물을 흘리며 슬피 울.
241) 罔知所措(망지소조) : 너무 당황하거나 급하여 어찌할 줄을 모르고 갈팡질팡함.

哭不已也러라. 月宮金氏와 金德成, 金相玉, 咸基道, 安永吉 諸門人이 出來하야 見한 즉 靑々한 天上의 日光이 黑暗하고 昏霧가 四塞한 中에 十字街 大路上에 白沙場 靑草난 漠々[242]한디 先生의 死體가 臥하야 顔色은 如笑하고 上唇에 彈丸을 中하야 腦後로 出한지라. 此난 盖先生 初生時에 黑鼠가 上唇을 噬嚼이 見兆也러라.

諸人이 蒼荒罔措中 精神을 收拾하야 收屍禮節을 擧行하고 血流을 收斂하니 昏霧가 漸收[243]하며 雙虹이 消하고 日光이 稍甦[244]하난지라. 先生의 子 聲振과 孫 孝鳳이 昊天罔極[245]하며 痛入骨髓[246]하야 眼無所視라. 懷劒入城하야 復讎코자 하거늘 諸人이 挽執[247]曰 先生의 遺書가 自在하니 不必妄行이라하야 停止케하고 禮文을 從하야 襄禮[248]를 擧行할식 平壤 普通門外에 安葬하고 碑石을 堅立한니라. 此時에 米國人 宣敎師가 平壤에 在하야 先生의 事變을 聞하고 來吊하며 歎息曰 昔日에 耶蘇氏난 天學이오, 今日 金先生은 地學이라. 耶蘇氏난 猶太國에 誕生하야 十字街[249]에셔 生靈을 爲하야 流血死亡하고, 今에 金廉白의 血은 平壤 十字街에셔 血流함이 尋常치 안니하다 하더라.

玄理福은 追後 放釋하니라. 宋萬玉이 海州에 在하야 一夜夢에 先生이 高車를 乘ᄒᆞ고 橫馳[250]ᄒᆞ야 中原으로 入ᄒᆞ신다 ᄒᆞᆫ난지라. 是난 不吉之兆也라. 卽尹文賢을 平壤에 專送ᄒᆞ얏더니 果然 凶音을 報ᄒᆞ거늘, 萬玉이 先生의 靈位을 虛設

---

242) 漠漠(막막) : 고요하고 쓸쓸 함.
243) 漸收(점수) : 점차 그침.
244) 稍甦(초소) : 점차 되살아남.
245) 昊天罔極(호천망극) : 하늘이 넓고 끝이 없다는 뜻으로, 부모의 은혜가 매우 크고 끝이 없음을 이르는 말.
246) 痛入骨髓(통입골수) : 억울하고 분한 마음이 골수에 깊이 사무침.
247) 挽執(만집) : 붙들어 말림.
248) 襄禮(양례) : 장례.
249) 十字街(십자가) : '十字架'의 오기.
250) 橫馳(횡치) : 가로 뛰어감.

<31>

ᄒᆞ고 一場痛哭한 後 先生의 前日秘諭ᄒᆞ시든 言이 無非來事를 先覺하심이라. 엇지 天縱之姿가 아니시리요. 宋萬玉이 平壤에 卽來하야 先生 墓所에 痛哭한 後 諸門人 相逢하야 前日에 宋萬玉에게 秘語하심을 相談하고 先生의 先見之明을 無不歎服하니라. 玄理福, 宋萬玉이 先生의 遺訓을 遵守하더라.

平壤 叅領 金有鉉이 金廉白을 無罪히 砲殺한 後 朝夕呻吟하더니 未幾에 慘死을 渠[251]亦當하얏스니 果然 天理에 明々히 報應함을 可知러라.

乙巳[252] 十月日에 平壤 宋萬玉, 德川 李泰祚, 平原 金明麗 三人이 京城에 檀君敎 刱設됨을 聞하고 商議曰 檀君敎가 世上에 發展되앗스니 此난 金先生之道가 闡明되겟다하고 先히 李泰祚가 其夫人 吉泰熙及崔鐘學 夫人 月宮金氏로 作伴[253]하야 京城에 來하야 檀君敎에 奉敎式을 擧行하고 禮式 等 節을 詳考한즉, 金先生의 曾行하든 法式과 差異가 別無한지라.

平壤에 下徃하야 公布한즉 宋萬玉, 金明麗 兩人이 鱗次[254] 上京하야 入敎한 後 因하야 平壤府 慶上理에 檀君敎支部를 設立하기로 本部에 請願하야 承認한 後 檀君御眞을 平壤支部에 奉安하왓더니 仝十一月日에 本部 大宗師 鄭亶齋 先生과 講師 徐于當氏가 平壤에 下徃하야 支敎々況을 視察할 時에 支敎長 宋萬玉 外 一般敎徒가 陳述하되 金廉白 先生이 香山에셔 檀君天祖께 千日祈禱하야 感通靈誠하든 事와 專히 祭祀主義로 風俗

<32>

을 改良한 事이며, 丙申年(1896)에 慘禍를 當한 後 天地翻覆함과 如하오나 伸寃할 日이 無하다하며 無不號泣不已하난지라.

大宗師 鄭先生이 聽其事之顚末하고 肅然이 起曰 本師가 不肖하나 檀

251) 渠(거) : 갑자기.
252) 乙巳 : '乙卯(1915)'의 오기.
253) 作伴(작반) : 길을 가는 데 동무를 삼음.
254) 鱗次(인차) : 차례로 잇달아.

君敎에 獻身하야 忝居主宰하니 濫則濫矣나 今此諸君의 陳述함을 聞한즉 金先生은 卽吾敎의 先覺이라. 先覺의 事를 後學이 엇지 感歎치 안니하리요. 敎規를 遵하야 宗令으로 金先生의 靈位를 設하고 祭奠을 行하야 其幽冥의 寃을 萬分의 一이라도 伸케하리라 하고 宗令을 發하니, 其文에 曰 故金公廉白은 早年에 入于妙香山하야 檀君聖靈之下에 千日祈禱를 唯一한 精誠으로 感通靈誠하야 斥邪扶正하며 修道光明에 理敎顯達[255]ᄒᆞ야 四時祭享을 先奉 檀君ᄒᆞ고 專히 祭祀主義로 感覺風俗이라. 不幸히 丙申에 遭禍[256]慘毒ᄒᆞ니 悠々蒼天은 此何忍言가.

嗚呼라. 本師가 雖不肖나 崇奉我 檀君聖靈하옵고 施化布敎之際을 當하야 乃於先覺의 至誠惻怛[257]함과 道脉相傳함을 寧不欽歎[258]哉리요. 是로以하야 宗令으로 金先生廉白靈位을 檀君聖殿 左便一宇에 奉設하고 春秋祭奠을 遵禮奉行하야 一以慰幽冥之寃하고 一以表先覺之誠하노니 惟吾同胞敎員은 咸悉遵奉하야 如一無二也哉ᆫ져. 當日에 宗令을 如是히 發하니 金先生 門徒되앗든 一般敎員이 或放聲而哭하며 或相扶

<33>

而泣曰 金先生 遺訓의 二十年後에 自然히 寃을 伸하리라함이 有하시든니 今日에 果然 復見天日이라하더라.

金先生 長女 金氏가 現在 熙川地하니 相路가 三百餘里라. 當席에 忽來倒地曰 本人의 父親이 五日前夜에 現夢曰 京鄕에 檀君敎人이 平壤에 會同하야 乃父[259]의 積怨을 伸雪[260]케 하거늘 汝난 吾의 子息되야 何不往叅하난야 하심으로 晝夜倍道[261]하야 衝雪而來하니 果然 夢不虛事라고 하고

255) 顯達(현달) : 지위와 이름이 함께 높아서 드러남.
256) 遭禍(조화) : 화를 입음.
257) 惻怛(측달) : 불쌍히 여겨 슬퍼함.
258) 欽歎(흠탄) : 아름다움을 탄상(歎賞)함.
259) 乃父(내부) 아버지가 자식에게 "네 아비" 또는 "이 아비"라고 자신을 가리켜 일컫는 말.
260) 伸雪(신설) : 伸冤雪恥(신원설치). 가슴에 맺힌 원한을 풀어 버리고 창피스러운 일을 씻어 버림.
261) 倍道(배도) : 倍道兼行(배도겸행). 이틀 길을 하루에 걸음.

一場慟哭에 致謝不已하미 見者, 無不奇喜하야 曰 金先生의 靈魄이 不泯하심을 推此可知[262]라 하나니라. 此日은 卽丁巳(1917) 十一月十一日也더라.

是日에 檀君天祖께 祭享을 設行하고 金先生의 事實을 告由하옵고 金先生의 肖像을 奉設하고 祭奠을 行하시니라. 此日에 宋萬玉이 右事實로 回章[263]을 發하야 已往 金先生 門徒되얏든 諸人에게 一々通知하니라.

戊午(1918) 四月日에 平壤 檀君敎支部를 建設하얏다고 하고 該支敎長 宋萬玉이 本部에 報告가 有함으로 本部 大宗師 鄭先生과 講師 徐于堂이 平壤에 下往하야 敎堂 落成式을 叅觀하고 投費出處를 問한즉 宋萬玉이 言하되 已往 金先生 在世時에 金先生 命으로 忠孝稧를 設置하얏더니 此로 費用하얏다하며 德川 檀君敎 支部長 李泰祚와 順川 檀君敎 支部長

<34>

車延模가 次第로 言하되 該兩處에도 金先生의 命으로 設稧가 有하니 此로 投費를 삼아 檀君敎支部 建築코자한다 하니 大概 金廉白 先生은 檀君敎의 先覺쁜안니라 頹敗[264]한 西關 風俗을 改良하야 五倫三綱을 扶植[265]하고 周公의 祭祀主義를 繼行하얏스니 可謂 東方의 通理 君子也로다. 此記를 金先生의 首弟子 宋萬玉 李泰祚 兩人이 檀君敎本部로 持來하얏기로 公刊廣布하노라.

金先生廉白記 終

---

262) 推此可知(추차가지) : 이 일로 미루어 다른 일을 알 수 있음.

263) 回章(회장) : 여러 사람이 차례로 돌려보도록 쓴 글.

264) 頹敗(퇴패) : 쇠퇴하여 문란해짐.

265) 扶植(부식) : 영향을 주어 사상이나 세력 따위를 뿌리박게 함.

『단군교부흥경략』

 『단군교부흥경략』 영인본

目次

檀君教復興經略序

夫宗教者定民志而一趨向也建立乎政治刑法之外旁通乎王宮閭巷之間無偏無黨自由自在盖其剏設導率者非以上聖之資兼君師之位則不能也惟我

聖祖檀君距今四千二百餘年前降于太白山檀木下設三千團部臨君位而立神教與中國之唐堯並時也堯以允執厥中一言爲相傳之道是人道也　檀君以天符三印行胚胎法是乃神教也教理誕宣民風以之淳厖國祚以之綿長自扶餘以後教統不絕而教名雖隨歷代變遷不同其實皆宗於　檀君也至于高麗名以王儉教而因爲浸微也乃於

近世則知者亦鮮矣余友鄭薰謨君性本恬靜雅好修鍊暫
試百里旋歸三遷爰就靜僻處壇設　檀君位晨夕爇香敬
虔瞻頌既而遇杜老人于瀛外受其　檀君影幀聖經及稀
世之書籍傳授此非同氣相求千里應之者耶自是謀所以
設教宣教靡不用極孜孜一念發於宵寐乃奉迎　塑像此
非神人相感而然歟始也家而私奉今焉殿而公奚使千億
道裔肅瞻而秪承幾晦之教燦然復明鄭君之功於是爲大
而杜老人策勵之意亦大矣於是四方教徒推鄭君爲教主
憲章以規之戒命以拂之吁其盛矣噫見行之教門頗多指
不勝摟而要其歸則同異得失之嫌亦非歷史之久遠者也

余以遺裔中一人欲探教理而茫無因矣於三十年前鄭君之擧樂聞樂道稟奏　上以設教之資曾有內帑金下賜之命盖事固有待人而行者道亦有待時而顯者然則檀君之教非但復興於東方將見流布於西洲轉爲全球上宗教安知其無日也云爾驪興后人雲汀閔丙漢序

檀君教復興經略序

噫我朝鮮以
聖祖檀君之神聖舊邦也政治教化憲章文物已有相傳之歷史以君子之國禮義之邦見稱於天下者人不可誣也豈意近代聖遠言湮啓牖無人使我耳目口鼻頂踵毛髮之以歌以哭不知其所由生男女父子衣服飲食以道以德亦不知其所自來以至今日吾人精神頽喪萬事悽然何哉一則由於人族歷史未詳也一則由於人族宗教之不明而然也仰天長歎復何可論檀齋鄭薰謨先生慷慨有志於斯者也於三十星霜前偶逢太白山道人受　聖祖檀君之遺教且

受經典及歷史之一般書籍從此而我東人族之所由生及
秩序之所以定者於是乎備矣盡矣其中尤有感者自我
聖祖太子太孫以至季世凡四十七世壬儉之名號元年之
干支無不昭載其遠則半萬年而其徵則班班可考也溯百
川之眞源發潛德之幽光使人一覽則擧知我朝鮮之爲神
聖之后裔者明矣以是爲序

烏川后人立齋鄭斗和書

檀君教復興經略緖言

恭惟我
檀君은東方首出하신聖人이시고即我民族의元祖이시라以上帝化神으로持天符三印하시고將雲師雨師風伯雷公하사降于太白山檀木下하사設三千團部하시고立神教하실새行胚胎法하사指導人類하시니編髮盖首하며始造宮室하고肇定倫彝하며教民稼穡하시니由是로有東方君子國之稱矣라從玆教理宣傳하야歷史上教統淵源이綿々不絶하야扶餘에代天教三韓에天神教渤海에眞宗教滿洲에主神教遼와金은拜天教高麗에王儉教

라하얏스니東史類考曰其實은皆 檀君設敎라하니라
然而年久世遠하야知此敎理者鮮矣라不佞이素以蔑學
無才로生長京師하야交遊者多般是宦路繁華中人니라
然이나性本厭煩好靜하고又有林泉之癖而每誦飮水讀
仙書之句로自期焉이라遂設壇於五星山洪城精潔處하고
虔奉 檀君位牌而晨夕焚香하고盡禮致敬하야獨自修
養이러니其冬에更懷游覽之志하고作瀛外之行이라가
於旅舍淹留中適一老人이杖藜開戶而問曰君以朝鮮人
으로來此何幹고視之하니蒼顔碧瞳에秀眉皓髮이完有
神仙之標오絕非塵世之人이라余乃斂衽曰敢問高姓大

名하노라其人曰我는是太白山人이니姓은杜오名은一白이라承太白山白峯神兄法旨하고以 檀君教傳教로爲己任而遍遊四海로라余曰白峯은誰也오杜曰 檀君教는是朝鮮固有한宗教라至高麗末하야異教盛行함으로本教ㅣ因爲沈滯가迄今六百餘年이라往古崔孤雲楊蓬萊俱以本教人으로超登仙界而今白峯神兄은與老身으로共修此教也라知君誠意故로專此來言하니不必久留此地하고卽還本國하야復興本教하야救濟同胞하라余曰本教眞理는業有得聞而欲設教門이나現無書籍하야未克展誠이라願先生은指教하라老人이自懷中으로

出　檀君影幀及聖經三一神話佈明書歷史禮式等各一册을授之曰持此則可以設敎門이니卽還하라余起敬拜受하고欲問後事如何之際에杜老人이飄然拂袂하니已不得以挽矣라且驚且歎望空展拜하고仍於其夕에喜不能寐라가其翌曉에余賦歸하야晝宵研究設敎할새前贊政閔雲汀丙漢氏의同意로　大內에稟達하야以設敎資金으로巨額을下賜處分에特蒙하야以京城으로爲中心而施敎於方面하니自近而遠하야同志者漸多하고受敎者日增이라乃廣設敎堂而嚴定規則矣라至乙丑冬하야檀君塑像을奉迎於文化九月山三聖祠故基할새閔雲汀

先生이旅費及奉安節次를自辦獻誠하니聞者無不讃頌
이라吁可異哉라自不勝欽感하야系以一絕하니詩曰
正當熙皞一檀春　千載舊邦其命新　三聖祠堂何處是
思皇峯下感神人　嗚呼라半萬年未遑之事를以民族
的으로　聖祖聖像을妥奉하야使吾遺裔同胞로晨夕瞻
拜하니此는卽神人相感之日也라하노라東萊后人檀齋
鄭薰謨書

檀君聖祖御眞

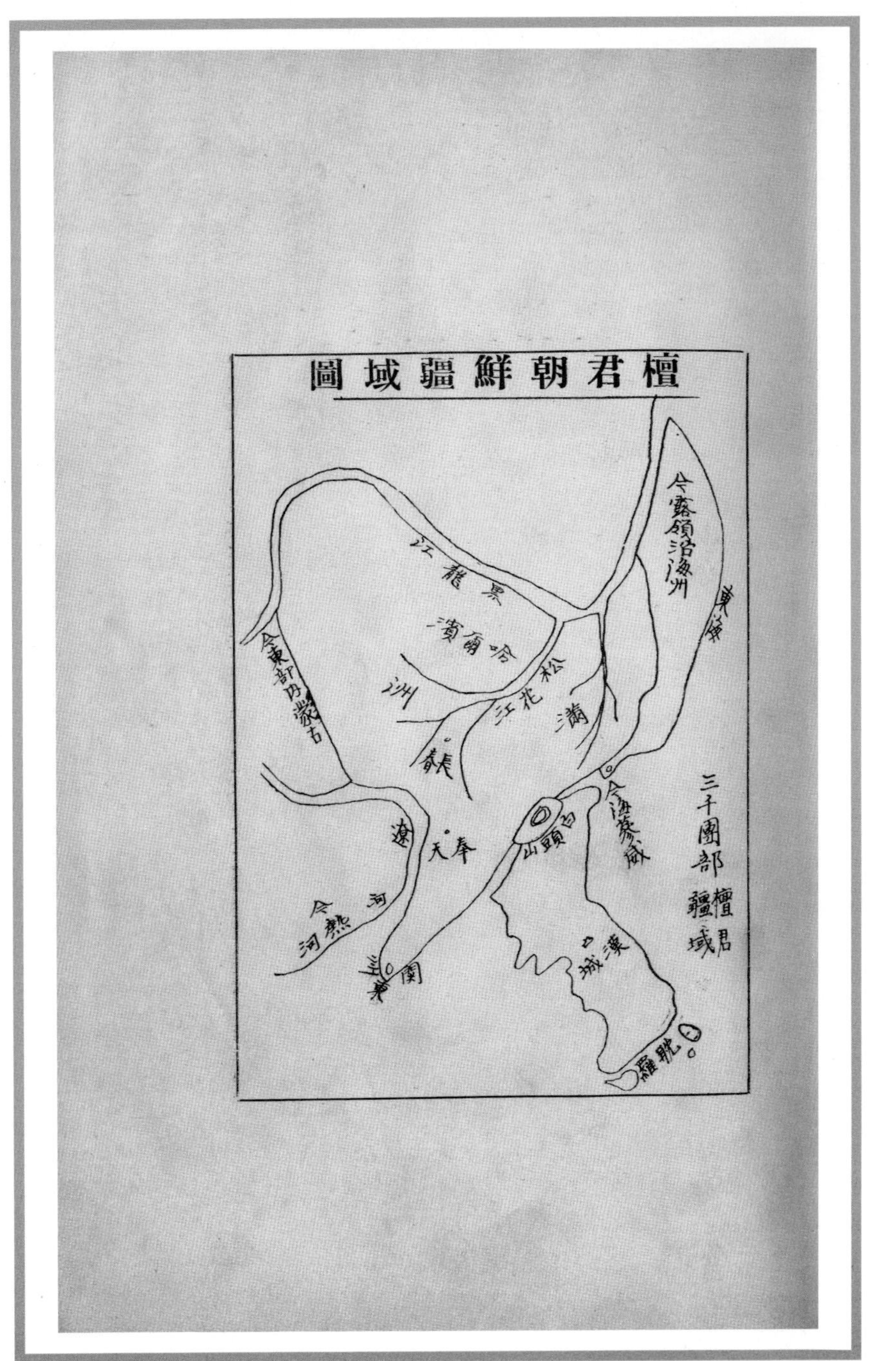
檀君朝鮮疆域圖
今露領沿海州
東海
黑龍江
哈爾濱
松花江
滿洲
長春
奉天
白頭山
漢城
耽羅
三千團部
檀君疆域

179 『단군교부흥경략』 영인본

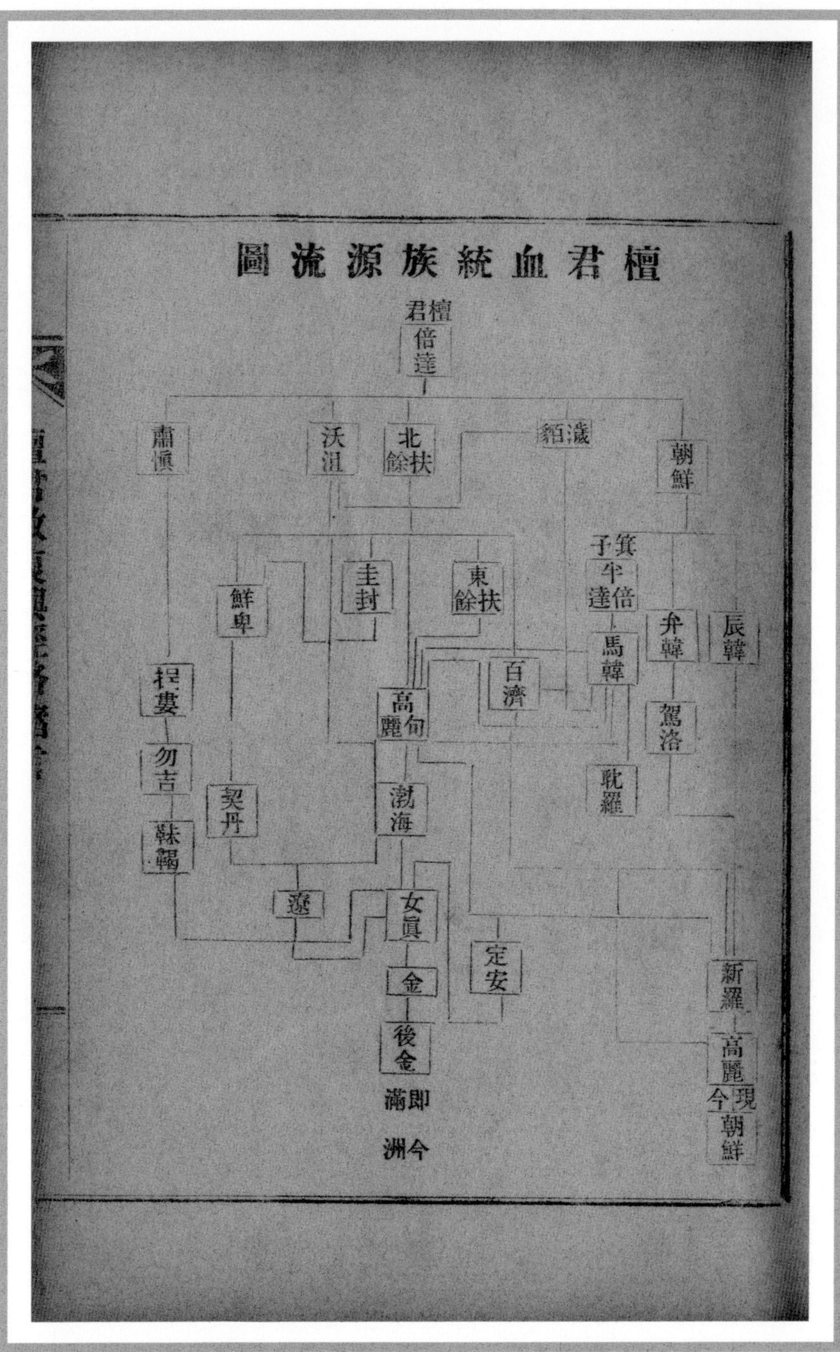
檀君血統族源流圖
檀君
倍達
肅愼
沃沮
北扶餘
濊貊
朝鮮
鮮卑
圭封
東扶餘
箕子
倍達
弁韓
辰韓
馬韓
百濟
高句麗
挹婁
勿吉
靺鞨
契丹
渤海
駕洛
耽羅
遼
女眞
定安
金
後金
即今滿洲
新羅
高麗
現今朝鮮

檀君降世

檀君은三神桓儉이시니上元甲 戊辰十月三日에神人으로天符와三印을握하시고雲師雨師風伯雷公을將하시고太白山檀木下에降御하시니라

檀祖事攷에曰稽夫三神하니桓因 桓雄 桓儉이시라하고

古今記에曰三神은桓因桓雄桓儉이시니桓因은天이오桓雄은神이오桓儉은神人이시니即一上帝시오桓儉이即檀君이라하고

神理에曰桓因은位無上之位하야體無形之形하시고

作無爲之爲하시며用無言之化하사主宰大世界하시니卽上帝시오桓雄은以上帝之性으로造化萬物하시니卽天王이시오桓儉은以天王之命精으로敎化萬民하시니卽人宗이시라故로三神이卽一體上帝시오非各有其神也니主體則爲一上帝시오作用則爲三神이라하니라

匪西岬后와四皇子

檀君의后난匪西岬河伯의神女이시라皇子四人을誕生하셧시니第一은夫婁오第二은夫蘇오第三은夫虞오第四는夫餘니夫婁난後에太子를封하시니라

東史에曰檀君이娶匪西岬河伯之神女하야生子夫婁라하고又曰太子夫婁賢而有德이라하고

揆園史話曰二子夫蘇로爲鷹加하고三子夫虞로爲鷺加라하고(鷹加와鷺加난官名이라)

東史扶餘世家에曰檀君이封支子于餘地하시니後世에因自號曰夫餘라夫餘난始封君之名이라하니라

政治와治績

檀君께서登極하사人間三百六十六事를治하사대(出檀祖事攷)이에城郭을築하시고宮室를建하시며主穀主命主兵主刑主病主善惡主忽(忽은州郡을稱이라)의諸官을置하실새其子夫婁로虎加(加난官號의稱이라)를삼아諸加를率케하시고神誌로馬加를삼아命을主케하시고高矢로牛加를삼아穀을主케하시고蚩尤氏(蚩尤의後)로熊加를삼아兵을主케하시고二子夫蘇로鷹加를삼아刑을主케하시고三子夫虞로鷺加를삼아病을主케하시고余守己로狗加를삼아이에諸州를分定케하시니此를檀君八加라稱하난것이오後에또繼

天生으로南海上長을삼으시라 溝洫을濬하시며田陌을開하시며農業을勸하시며漁獵을治하시고民의餘物은國用에補케하사대民이皆熙熙히樂하난지라이에出遊하사海上에至하시니赤龍이祥을呈하거날龍祥을因하야虎加를改하야龍加라하시니

檀君의化가四土에洽被하사北으로大荒에暨하고西으로獗貐를率하고南으로海垈에至하고東으로海滄에窮하야聲敎가漸次偉廣하더라

이에天下의地를區劃하야勳功을封하실새蚩尤氏의後는南西의地를封하시니曰藍國이니奄廬忽에宅케하시

고神誌로北東의地를封하시니曰儆侲國이오亦稱肅愼이니肅愼忽를治케하시고高矢로南東에地를封하시니曰青丘니樂浪忽에宅케하시고朱因으로蓋馬國을封하시고余守己로濊君을삼으시고夫蘇夫虞夫餘난國西의地를封하시니扶餘眞蕃句麗諸國이是러라

檀君傳世圖

第一始祖檀君

- 二世 夫婁壬儉
- 三世 嘉勒壬儉
- 四世 烏斯壬儉
- 五世 丘乙壬儉
- 六世 達門壬儉
- 七世 翰栗壬儉
- 八世 于西翰壬儉
- 九世 阿述壬儉
- 十世 魯乙壬儉
- 十一世 道奚壬儉
- 十二世 阿漢壬儉
- 十三世 屹達壬儉
- 十四世 古弗壬儉
- 十五世 代音壬儉
- 十六世 尉那壬儉
- 十七世 余乙壬儉
- 十八世 冬奄壬儉
- 十九世 緱牟蘇壬儉
- 二十世 固忽壬儉
- 二一世 蘇台壬儉
- 二二世 索弗婁壬儉
- 二三世 阿忽壬儉
- 二四世 延那壬儉
- 二五世 率那壬儉
- 二六世 鄒魯壬儉

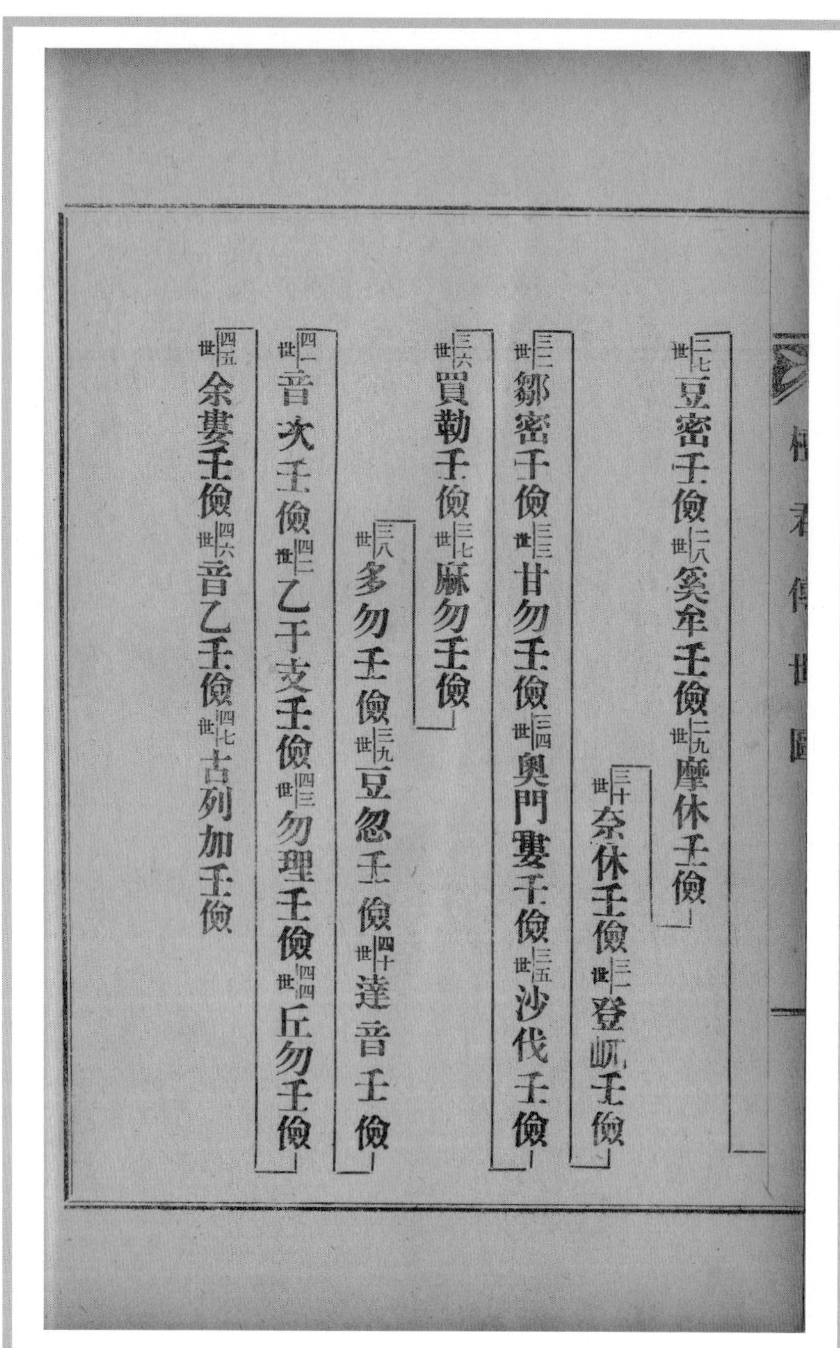

檀君傳世圖

二七世 豆密壬儉 ─ 二八世 奚牟壬儉 ─ 二九世 摩休壬儉

三十世 奈休壬儉 ─ 三一世 登屼壬儉

三二世 鄒密壬儉 ─ 三三世 甘勿壬儉 ─ 三四世 奧門婁壬儉 ─ 三五世 沙伐壬儉

三六世 買勒壬儉 ─ 三七世 麻勿壬儉

三八世 多勿壬儉 ─ 三九世 豆忽壬儉 ─ 四十世 達音壬儉

四一世 音次壬儉 ─ 四二世 乙于支壬儉 ─ 四三世 勿理壬儉 ─ 四四世 丘勿壬儉

四五世 余婁壬儉 ─ 四六世 音乙壬儉 ─ 四七世 古列加壬儉

檀君世紀

檀君께서上元甲子十月三日에降世하시고百二十五年戊辰에壬儉이되시고二百十七年庚子三月十五日에御天하시니在位九十三年이러라(出檀檀實記)이에太子夫婁가諸加及諸侯를率하고御天하신處에往祭하고翌年辛丑은平壤에서即位하시니二世壬儉이되니라

(辛丑)은夫婁壬儉元年이라夫婁가即位함에父志를繼하야天下를治할새國中에巡하야祭天을如禮하고渠洫을浚하며道路를開하며農桑을興하며牧畜을勸하며敎를設하고學을勸하니文化가大進하고聲聞이益彰하더라

初에夫婁踐位의際唐虞가藍國接隣의地로써營州를삼
은지數十年이라其地로하야곰其衆을盡逐하니是時諸
侯來朝하난者數十이라이에於阿의樂을作하야써神人
을諸하니於阿란것은喜悅의詞이라또朝天의舞를作하
고道羅와東武를封하야써그功을表하니沃沮와沸流와
卒本諸國이라在位三十四年에崩하고子嘉勒이立하다
(乙亥)는嘉勒壬儉元年이라또한聖德이有하야父祖의道
를能繼하난지라時에夏主가失德하야其臣에篡逆하난
者有하거날이에息達로하여곰藍과眞番의民을率하고
써征하니國威가益彰이라이에祭天의禮를行하고諸神

에遍及하니威德이四表에流被하고國人이그化를感慕하더라在位五十一年에崩하고子烏斯立하다

(丙寅)는烏斯壬儉元年이라在位四十九年에崩하고子丘乙이立하다

(乙卯)는丘乙壬儉元年이라太白山을封하고人民으로하여곰侵犯치못하게하니라在位三十五年에崩하고子達門이立하다

(庚寅)는達門壬儉元年이라在位三十二年에崩하고子翰栗이立하다

(壬戌)는翰栗壬儉元年이라在位二十五年에崩하고子于

西翰이立하다

(丁亥)는于西翰壬儉元年이라民으로하여곰九十에一를稅하고廣히有無를通하야써不足을補하다在位五十七年에崩하고子阿述이立하다

(甲申)는阿述壬儉元年이라仁德이有하야民이禁에犯하난者有하면壬儉이曰호대糞地가雖汚하나降露하난時가有하다하고置하고治치아니하니禁에犯한者이에그德에化하니라在位二十八年에崩하고子魯乙이立하다

(壬子)는魯乙壬儉元年이라始에囿를作하야畜外의獸를養하다在位二十三年에崩하고子道奚ㅣ立하다

(乙亥)은道奚王儉元年이라在位三十六年에崩하고子阿漢이立하다

(辛亥)는阿漢王儉元年이라在位二十七年에崩하고子屹達이立하다

(戊寅)은屹達王儉元年이라在位四十三年에崩하고子古弗이立하다

(辛酉)는古弗王儉元年이라在位二十九年에崩하고子伐音이立하다

(庚寅)은伐音王儉元年이라時에夏王이遣使請援이어날末良으로하여금兵을率하야救援하얏더니後에復請兵

하거날그無道함으로써却하고許치아니하더니商王湯이仁政을修하거날壬儉曰有德의君이라하야더부러和하고民으로하야곰八十에一를稅하다在位三十三年에崩하고子尉那ㅣ立하다

(癸亥)는尉那壬儉元年이라在位十八年에崩하고子余乙이立하다

(辛巳)는余乙壬儉元年이라在位六十三年에崩하고子冬奄이立하다

(甲申)은冬奄壬儉元年이라在位二十年에崩하고子緱牟蘇立하다

(甲辰)은緱牟蘇壬儉元年이라在位二十五年에崩하고子固忽이立하다

(己巳)는固忽壬儉元年이라在位十一年에崩하고子蘇台立하다

(庚辰)은蘇台壬儉元年이라壬儉이西으로諸地에巡하야藍候의政을觀하고尋에兵을商地에陳하다在位三十三年에崩하고子索弗婁立하다

(癸丑)은索弗婁壬儉元年이라商으로더부러戰하야破하고尋에和하얏더니後에復大戰하야破하고其境에進入하야드대여海上에屯하니庶民이다시其地에遷徙하니

라在位十七年에崩하고子阿忽이立하다

(庚午)는阿忽壬儉元年이라弟固弗加로하여금樂浪忽를治하고熊加乙孫을遣하야南征의兵을觀하고邑을商地에立하니商人이相爭不和어늘이에兵을進하야攻하고尋에罷하다在位十九年에崩하고子延那立하다

(己丑)은延那壬儉元年이라叔父固弗加가攝政하다翌年에商人이我師를攻하야南界에至하거날藍侯가諸軍를率하고戰하야戰克後에國內에壇所를增設하고諸侯로하여금命을承하야天에禱하고무릇國中에大事와風雨災異에求함이有하면主神에祈하고諸神에遍하다在位

十三年에崩하고弟率那立하다

(壬寅)은率那壬儉元年이라在位十六年에崩하고子鄒魯立하다

(戊午)는鄒魯壬儉元年이라在位九年에崩하고子豆密이立하다

(丁卯)는豆密壬儉元年이라在位四十五年에崩하고子奚牟立하다

(壬子)는奚牟壬儉元年이라壬儉이疾이有하거날人으로하여곰白衣로天에禱하니壽에愈하다在位二十二年에崩하고子摩休立하다

(甲戌)은摩休壬儉元年이라時에商人이來朝하다在位九年에崩하고弟奈休立하다

(癸未)는奈休壬儉元年이라壬儉이南巡하야靑丘의政을觀하고阿斯達에至하야다가復西巡하야奄慮忽에至하야諸侯를大會하고殷人으로더부러和하다在位五十三年에崩하고子登屼이立하다

(丙子)는登屼壬儉元年이라在位六年에崩하고子鄒密이立하다

(壬午)는鄒密壬儉元年이라在位八年에崩하고子甘勿이立하다

(庚寅)은甘勿壬儉元年이라在位九年에崩하고子奧婁門이立하다

(己亥)는奧婁門壬儉元年이라都를樂浪忽에遷하고眞番侯로하여곰舊都를監케하다民이人의物를取한者ㅣ有하야鷹加가治하야曰今에斯人을教치아니하면世德이써衰하야國이고亂할진뎌하거날壬儉이聞하고曰民의行함이水와如하야其源이淸하면下流난自淸하나니吾凉德의所致라吾皇祖肇하신지已千載에國에大難이無하고民이大慾이無하더니今에此犯이有하니吾난恐컨더祖先의業이我로因하야廢할가하노라하고이에先君

의德을大修하니이에犯者가化하고民이惡에犯하난者
ㅣ無하더라在位二十年에崩하고子沙伐이立하다
(己未)은沙伐壬儉元年이라在位十一年에崩하고子買勒
이立하다
(庚午)는買勒壬儉元年이라在位十八年에崩하고子麻勿
이立하다
(戊子)는麻勿壬儉元年이라眞番侯鄒呫이入하야龍加되
다壬儉이南巡하야唐莊京에至하야드대여阿斯達에셔
崩하니在位八年이라眞番侯가壬儉의多勿를立하다
(丙申)는多勿壬儉元年이라在位十九年에崩하고子豆忽

이立하다

(乙卯)는豆忽壬儉元年이라至是에藍侯가頗强하야諸侯를率하고孤竹君을逐하고그都를南遷하야奄瀆忽에居하니殷으로더부러逼近한지라黎巴達노하여금兵을將하고邠의境에進至하야그遺民으로더부러相結하고國을立하니曰黎라黎忽를治하고殷家諸侯와西戎의人으로더부러雜處하니藍氏의威가漸盛하고壬儉의命이또한恒山以南의地에及하더라在位二十八年에崩하고子達音이立하다

(癸未)는達音壬儉元年이라昔의扶餘의民이獫狁의地에

遁居하야狩獵으로써生活하고獸皮로써服하니이로대貊이라後에漸次遷徙하야奄慮以西의地에處하야드대여藍氏의民이되니라在位十四年에崩하고子音次立하다

(丁酉)는音次壬儉元年이라先是에王室이微하고諸侯가漸强하더니壬儉이卽位함에仁德이有한지라이에王道復興하고諸侯相率來朝하니라在位十九年에崩하고子乙于支立하다

(丙辰)은乙于支壬儉元年이라在位九年에崩하고子勿理立하다

(乙丑)은勿理壬儉元年이라時에藍侯儉達이靑丘侯와句麗侯와儌倀侯로더부러兵을率하고殷을伐하야드대여其地에深入하야淮岱의地를定하고이에薄姑氏를靑州의地에立하니曰奄國이오盈古氏를淮北徐州의地에立하니曰徐國이라서로聯盟援結하니殷人이敢히當할者無하더라然이나諸侯가王室를崇戴치아니하니라在位十五年에崩하고子丘忽이立하다

(庚辰)은丘忽壬儉元年이라在位七年에崩하고子余婁立하다

(丁亥)는余婁壬儉元年이라藍侯가鮮卑國을殷의淮南의

地에立하다在位五年에崩하고子普乙이立하다

(壬辰)은普乙壬儉元年이라在位十一年에崩하고子古列加立하다

(癸卯)는古列加壬儉元年이라壬儉이처음立함에國用이敷치못하난지라壬儉이諸加로더부러謀하야曰昔에我聖祖肇基立業하사萬世後孫의範이되셧더니今에王室이衰微하고諸家가漸强에方外諸侯가命을奉하난者ㅣ殆無하니비록圻內의民이列聖의化를懷하야오히려忠虔을表하나오즉予의凉德으로可히써化를致하고威를立지못할것이라有德에讓코져하야聖裔를遍觀하니또

其人이無한지라予唐莊京에避居하고阿斯達에入하야써先聖의神靈을安奉코져하노라하거날諸加가悽愴히從하니壬儉이이에祭器를奉하고唐莊京에避居하고阿斯達에宅하니圻內民이從來하난者ㅣ甚衆이라이에國이드대여除하니在位三十年이라桓儉神人의鴻業을開創하심으로부터傳四十七世오歷一千二百五年이러라壬儉이既히阿斯達에徙居함에國人이오히려尊崇하고諸侯가敢히逼하난者ㅣ無하더라自後로諸侯武力으로相競하니이列國이되니라 (出揆園史話)

扶餘、高句麗、百濟、新羅、渤海、濊貊、東沃沮、沸流、肅愼、

三韓、定安、遼、金、等이다 그苗裔라하니라 (出神檀實記)
扶餘의先은檀君으로부터出하야北으로徙하야北扶
餘가되고解로써姓을하고後에東海의濱迦葉의原에
移都하고東扶餘라稱하니傳世난史闕이오歷年二千
九百五十一年甲戌에高句麗에併合되니라 (出扶餘史)
高句麗始祖난解오名은朱蒙이니北扶餘王解慕漱의
庶子라其嫡兄夫婁 (北夫婁는二世王儉夫婁가아이오北扶餘王解慕漱의嫡子夫婁也라)
의子金蛙가嗣位함에朱蒙이出奔하야卒本에至하야
開天 (檀君降世하심을開天이라하야紀年號를삼으니라) 二千四百二十一年甲
中에國을建하고國號를高句麗라하고亦稱卒本扶餘

라하여高로써氏를하니時年이二十二라其地난挹婁를連하니라傳二十八世오歷七百五年이라하니라(出高句麗史)

百濟始祖난姓은亦解니扶餘王解夫婁의庶孫優台의第二子라河南慰禮城(今稷山聖居山)에往하야開天二千四百四十年癸卯에國을建하고國號를十濟라하다가後에百濟라하고扶餘에서出하얏심으로扶餘로써氏를하니傳三十一世오歷六百八十七年이니라(出百濟史)

新羅始祖난姓은朴이오名은赫居世니扶餘帝室女東神聖母婆蘇가不夫而孕하야父母逐之어날辰韓地에

入하야赫居世를生하니神德이有한지라高墟村長蘇伐公이六部人으로더부러推尊하야王을삼으니時年이十二歲라國號를斯盧라하얏다가後에新羅라改稱하니傳六十五世오歷九百九十二年이라鷄林西岳에有聖母祠하니라 (出新羅史)

渤海太祖高王의姓은大오名은祚榮이니其先은高句麗粟末靺鞨人이니亦檀君의後라開天三千一百五十六年己亥에國을建하고國號를震이라하더니後에國號를改하야渤海라하니傳十四世오歷二百二十八年이니라 (出渤海史)

濊貊의先은扶餘로더부러同出하니或稱滄海라皆檀君의後니傳世와歷年은茫無可推니라(出神檀實記)

東沃沮、沸流、肅愼이亦檀君의後니傳世와歷年은亦無可推니라(出三韓史)

遼、金、의先은高麗에出하니檀君의後라遼太祖神册元年에檀君廟를永州木葉山에建하고敬天尊祖의意로每年十月에親祭하니라(出遼金史)

壇祠殿廟

祭天壇은江華摩尼山에在하니檀君께서穴口의海摩尼의邱에城을塹하야壇을成하니高가十七尺이라上方하니四方이六尺六寸이오下圓하니直徑十五尺이라上帝께祭하셧더니李朝仁祖十七年에改築하고肅宗二十六年五月에또修築하고碑를立하야記하니라(出東史及修山集)

三聖祠난九月山麓에在하니北壁은桓因이오東壁은桓雄이오西壁은桓儉이니鄕人이三聖堂이라稱하더니李朝成宗三年壬辰에三聖祠로改稱하고每歲에香祝을送하야致祭하고英祖四十一年乙酉에櫝을設하야致祭하

고正祖時에祠를重修하니라(出春官通考及文獻備考)

崇靈殿은平壤府城外에在하니李朝世宗十一年에正殿과東西行廊을始置하고檀君廟라稱하고香祝을送하야致祭하고世祖元年丙子에位版을改하야朝鮮始祖檀君之位라親書하고五年庚辰에王子을率하고西巡致祭하고肅宗五年及二十三年에致祭하고英祖五年에崇靈殿의額을奉揭하고殿叅奉二人을置하야守奉케하고道臣을遣하야致祭하고高宗五年에教曰是歲난即檀君立國舊甲也라肇基東土에歷年千餘而今此正衙가又適告成하니逆納景命이事不偶然이라하고遣道臣行祭하니라(出文獻備考)

木葉山廟난滿洲永州木葉山에在하니遼太祖가廟를建하고東嚮으로天神位를設하고廟庭에檀樹를植하니名曰君樹요前에群樹를植하야써朝班을像하고又二樹를偶樹하야神門이라稱하고每歲에皇帝皇后ㅣ君樹前에至하야致奠飮福하고軍事가有하면廟에先告할새三神主를立하고靑牛와白馬를刑하야祭하니라(出遼史)

太白山廟난太白山北麓에在하니金大定十二年에有司言호대太白山은興王의地에在하니檀祖를尊崇함이禮에合하다하야興國靈應王을封하고山北에廟宇를建하고明昌四年十二月에衮冕과玉册과黃麾의儀仗을備하

고上이大安殿에御하야開天弘聖帝로復册하니라(出金史)

神蹟

扶餘相臣阿蘭弗이夢에天에登하니天帝ㅣ謂하샤曰吾子孫에將次爾舊邦에國을立할者ㅣ有하리라하시더니後에王ㅣ解慕漱ㅣ河伯의女柳花를遇하야朱蒙을生하니果然高句麗의始祖가되니라(出東史類考)

高句麗東明聖王이幼時夢에神人의默契를受하고檀木一枝를折取하야曰此난神祖肇降하신靈木이라하고弓을作하야射하니百發百中이라時人이朱蒙이라號하니蓋扶餘俗語에善射者를朱蒙이라함이니라(出東史類考)

新羅率居난農家의子라幼時로부터畵에志하야樵하면
葛根으로써巖에畵하고耕하면鋤尖으로써沙에畵호대
僻鄕이라師受가無하야工을成치못하고日夜로天神에
心祝하더니一日은夢에一老人이來臨하야曰我난神人
檀君이라汝의至誠을感하야神毫를授하노라하시거날
覺하니恍惚한지라此後로名畵가되니라率居가神恩을
感銘하야檀君天眞을畵한者ㅣ近千本이라高麗相臣李
奎報ㅣ率居의畵한檀君天眞에贊題하야曰嶺外家家神
祖像은當年半是出名工이라하니라 (出東史類考)
朝鮮太宗時에九月山三聖祠를廢하야平壤檀君廟에合

祀한後로九月山下一聖堂里로서惡疾이始發하야黃海道二十三郡에蔓延熾盛한지라成宗辛卯에該道觀察使李芮의게下諭하야惡疾의發生한原因을査探하니三聖祠行祀를廢한故이라全道人民의輿願을從하야三聖祠享祀를復行한後에沴氣가乃淸하니라(出成宗實記)

宣祖壬辰에義州行在所에서夜夢에一老人이天으로부터下降하야曰我난神人檀君이라今夜海州芙蓉堂에서産候가有하리라하시더니果然其夜에定遠君(追上元宗)夫人이芙蓉堂에서仁祖를誕生한지라夢驗으로써仁祖의諱를倧이라하니倧은字義에上古神人이라함으로其字義

를取함이니라 出春官通考

天符經 八十一字

一始無始一析三極無盡本天一一地一二人一三
一積十鉅無匱化三天二三地二三人二三大三合
六生七八九運三四成環五七一妙衍萬往萬來用
變不動本本心本太陽昂明人中天地一一終無終一

桂延壽書搭天符經原本於妙香山石壁送來時書

僕이嘗聞之師하니東方開荒之祖 檀君은神人이시라持天符三印하시고自天降世하사德化大行于今四千餘年이라事在鴻濛에未知三印이爲何物이요如何

寶物而天符난卽設敎之經也라尙今遺傳處하니人若得
而誦之則災厄이化爲吉祥하고不良이化爲仁善이니
久久成道則子孫이繁昌하고壽富連綿하야必得仙果
요但愚昧者라도藏之一本이면可免災禍矣라云하온
바僕이銘在心中하고求之不得矣러니後乃鍊性爲工
하고採藥爲業하야雲遊名山十許年矣라가昨秋에入
太白山하야信步窮源에行到人跡不到之處하니澗上
石壁에若有古刻이라手掃苔蘚하니字劃分明에果是
天符神經이라雙眼이忽明에拜跪敬讀하니一以喜
檀君天祖之寶經이요一以喜孤雲先生之奇跡이라心中에

充然하야若有所得에始覺吾師不發虛言하고乃百步疊石하야記其道路하고歸携紙墨하야更入山中하니非復前日經過處라東尋西覓에暗禱山靈하야三宿而始得하니時난九月九日也라纔搭一本하니字甚模糊라故로更欲搭之하니雲霧忽起라乃問關而返山寺하야終夜解釋호대不得要領하니自顧少短學識에老減聰明으로無復研鑽之道하고但口誦而已矣러니適有自京來人하야說到京城에有　檀君教云耳라聞甚欣然하야意欲躬往이나足跡이齟齬하야未得遂意하고荏苒發春이라路逢歸京人하야玆以搭本을獻上하오

니望須解釋經旨하야開喩衆生則衆生이必受福祿하
고教運이從此發興矣리라竊爲 貴教賀之이오며又
聞 檀世에有神志氏古字文하야傳來于高麗云하니
窃惟求之하야若得之면更當付呈爲計나然이나得之
則幸矣요若不得而不送이라도勿以無信으로垂諒焉
하라爲祝 誠心修道 丁巳正月初十日

香山遊客桂延壽 再拜

檀君教堂 道下

天符經註解

檀君天符經神誌篆見於古碑文崔文昌侯孤雲觧其字刻于太白山今按其文簡而奥要而正與伏羲大易之理莫不脗合而湮晦深用慨然詳加註觧以發其意

○一始無始一

道者一而已矣故一爲始而無始於一者也狀道之軆莫如一達道之妙莫如一一之義大矣哉

○析三極

析分也極者天地人之至理也繫辭曰六爻之動三極之道也道生一一生二二生三至于三而變化不窮故

曰三生萬物

○無盡本

一爲天下之大本而分之爲三極三極旣立萬理咸由此出而大本無有窮盡也

○天一一地一二人一三

是卽三極也天得一而爲一地得一而爲二人得一而爲三乃一一之分也故道一而在天爲天道在地爲地道在人爲人道分之爲三極合之爲一本也

○一積十鉅

一數之始也十數之終也自一而始積之爲十則鉅矣

河圖之十數爲天地造化之本也其理亦爲暗合

○無匱化三

一而積十自此而進千變萬化無有竭匱而其本則皆

由於三極之變化也

○天二三地二三人二三

一分爲二自然之理也繫辭曰立天之道曰陰與陽立

地之道曰柔與剛立人之道曰仁與義兼三才而兩之

故易六劃而成卦

○大三合六生七八九

一分爲二而二倍於一故曰六天地人各得其二而合

之爲六自六而加一二三則生七八九矣盖數至於九而循環生其用不窮焉洛書之九數爲天地造化用也其亦與此暗合

○運三四成環五七

三者極之本也四者自三而生也是原化之位也故曰運三四六者三極之大合也七者自六而生也是亦原化而五爲六先七爲六後故曰成環既言合六而又言成環則不言六而在其中矣

○一妙衍萬往萬來用變不動本

中庸曰其爲物不貳則其生物不測不貳者一也一之

妙運推衍無窮散而萬造卷而萬來造者一本而萬殊也成者萬殊而一本也其妙用之變化不可測度而其爲本則未嘗有所動作也

○本心本

心之本卽道之一也故自人而言則道之本亦吾心之也記曰人者天地之心也亦此意也

○太陽昂明

心之光明如天之太陽無所不照孟子曰日月有明用光必照焉言道之有本也

○人中天地一

天地人一也人中於天地之一而爲三才也人能不失其本心之一則天地萬物本吾一體所謂立天下之大本者得之於此矣

○一終無終一

道者一而已矣故一爲終而無終於一者也孔子曰吾道一以貫之釋氏曰萬法歸一老子曰得其一萬事畢精微之論復何以加於此哉

竊詳經文以一始無始一起首以一終無終一結尾而中間包括河圖洛書之理已極整密默契乎羲文先後天之大旨而其曰本之心本太陽昂明者尤焉

明白躍如呈露開示蘊奧其妙無窮又與堯舜禹湯
傳授之心法實相表裏夫聖人之道自是一理所以
建諸天地而不悖也惟一也故彌綸天地而爲準成
曲萬物而不遺其本也本於心故吾之心正則天地
之心亦正矣是故可以通神明之德可以達死生之
故可以贊天地之化育矣此言乎始則無始也以言
乎終則無終也無始也故能自爲始而莫能始無終
也故能自爲終而物莫能終極乎高深而不涉虛誕
切於邇近而不滯方象非天下之至精其孰與於此
哉

蘆洲金永毅　謹注

三一神誥序

臣 窃伏聞群機有象眞宰無形藉其無而陶鈞亭毒曰
天神假其有而生歿樂苦曰人物厥初 神錫之性元無
眞妄自是人受之品乃有粹駁譬如百川所涵孤月同印
一雨所潤萬卉殊芳嗟嗟有衆漸紛邪愚竟昧仁智膏火
相煎於世爐腥塵交蔽於心竇因之以方榮方枯旋起旋
滅翻同帶晞之群蜉未免赴燭之孱蛾不啻孺子之井淪
寧忍慈父之岸視玆盖大德大慧大力
天祖之所以化身降世所以開教建極也若三一神誥者
洵 神府寶藏之最上腦珠化衆成哲之無二眞經精微邃

玄之旨靈明炳煥之篇有非肉眼凡衆之所可窺測者也惟
我　聖上基下素以天縱之姿克紹　神皐之統旣奠金
甌廼垂黃裳爰捧天訓之瓊笈載緝　宸翰之寶賚五彩
騰於雲漢七曜麗於紫極于時四海波晏萬邦民寧於戲
韙哉臣猥以末學叨承　聖勅才有限而道無窮心欲言
而口不逮縱有所述毋異乎塵培喬嶽露霑巨浸也
天統十七年三月三日盤安郡王臣野勃奉　勅謹序

御製三一神誥贊

贊曰巍彼長白巖巖蒼穹霧霿霞靄萬嶽祖宗維

帝神降靈檀寶宮建極垂教覆幬寰中

帝演寶誥籀篆瑠璘大道眞宗邁化超神即三即一返妄

歸眞恒照恒樂群象同春爰命哲工始克箋詰探賾闡微

昭如剔炷啓覺濟迷無央有部祥露彩暾普天涵煦朕承

丕緒夙夜戰兢封蔀粘妄曷由超昇焄辟跪讀三途乃澄

庶祈默佑勿墜勿崩

天統十六年十月吉日題

三一神誥(注)三一三眞歸一也神明也誥文言也

紫綬大夫宣詔省左平章事兼文籍院監臣 任雅相

奉 勅注解

天訓(注)訓誨

帝曰元輔彭虞。蒼蒼非天。玄玄非天。天無形質。無端倪。無上下四方。虛虛空空。無不在無不容

賛曰理起一無體包萬有冲虛曠漠擬議得否正眼看米如啓窓牖雖然群機嚋能仵耦

(注)帝檀帝一神化降也元輔官名彭虞人名受帝勅奠山川爲土地祇也蒼々深黑色玄玄黑而有黃色地外氣也

端倪始際也上下四方以自身觀有以天觀無也人物微孔雖視力不到處盡在也大而世界小而纖塵盡容也

神訓

神。(食鄰切)在無上一位。有大德大慧大力。生天。主無數世界。造甡甡物。纖塵無漏。昭昭靈靈。不敢名量。聲氣願禱。絕親見。自性求子。降在爾腦。

賛曰至昭至靈萬化之主旣剛而健慧炤德溥財成神機如持規矩離聲絕氣不見眞府

(注)神一神無上一位無二尊所也大德生養諸命大慧裁成諸體大力斡旋諸機生造主宰也無數世界群星辰也甡

性衆多貌漏遺失也昭昭靈々造化也聲氣願禱欲聞神之聲見神之氣而禱也自性自己眞性求覓也腦頭髓一名神府此身未出胎前神已在腦衆人妄求於外也

天宮訓

天神國有天宮階萬善門萬德一神攸居群靈諸哲護侍大吉祥大光明處惟性通功完者朝永得快樂

贊曰玉殿崢嶸寶光煜々惟善惟德方陞方入至尊左右百靈扈立遊戲娛樂檀雨雲霤

(注)天宮非獨在於天上地亦有之太白山南北宗爲神國山上神降處爲天宮人亦有之身爲神國腦爲天宮三天宮

一也階陛也門入也群靈神將諸哲神宮也性通通眞性也功完持三百六十六善行積三百六十六陰德倣三百六十六好事也朝覲一神也永得快樂無等樂與天同享也

世界訓

爾觀森列星辰。數無盡。大小。明暗。苦樂。不同。一神造。群世界。神勅。日世界使者。轄七百世界。爾地自大。一丸世界。中火震盪。海幻陸遷。乃成見象。神呵。氣包底。煦月色熱。行翥化遊。裁物繁殖。

贊曰陶輪世界星絡轇轕依眞而起如海噴沫太陽線躔

三十二

七百回斡群生芸々水激火槸

(注)森木多貌列布也數筭也無盡不能計也群星辰皆爲一神之所造世界而與地比準有大者小者明者晤者苦者樂者日世界使者受一神敕主治太陽之神宮也轄車軸也七百世界群星辰中七百屬於日如車軸所湊也自大衆人以地大莫與仇亦日屬內之一世界也一丸圜轉物較諸日則如小丸也中火震盪地中火與地面水相搏海凸爲陸陸陷爲海幻遷不一也見象今所示形也呵嘘也包裏也煦烝也地與人物無氣色熱初不生活一神呵以包之命日世界使者煦之也行足腹動類翥羽族類化金石水火土類游魚族類栽草木類也繁殖多生也

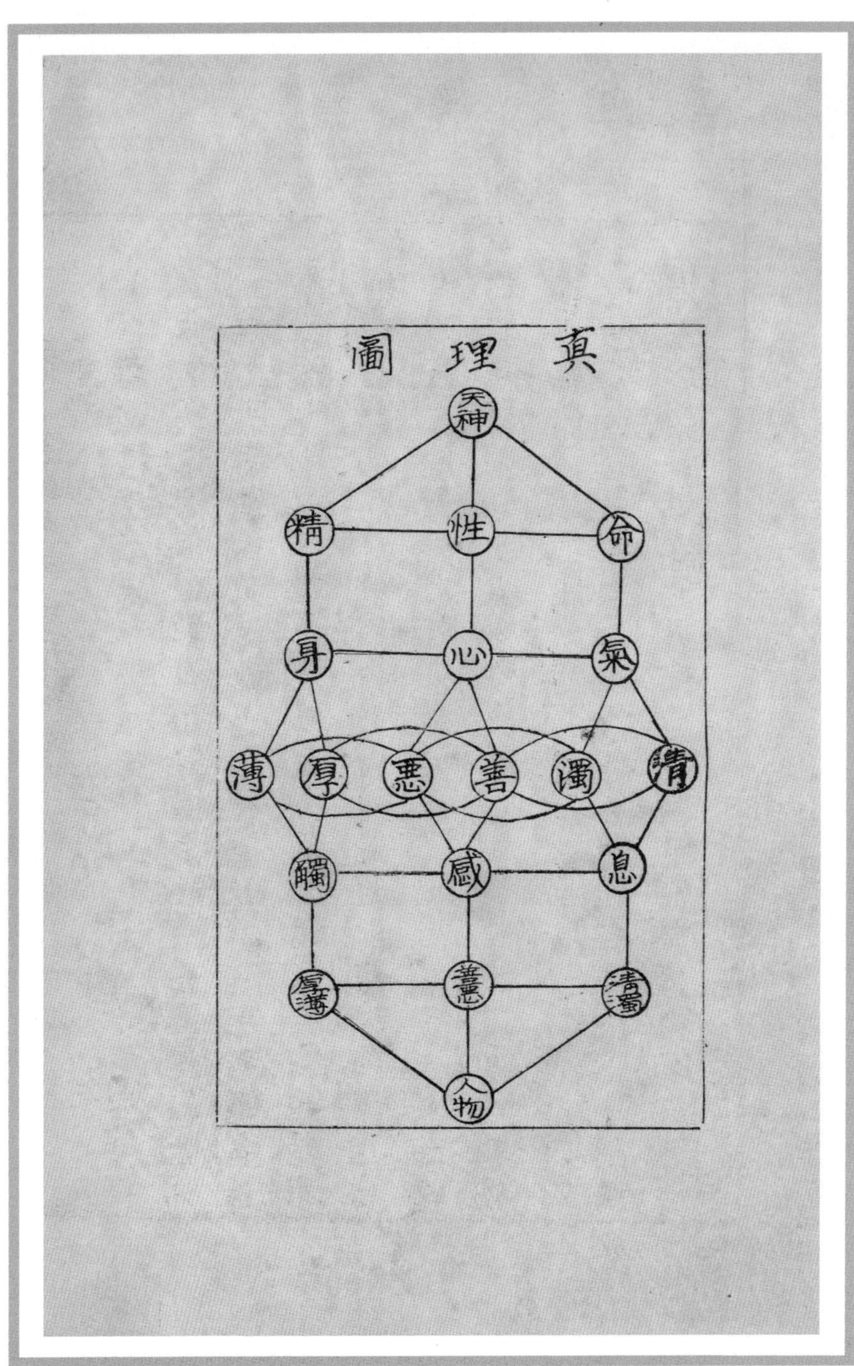
眞理圖
天神
精
性
命
身
心
氣
薄
厚
惡
善
濁
清
觸
感
息
厚薄
善惡
清濁
人物

人物同。受三眞。曰性。命。精。人全之。物偏之。眞性。無善惡。上哲。通。眞命無淸濁。中哲知。眞精。無厚薄。下哲保。返眞 一神

(註)受得也眞惟一無二也○也命□也精△也强相其妙也全具備也偏不齊也哲 神之下聖之上也上哲與 神合德通永不塞也中哲與 神合慧知永不愚也下哲與 神合力保永不滅也返眞三歸一一歸 神也

惟衆。迷地。三妄。著根。曰心。氣。身。心。依性。有善惡。善福惡禍。氣。依命。有淸濁。淸壽濁殀。身依精。有厚薄。厚貴薄賤。

(註)衆凡人也迷地胚胎初也妄岐而不一也著根置本也心吉凶宅氣生死門身情慾器也依附也福百順也禍百

殀也壽久殀短也貴尊賤卑也
眞妄對作三途曰感息觸轉成十八境感喜懼哀怒貪厭息
芬爛寒熱震濕觸聲色臭味淫抵
(註)對猶間也作造也途路也感識辨主息出納客觸傳送
奴也境界也喜懽忭懼恐惶也哀悲憐怒恚憤也貪嗜好
厭苦避也芬草木氣爛炭尸氣也寒氷氣熱火氣也聲耳
受色目接也臭鼻味口嘗也淫△交抵肌襯也
衆善惡淸濁厚薄相雜從境途任走墮生長肖病歿苦哲止
感調息禁觸一意化行返妄卽眞發大神機性通功完是
贊曰自一而三眞妄分圖會三之一迷悟判途任化之間

殃慶自呼錯綜至理惟 神之符
(註)雜不純全也從就也任走爲衆第一長拔也墮落也生始生也長壯大也肖衰微也病疾痛也歿散終也此地爲五苦世界也止感心平調息氣和禁觸身康止調禁三法防妄賊苦魔之利仗也一意絕萬起邪想一正其意萬挫不退萬擾不動做成一團也化行爲哲無二寶訣也眞本無減圓滿自在回妄即眞也大神機曰見神機近而自他之臟腑毛根遠而天上及群世界地中水中諸情形瞭然見之也曰聞神機天上地上及群世界之人物語音皆聞也曰知神機天上天下身前身後過去未來之事人物心

中潛伏之事神機鬼藏無遺洞知也曰行神機耳目口鼻之功互用無盡數之群世界如電往返空中地中及金石水火無礙通行分身萬億變變化化隨意行之也是永離五苦世界朝天宮而享天樂也

三一神誥 終

三一神誥讀法

麻衣克再思曰嗟我信衆必讀神誥先擇精室壁眞理圖盥漱潔身整衣冠斷葷酒燒旃檀香斂跪坐默禱于一神立大信誓絕諸邪想持三百六十六顆檀珠一心讀之正文三百六十六之言眞理徹上徹下與珠合作一貫至三萬回災厄漸消七萬回疾疫不侵十萬回刀兵可避三十萬回禽獸馴伏七十萬回人鬼敬畏一百萬回靈哲指導三百六十六萬回換三百六十六骨湊三百六十六穴會三百六十六度離苦就樂其妙不可殫記若口誦心違起邪見有褻嫚雖億萬斯讀如入海

捕虎了沒成功及爲壽祿減削禍害立至轉墮苦暗世界杳無出頭之期不懼哉勗之勉之

三一神誥奉藏記

謹按古朝鮮記曰三百六十六甲子帝握天符三印將雲師雨師風伯雷公降于太白山檀木下開拓山河生育人物至再週甲子之戊辰歲上月三日御靈宮誕訓神誥時彭虞率三千團部衆頫首受之高矢採青石於東海濱神誌畫其石以傳之後朝鮮記曰箕子聘一土山人王受兢以殷文書神誥于檀木林而讀之然則神誥元有石檀二本而世傳石本藏於扶

餘國庫檀本爲衛氏之有並失於兵燹△△△△△△
△△△△△△比本乃高句麗所譯傳於我
高考之讀而賛之者小子自受詁以來恒恐失墜又感
石檀二本之爲世波所盪玆奉靈寶閣　御賛珍本移
藏于太白山報本壇石室中以爲不朽之資云爾
大興三年三月十五日藏

享祀禮式節次

祭物種類及陳設圖式

左籩	簠稻	神位	簋稷	右豆
鹿脯	魚脯		鹿醢	魚醢
		牲		
乾栗	乾棗	幣	菲菹	菁菹
燭				燭
	爵	爵	爵	
		香		

祝文式

○朔祭祝 每月初吉日

維歲次 年 月 日某 敢昭告于

開天生民施化天尊檀帝神祖月旣改建日以上吉謹以酒果式

陳明禋尙 饗

○四時節祭祝 每仲月十五日

上仝 天序迭遷(春)萬物俱熙(夏)萬象咸備(秋)霜露旣濡(冬)一

陽始生 報本元誠 罙久罙切 謹以秘芬式陳明禋尙 饗

降御大祭祝 十月三日

上仝 伊辰降祥 生靈承佑 誠念報本謹以苾芬式陳明禋尙 饗

○御天大祭祝 三月十五日

上同 垂敎建極 澤流萬世 玆辰昇御 如在洋洋彌遠彌近追慕
惟新謹以苾芬式陳明禋尙 饗

享祀笏記

○獻官及諸執事各服其服就門外位序立○賛引引初獻
官陞詣點視陳設○右點視典禮率諸執事詣盥洗位盥手帨手
拜位皆向鞠躬四拜俯伏興平伸○祝詣盥洗位盥手帨手
陞詣捲帳○執事者洗爵拭爵置於坫○賛引進獻官之左
白有司謹具請行事○獻官祝以下在位者皆鞠躬四拜俯伏
興平伸右叅神○賛引引初獻官詣盥洗位盥手帨手詣香案前

執笏跪奉香一人奉香盒奉爐一人奉爐跪進○獻官小退跪搢笏三上香○奉爐奉香奠香盒于案上○執事者以幣篚授獻官○獻官以授祝祝執幣獻○賛引引獻官降復位右降神獻幣

○賛引引初獻官詣尊所西向立○司尊擧冪酌醴齊因詣香案前執笏跪○奉尊以爵授獻官○獻官搢笏奉爵以授奠爵奠爵執爵獻爵○獻官俯伏興少退跪○祝就獻官之左東向跪讀祝文○賛引引獻官降復位右初獻禮

○賛引引亞獻官詣盥洗位盥手帨手詣罇所西向立○司尊擧冪酌盎齊因詣香案前執笏跪○奉罇以爵授獻官○獻官搢笏奉爵以授奠爵執爵獻○賛引引獻官降復

位右亞獻禮

○賛引引終獻官詣盥洗位盥手帨手詣尊所西向立○司

尊

擧冪酌淸齊因詣香案前執笏跪○奉尊以爵授獻官○獻官搢笏奉爵以授奠爵奠爵執爵獻爵○賛引引獻官降復位右終獻禮

○賛引引瓚爵官薦俎官自東階詣飮福位西向立○大祝詣進減胙肉小許詣飮福位東向立○賛引引獻官陞自東階詣飮福位北向跪○大祝以爵授瓚爵官瓚爵官西向跪授獻官○獻官受爵飮卒爵○獻官以爵授瓚爵官瓚爵官以爵大祝大祝復於坫○大祝以胙肉授薦俎官薦俎官西

向跪授獻官獻官受胙肉○贊引引獻官降復位(右飮福受胙)○三獻官皆鞠躬四拜俯伏興平伸○大祝升自東階詣撤籩豆小移○獻官祝以下在位者皆鞠躬四拜俯伏興平身(右辭神禮)○祝自東階陞詣降帳以篚祝幣出正門詣望燎位○贊引引初獻官詣望燎位監視焚之○贊引引獻官復位○贊引進獻官之左白禮畢○贊引引三獻官祝以次出○典禮率諸執事就拜位皆鞠躬四拜俯伏興平伸○撤饌以次出○

頌德文

人依神神依人乃天地陰陽相配之道
祖有孫孫有祖實彝倫網常所由之源 伏惟我檀帝 太白神人 東方聖祖
出鴻濛肇判之世 驅禽獸造胚胎持天符三印之寶
秉龍德正中之權 闢山野敎稼穡設人紀八理之行
輔弼有一二賢臣 浿水風雲聿定君位 曷不休哉
推戴至三千團部 塗山玉帛竟成隣儀 猗歟盛矣
遂爲之歌歌曰

誰是我之始祖歟 誰是我之聖師歟
檀帝天祖聖靈 檀帝聖靈在上冥冥
有生必有祖 背師忘祖 生男生女是誰之恩歟
有敎必有師 非獸則夷 檀帝三神始造人民

何以謂之三神歟 壽福康寧 童稚辮髮謂之檀戒
曰天曰人曰神 肇錫佳名 不妄恩分明
始搆家屋使之同居 家家成造之祭蠲吉於十月之上旬
檀帝聖祖遺德 檀域遺風閱千禩而不易
教民耕農是誰之功歟 農民對飯先呼高矢禮
檀帝賢臣高矢禮 不妄本之遺制
分定道路是誰之事歟 區別水陸 由是觀之 聖祖是檀帝
檀帝賢臣彭吳 開拓荒蕪 聖師是檀帝
食我檀帝 生亦檀帝 檀是我祖 惟我檀帝 凡我同胞
衣我檀帝 歸亦檀帝 檀是我天 嗚呼不妄 共保線陽

聖經八理上下卷　天乙仙學經上下卷 經義昭載於原冊中

綱領曰誠信愛濟禍福報應

節目曰三百六十六事 事理昭載於原冊中

宗憲規程概略

開天祭　亥月　陰十月初三日

御天祭　辰月　陰三月十五日

開教式　寅月　陰正月十五日

四時節祭　仲月十五日

朔祭　每月吉日擧行享福虔禱

禮拜日　每日曜日上午十時

五宗旨　敬奉祖神。感通靈誠。愛睦族友
安居基土。勤務產業。

八戒命　不欺天。不自棄。不妄語。不邪淫。
不妬忌。不偷盜。不驕吝。不妄想。

五無　無相侵奪。無相欺誑。無相凌傲　無相搆陷。
無相訕謗。

八勿　勿怠荒。勿貪財。勿信浮訛。勿懷恐㤼。
勿彰惡。勿論疵。勿近左道。勿好符讖。

四相　喜慶相問。哀慽相恤。患難相救。德業相勸。

原本神歌 禮式後齊唱

發聲辭 我等大祖神大恩德 倍達國我等皆

어아어아 나리한비금가미고이 비달나라나리다모

百百千千勿忘

골잘너나도가오쇼

善心大弓成 惡心矢的成

어아어아 차마무가하라다시 거마무니설데다라

我等百百千千人皆大弓弦同善心 直矢一心同

나리골잘다모한라두리온차마무 구셜하니마무온다

我等百百千千皆大弓一 衆多矢的貫破

어아어아 나리골잘다모한라하니 무리셜데마부리아

沸湯同善心中 一塊雪惡心

다미온다차마무나 하니유모거마무다

我等百百千千人皆大弓堅勁同心 倍達國光榮

어아어아 나리골잘다모한라고비온마무 비달나라달이하소

百百千千年大恩德 我等大祖神我等大祖神

골잘너나가미고이 나리한빅금나리한빅금

右神歌始自何代未詳而古事記中東明王雖非祭時常歌此曲又廣開土王每於臨陳時使士卒歌之以助軍氣云

解明神歌

어아어아 우리聖祖놉흔恩德 倍達國의우리들이百千萬年잇지마세

어아어아 善心은활이되고惡心은관혁이라 우리百千萬人활줄갓치바른善心 곳은살갓치一心일세

어아어아 우리百千萬人한활장에 無數貫혁穿破하니
熱湯갓흔善心中에 一點雪이惡心이라
어아어아 우리百千萬人활갓치굿센마음 倍達國의
光彩로다
百千萬年놉흔恩德 우리聖祖우리聖祖

敎團旗章序文

夫旗者以示衆名義之正的也故國以大衆之社會而正其爲國之名義則有國旗焉軍以師旅之團聚而正其用武之名義則有軍旗焉敎以師弟之團合而正其敎化之名義則有敎旗焉然則我敎門之旗章當準立敎之本而正其名義者也仰察旗章色取何義而乃用玄靑黃之三位階歟盖三者爲象三極所以玄象天極靑象人極黃象地極也物所以爲物之本不外乎氣精形而氣本乎天故其色玄焉精者人所以爲人之本而土位乎天之中央故其色黃焉特其靑所以間於玄黃者以人之建極于中也然人之形則象天地之

質也人之氣雖本乎天地之氣而氣之本精神也精神之本
性靈也性靈之本上帝也至於得生之本則父母之精也究
其本源氣之本上帝也精之本父母也形之本天也是謂之
三大本者能覺其性靈之本於上帝者必一其誠敬公正之
道德焉能覺其心身名之本於天者必行其一之大之之天
職而一視同仁於天下萬世之生靈焉能覺其得生之本於
父母者必一誠孝之道於其親而孝爲百行之源萬善之長
故能孝則必無缺於五倫五常之修矣此則惟我
天祖檀君所以敎化天下萬世生靈之天符經上三大本之
宗旨也此所以爲正名於旗章之本色也然則特書以檀字

何義也其書之以紫色亦何義耶謹按四千二百五十五年之戊辰上帝化身降世於太白山檀木下而肇施敎化故後世遂以檀字爲降御紀念之本而尊之以　檀君則　檀君實爲萬世敎化家之始祖故特取爲敎旗之名義者也且天之陽數成極於九紫之金故且取天符經名義之本乎天之宗旨而以著天之九紫之義也云爾歲在己酉陽月大宗師

鄭薰謨書

宗位氏名은如左

大誠師　閔丙漢　李永儀　朴信陽　李相遠　李炳觀　李鍾斌

大宣師　李海昇　李相天　禹象學　閔景植　權益相　鄭基洪

吳得泳 鄭寅淑 李大榮 沈相熙 徐載克 洪祐夔
成鎬基 鄭悳永 成載九 李 震 徐光前 李海天
李玩儀 李圭元 鄭寅燦 全冕朝 金尙默 洪在皡
鄭駉永 林丙翊 崔基南 林炳恒 李冕九 張 赫
趙寗奎 元鼎喜 趙聲九 鄭遠謨 孟輔淳 李鍾喆
李起憲 申常善 金然默 徐相浩 林源相 林炳敎
金泰泳 金正穆 洪承國 李起元 鄭基弘 李龍求
金學祖 申肯善 鄭圭煥 權丙洛 金敎悳 鄭觀秀
姜瑾元 鄭世鎭 金聖九 安炳奎 呂圭冕 李晩承
李成鎬 尹孝定 鄭芝秀 金永達 徐麟錫

大宗師鄭檀齋肖像

263 『단군교부흥경략』 영인본

大誠師閔雲汀肖像

總務部長鄭立齋肖像

教理의歸源得眞

本教의眞理난天符經、聖經、三一神誥로丹心鍊性하고靈誠感通하면必得仙果난史證에昭然한바라古昔箕聖이檀帝의阿斯達山에서白日昇天하심을慕仰尊崇하고聖經八理를模擬하야八條教를設하며天符經으로鍊性하야平壤牧丹峯에서白日昇天하시고崔孤雲之伽倻山의昇天과楊蓬萊之蓬萊山의化仙이며東神聖母之昇天과東明王乘麒麟馬之朝天이며此外에도吾教의信徒로서慕天祖而鍊性爲工하야羽化而入於仙境者其數를未可擧論이로다噫라唯我同胞兄弟姉妹에是豈偶然哉아

大抵世人의稱道하난바蓮花臺니天堂이니地獄이니極樂이니하난것은屬於將來死後라其然未然을焉可測也리요勿論爲善者得福하고行惡者受禍난理之必然이라何特信行死後渺然之事리요惟吾敎門은異於此하야吾人의天祖를敬奉하고眞理의天符經、天乙仙學經、三一神誥을鍊性爲工하면勿論此世의基土를安固하여壽富享福하고子孫이繁昌하여惡疾이不染하고苦海에不墮할뿐不是라必也瑞雲이玲瓏하야先仙의淸跡을可追하리니豈不奇哉며豈不信哉아兄弟姉妹여勉旃勉旃하야歸源의眞理를尋得하며苦海禍水의波瀾을脫하고仙域에共히躋登하심을禱祝

贊頌文 敎主

昔我　檀君은降于四千二百年前戊辰하사始爲東方君長하시고今我先生은生於四千二百年後戊辰하야再興本敎하시니猗歟　檀君이오至矣先生이여先生이崇奉聖靈하야布敎施德二十年之間에焦勞心思가毫無厭倦하니於是乎敎道復明하고敎友가益加하야兄弟姊妹가一致服膺하니同祖遺族이相敬相愛하야以至今日이라迺奉先生하야先生의宗敎師를更以大宗師로推薦하압고天祖의淵源을承襲하야敎統을以繼하고後學等이先生의淵源을相承코저하오니惟願先生은克布

天祖遺教하시고永授後生來教하야以垂萬世하심을敬

祝 開極紀元四千二百四十八年乙卯七月七日

檀君教總本部

教 正李若熙 哀慶課長丁春燮 忠南支教長李進鎣

總務部長白樂正 實業課長徐升淳 孟山支教長韓達宮

教務部長李容俊 交涉課長安應善 平壤支教長宋萬玉

事務部長李龍九 施教課長李興雨 順川支教長車延模

製述課長李學宰 會計課長李兢沫 德川支教長李泰祚

教育課長鄭元永 禮式課長成鎬基 德川施教師吳履順

文書課長尹奭榮 慶南支教長李起淳 施教員一同

教約章序

夫率天下導蒼生之策法不如禮禮不如敎法者法政也以法治人禮者禮義也以禮敎人敎者敎化也以化感人使人人不治而正受敎而化者也然則禮之說豈非敎化之本歟

唯我

檀君天祖神聖之世設三千團部以八理敎人人無賢愚皆爲純良此實由於敎化之約而後賢白鹿洞藍田之規亦我敎化之波及也是以吾敎之先乎禮而後於敎者亶在於約章一篇而操心守規一遵行之愚者賢焉貪者廉焉各知其向背則庶幾有補於風化之萬一云爾歲在乙卯小春上澣

大宗師鄭薰謨書

教約章 概略倣朱子白鹿洞鄉約

罰目

事父母 言色不順 奉養不顧 陷惡不諫 暴狠致辱 不孝 侮犯至親父兄者

處夫婦 奸人夫妻 婚妻倒置 正妻疎薄 夫妻相睽 無極別罰 暴辱守身孀婦者

處兄弟 布粟不相容 爭鬩無恩誼 妻子相歐驅 不悌 侵凌父執尊長者

交朋友 造言構陷 鬪鬨傷生 患難陰歐 不信 傷害教中儕類者

褒目

事父母　勸農業忠養　勤文藝顯揚　喪祭盡禮意　孝　極力則救窮族者

處夫婦　居處贊而別　臨事和而敬　別　上善至死不變義烈者

處兄弟　尺布斗粟相容　友愛順敬各盡　悌　盡恭讓於鄉長老者

交朋友　信義終自守　急難相赴救　信　極顧恤於鄉幼孤者

白鹿洞規 每禮式後齊唱

父子有親 君臣有義 夫婦有別 長幼有序 朋友有信 右敎之目

博學之審問之愼思之明辨之篤行之 右爲學之要

言忠信行篤敬懲忿窒慾遷善改過 右修身之要

正其誼不謀其利明其道不計其功 右處事之要

己所不欲勿施於人行有不得反求諸己 右接物之要

德業相勸 過失相規 禮俗相交 患難相恤 右藍田呂氏規約

始興檀聖殿全景
承化門
檀聖殿
啓新堂

檀聖殿建築

己巳十二月二十六日에本教會庶務課長姜璂元氏의紹介로安淳煥氏와本教主鄭薰謨氏와面會하게되얏다是日에安淳煥氏가本教會에來하야 聖祖塑像에瞻謁하고遽然히愀感한氣色이有하야曰教門刱立한지幾十星霜에只今것一間茅屋祭昭之儀를莫伸하엿스니非徒教門의悚懍할뿐아니라우리民族의羞耻라할지라檀君곳우리民族의元祖이신즉本人도遺裔中一分子也라一座의 聖殿을新建築하야 聖像을妥奉코저하오니僉意가何如오하난지라 教主鄭薰謨氏가感淚를含

하고曰敎門設立三十年에近하나敎徒에게分銅을收斂
함이無하야只今것 聖像妥奉하을處所를完定치못하
야晝宵로罪悚無地이러니今此先生이以報本正始之誠
으로自發的 聖殿을建築코자하니엇지感泣치아니하
리오因爲致謝不已한대安淳煥氏曰基址난幽邃하고靜
潔한곳이最好하니始興冠嶽山下松鹿洞如何오함에座
中이一致可決되야基址난始興으로確定하고不日起工
하기로하다庚午三月二日에 聖殿建築發起會를南大
門通一丁目食道園으로定하고開會하니順序난如左

一、開會

一、点名 尹炳泰
一、式辭 尹吉炳
一、趣旨說明 姜璂元
一、聖殿建築에對한說明 李相天
一、來賓答辭 池錫永
一、進茶果
一、閉會

本日來賓을点名하니三百三十九人이오祝電、名啣

祝賀、書翰、來者五十三

式辭、本敎會總敎部長尹吉炳氏의說明이如左

距今二十三年前戊申冬에敎主鄭薰謨氏가羅喆氏와同月同日同時에 檀君敎를太白山道人杜一白先生에게受하야三年間을鄭羅兩氏가協力布敎하다가庚戌秋에至하야羅氏가卒地에敎名을大倧이라改名함으로鄭氏난絶對로不可함을主唱하고 檀君敎名을遵守勿失하고這間二十三年長久한歲月에許多한風霜과許多한苦楚을當하되勁挺不屈하고朝夕瞻拜하든結果로距今六年前乙丑冬에敎主가九月山에躬往하야至誠祈禱하든바 檀君塑像을石窟에셔奉迎하와至今것數間私室에權奉하여오니우리 檀君族되난後孫이엇지悚惶하며

羞耻가아니리오何幸昨年臘月頃에天佑神助하사慈善家安淳煥氏가一次우리教主를訪問하야 檀君塑像을奉審하고愀然下淚曰 檀君은곳우리의先祖이시라如此塵土中에서權奉하온것은即우리의罪라할지라本人도即一分子인즉財產이雖不贍하나數間의聖殿을淸潔處에新建築하고永遠奉安하와우리後孫의羞耻와罪을免하자함에教主가不勝感泣而拜하엿스니大抵安淳煥氏난早孤餘生으로可謂出天之大孝也라其所生父母의先塋의竪碑建祠와其受養母全氏의其後嗣를立하며墓位田畓을多數買置함과其墓碣을竪함에以國文으로記

事함은其受養母有靈則見覽하기便利케함을主함이니其孝誠을於此可知라孝則百行之源이라所以로誠推於檀祖하야聖殿을新建築케되엿스니寔出於報本報恩之誠意也라似此竹儂先生은孝行家오慈善家이라우리一般이敬意을表하지아니치못하겟다함에一般會員이脫帽하고一齊히敬禮拍手喝采하니라

趣旨說明은姜璉元氏가如左히하다

但檀君歷史及安淳煥氏의誠意와最初安淳煥氏을鄭先生의게紹介하야聖殿建築에動意케한一切의說明

聖殿建築에對한說明은李相天氏가如左히하다

但鄭教主數十餘年苦心勞力한事情及安淳煥氏의誠意
에依하야今般 聖殿建築케됨을祝賀
來賓答辭은金在珣氏及李烋善氏가如左하다
大槪 檀君聖祖의歷史及安淳煥氏의誠意을表한說明
하니라
聖殿建築에對한執行委員五人을選擧하니氏名이如左
姜瑾元 趙鍾厚 朴淵祚 林衡柱 尹炳泰
聖殿建築工役이竣工되엿슴으로 奉安式擧行할日子
를擇定함에每年十月三日은 檀祖自天降御하신紀念
大祭日也라此日을因用하야 奉安式과落成式을兼行

하기로的定하고各處에請牒을發하다

庚午十月初三日上午八時에自動車로教主鄭薰謨庶務課長姜璂元總教部長尹吉炳大宣師李相天四氏가聖像을陪從하야前居地鍾路五丁目에서出發하야本日上午十一時에現居地始興松鹿洞 聖殿에到着하야當日正午에莊嚴히禮式을擧行하니京鄕教員及有志縉紳章甫出席者三百餘人이라俯察仰觀에陟降儼臨하시다 冠嶽이屹屹하니白山이在前하고漢川이溶溶하니浿水가洽似하다

神聖의精靈이啓新하니淳庬의古俗이更回하야四千年

의日月은昭昭하고三千里의光輝는郁郁하다老少長幼가不勝蹈舞하야齊聲으로萬歲를高唱하고穩健裏에散會하다

奉安時祭官

初獻官 鄭薰謨 典祀 姜璂元 奠爵 池盛彩 徐丙薰

亞獻官 安淳煥 陳設 安日濬 薦俎官 金喆允

終獻官 金教悳 奉香 安萬弼 安炳雲 瓚爵官 安瀅中

執禮 李相天 奉爐 鄭鎭澈 徐麟錫 贊引 宋台植

大祝(告由) 李起鐿 司尊 金德均 韓鼎洙 外諸執事

大祝(享祀) 徐載克 奉爵 安洪中 宋泰鎬

奉安告由祝

於赫聖祖 開荒設敎 迄今遺澤 虔奉肖像 室陋奠薄
首出東方 三符煌々 於乎不忘 數十星霜 恒切悚惶
篤志出義 廟貌輪奐 妥侑孔安 苾芬是祀
相地黔陽 禮義濟蹌 降監洋洋 惠我無疆

當日祭需品은簠簋籩豆之禮로擧行하며祭器도一切新備하엿스며每年春秋享祀費로正租三石과幾百坪垈及果木田을安先生淳煥氏가寄附하니라

奉安하온後에敎主鄭薰謨氏가一般來賓에對하야說明한槪要가如左

天道는一陰一陽으로循環하고人事는或盛或衰로更迭하난지라本人은素以蔑學無德으로不量力而 檀君敎會를刱設하고 聖像을私室에權奉하온지風々雨々三十星霜에無限한苦楚와無限한兢懼가備極하야天壤間에容身할地가無하더니何幸히 聖靈의降鑑하심을賴하야當世儒林界中巨人이오二千萬中一人인安淳煥先生이一日에 聖像瞻拜席에當하야油然愴然히滿心에感想이生하야卽地 聖像妥奉하올道를默運하는바氏는素以出天之孝로旣盡孝於所生하고又推報本追遠之誠하야光大祖業에善繼善述하고奮然히移孝爲忠하야屢鉅

萬의財力을獨擔으로此地에　檀聖殿을新建築하고今日에　聖像奉安式을盛行히擧行하온에各有志代表와本教員兄弟姉妹가雲集하야大盛況을成하나此는四千餘載에民族的으로　檀祖崇奉한禮義가嚆矢의第一聲이라할지라然이나萬一後援이無하면今日에雖曰聖殿建築이如是히宏麗하고禮式等節이如是히盛備하나大抵風潮가日變에難測者는人心이라可謂靡不有初나鮮克有終이라바라건대　僉位난勉旃勉旃하시기를千萬々云々

當日出席氏名이如左

安淳煥 閔丙奭 朴箕陽 鄭萬朝 尹吉炳 李相天 洪宅柱
姜斅錫 金敎悳 李承瑀 姜信漢 李冕九 徐載克 趙聲九
宋之憲 魚允廸 金彰漢 池錫永 權丙洛 徐起淳 趙玄植
李義悳 姜璂元 安瀅中 安承龜 申豊熙 朴淵祚 趙奭九
鄭寅燦 崔序鏞 李起元 趙綺夏 李舜夏 李起德 金正穆
金潤晶 金德均 尹滋溶 尹奭榮 池盛彩 全冕朝 權益相
沈相熙 洪在皡 李種喆 金明濬 鄭悳永 安洪中 安敎庠
黃準性 姜範錫 白斗鏞 李康晩 李晩承 鄭鎭洪 李鼎夏
鄭鎭漢 安萬弼 鄭先謨 李鍾大 鄭鎭澔 李重麟 金喆允
劉海鍾 趙鐵九 李起澤 徐晩淳 韓必烈 金完鎭 李範錫
兪鎭晩 李潤秀 宋賢奎 外二百五十四人

檀聖殿上樑文

逖夫靑邱初無君長都付萬八年上世之闕文白山始降神人寔爲四千載開國之元祖聖神首出文獻足徵若稽開天立極之元歲在戊辰月建癸亥尙傳敎民化俗之美時幷唐堯國號朝鮮命彭吳而奠山川當日之疆域尙可指點使神誌而掌書契古代之篆籒猶今分明神誥聖經可見罔非敎也蕩功巍德是知無能名焉阿達之遠駕杳然悠悠雲白浿上之古都何處依依桑靑祠廢而廟荒聖靈之虔妥無所代異而世遠民族之敬慕昧然廼者遺黎鄭薰謨因感夢而踵尋得塑像於九月刱敎名而崇奉積熱誠者三十年一間之

茅未遑奉私室而益惕四時之薦不備奠薄尊而恒歎於是遺黎安淳煥孝貫百行大發報本追遠之誠心雄萬夫自斷建殿效忠之悃淸閑一區之草木宣著三千里之光輝莊嚴數仞之宮墻喚發百萬人之精粹惟玆始興衿芝之鹿洞實爲近畿咽喉之名區鬼祕神怪爰定負癸向丁之地風和氣朗正値歲庚月辰之時水石一經乎平章湖山倍增其精彩倣五樑八楹之制丹雘旣塗備九爵七籩之儀春秋以享恭綴六偉助擧備樑兒郞偉抛樑東依舊山河化日紅吾族猶令知敬慕洋々神德儘無窮兒郞偉抛樑南出治尙傳指印三粒我緣吾皆聖澤曾令高矢敎田蠶兒郞偉抛樑西萬古

香山天與齊檀域誰非神帝族知應眷戀福遺黎兒郞偉抛
樑北搠號只今傳舊國八域同胞咸仰瞻衆星拱處辰居極
兒郞偉抛樑上聖德巍巍民不忘籩豆年年薦苾芬神應陟
降庶歆饗兒郞偉抛樑下誰識人倫有五者案上天符敎理
明千秋吾道長不墮伏願上樑之後神祇同護禎祥幷臻時
泰而年康八域永賴礎整而棟固萬禩長存
開天紀元四千二百六十三年庚午七月　日
資憲大夫前弘文館學士碧珍李愚冕謹撰
資憲大夫前議政府贊政原任奎章閣直學士侍講院
詹事驪興閔丙漢謹書

檀聖殿記

蓋聞混沌初闢人物芸職有聖人者出建邦國而範民人導之以明倫立紀之教資之以利用厚生之事其功澤之流與天地而無窮歷萬世而不忘故或像而慕之或祠而享之乃是後人崇報之至意也窃惟我東在昔上古初無君長便一荒僻貿昧之區而欽我檀聖于時以降始君始社刱號朝鮮實與唐堯同時也設法立教以化民俗其倫男女父子君臣其制宮室衣服飲食治山川以奠民居教耕稼以業民生凡百制作與中國之義農軒昊諸聖相侔焉則其巍功至德豈非與天地無窮歷萬世而不忘者乎然而寥々四千載之間

報祉之奠只惟朝家所擧崇靈三聖之祀而已今且見廢者
久矣余嘗庸是慨之日余過城東之永春太守鄭薰讀所數
架茅檐不掩風雨矮窓頹壁滿目甚蕭而堂之隅障以弊屛
中安一龕心焉異之請其所以鄭太守乃瞿然而作曰是吾
朝鮮開荒立極之元祖檀聖塑像也薰曾於乙丑冬奉審於
九月山之嵌窟中謹陪奉以還而坐於力綿未遑莊嚴之別
搆權安湫隘之陋室此薰所夙宵兢惕寧欲忘生者也余曰
豈其然乎乃鞠躬而趨四拜禮訖諦省彩眉怳如參侍於風
伯雨師之列而昵近三印之寶業不覺世紀之久遠矣因念
昔楚昭王不過戰國之一凡主國人猶懷舊德有祭茅屋之

擧今我檀祖寔吾東首出之神聖而顧我二千萬數之遺黎
無一人思出於報本之義則不免爲楚人之罪人也況吾邦
素以禮義見稱於天下而使莫嚴之聖像寄安於私室若是
其苟而不思所以尊敬之圖則是豈可以聞於世人者乎隱
嗟默商者有日得一道焉淳煥孤露人也爲伸未逮之孝謀
建先人之寢廟而畧有物役之已蓄者用此而爲移忠之地
恐無不可而亦於先公後私之義無甚舛矣於是乃相基於
始興郡之松鹿洞易其制而移其材先建殿宇次建齋舍於
殿外而又立三門因門而又築曲墻墻內又構直所一棟計
凡數十有餘間窓楹雖不敞豁而制度則稍備籩豆只要明

潔而儀式則極隆繼自今聖祖之英靈有陟降之所舊邦之遺民有寓慕之處是豈敢曰淳煥之功也亶由乎鄭太守之積誠有以致之也其維持保護之策自鹿洞書院爲之管攝以補其闕又或隨力指劃圖其永遠此於尊奉之道似或得當然而物力不逮時期又迫不能盡觀瞻聳美而顧域內有志之君子增其制而底乎壯麗動其賁而垂於無窮則於淳煥亦有光焉云

檀君開極四千二百六十三年庚午秋七月上澣

遺黎順興安淳煥謹記

傳曰天佑下民作之君作之師有君師之道而得君師之位者惟大聖人然後天必命之矣噫我東方剖判以來人文未備民俗貿昧洪惟我 檀君聖祖受天明命肇降于太白山檀木下爲我民族之君師持天符三印而行政教命神誌掌書契明倫理命高矢教稼穡制冠帶命彭虞奠山川治道路皆有定制於是乎文物粲然治具畢張迄至于今凡我圓顱方趾含生之倫何莫非 聖祖化育之遺裔也則孰敢不思追遠報本之道也哉不佞自十數年來陪奉影幀及塑像春秋享祀窃取茅屋祭昭王之義且集遠近紳士設爲教會以效崇拜之誠然私屋湫隘享儀薄畧恒庸悚蹙日安令淳煥

甫訪余於駱山寓舍瞻拜塑像愀然嘆曰我東　檀聖非但我民族之君師卽我民族之元祖也開鴻濛而神道設教使民得免貿々尙此利用厚生者伊誰之力其深恩厚澤可謂沒世不忘而君之報本之誠實先獲我心矣我方營先祖文成公院宇於衿陽之松鹿洞而其後麓基址極爲精麗可合妥奉乃命諸工匠別構一殿正殿六間講堂八間三門三間直所五間不幾日告竣是年冬奉安而置位田行俎豆之禮每年十月三日下降之辰三月十五日御天之節兩次行祀著爲定式於赫皇靈庶欣豫於冥漠之中矣蓋安令之功於是爲大而亦越我東土人士尙庶幾咸體此意不忘我君師

之義永念我元祖之恩克贊襄之載紹述之以毘輔政教以
庇護殿宇非徒表明當世將以兼示來後者爲是之望而粗
記其事如此云爾

開天紀元四千二百六十三年庚午十月　日

遺黎東萊鄭薰謨謹記

遺黎烏川鄭斗和謹書

神殿奉贊會發起

辛未十月日에有志諸氏가京城府昌成洞一百三十二番地全冕朝氏方에서　檀君神殿奉贊會臨時事務所를定하고趣旨書를發하니其全文이如左

生等이玆에　檀聖殿奉贊會를發起하야上으로　聖祖在天의威靈에藉杖하며下으로靑邱全族의孝敬을合致하야報本正始의大禮를光紹하며崇天敬祖의大義를彰明코져함으로써謹히一二의寸悃을述하야二千萬兄弟에게諭하노라　우리人類가萬有의飛潛動植에超冠하야宇宙의王者가되여三才의中에叅하게됨은한갓그方寸虛明의裏에崇天敬祖의誠을갓초아過去론先人에對

한感謝報恩의發露가잇ᄉᆞ며未來론後昆에對한垂示贈與의貢獻이잇슴에由因됨이며文化族이野蠻族에比하야優越한地位를確保함은ᄯᅩ한그生活이報本正始의禮로써終始하야孝悌忠信의道理를踐履修明함에源委되나니這個의道理를通曉치못하면忘恩의人이라人이로되禽獸에劣하며背禮의人이라人이로되野蠻에近함이니大抵忘恩背禮의種族이繁榮과머러지고報先裕後의社會에康寧이ᄯᅡ르는것은往古來今東西數千年에史牒이이를明證하며環球六大洲의數十億人類의榮枯消長과는生活狀態가우리에게好個에標本敎育을보히는바이아니

리오神祖檀君은우리의首聖이오肇王이시라仁德이天地로함게大하며治敎ㅣ日月로함게明하시니有史以來半萬年에二千萬含生의무리가生息繁衍을繼繼承承하야獨特한文化를建設하야過去에光榮잇든生活을悠久無疆에傳하게됨도 神祖의創造垂示하신바이며有時로獰風虐雪에蹂躪됨이잇고怒濤激浪에簸弄됨이업지아니하엿스나能히嫩芽를陽春에再發하며布帆을順潮에更揚하야試鍊을치를때마다底力을養하엿슴으로只今兩露所墜와舟車所通에地方에우리同族의居住하며努力치아니하는곳이업슴도또한 神祖陟降의默佑陰騭의

쥬신바안임업나니天地罔涯ㅣ實노 神祖의功德에比擬치못하며至死方休가엇지우리의孝誠을報竭하얏다할수잇스리오 始興郡東面松鹿洞에在한 檀聖殿은神道闡明으로一生天職을삼어孜々矻々한鄭薰謨氏의赤誠과有志安淳煥氏가慨然히乃祖의書院修學치든心事에觀感興起한바이잇서能히巨資를捐하야積年經紀로비로소竣功되야殿宇崢嶸하며 神靈이妥安하사一區洞天에檀蔭이茂濃하게되니兩氏와如한이는能히神祖의孫職을다하얏다하야도過言이아니나그러나同一神祖의孫으로우리는그報恩의責을兩人에게全委

하고써自安치못할것은多辯을不要할바이라더욱이
神祖妥靈의聖殿으로하야금香火가千秋에綿連케하야
萬世子孫의信仰에中心이되게하자면그維持奉賛의力
法을豫先措劃치아니치못할지라於是에生等이僭妄을
不揆하고敢히兄弟姉妹의哀情에訴하야隨力獻誠을求
하야奉賛會의事業을完成코저함은

一、殿閣保護와修理費의豫辦

一、香火祀典費의永久區處

는勿論이오神域內外에花木栽植과泉石流淸을行하야
風致와威嚴을保維하며記念文庫를設備하야 神祖의

關係되는것을始하야內外書籍을蒐集陳列하야一般讀書子의叅考에供하야更이進하야는神域居住의將來國民을爲하야普通教育의學園을經營하야써日夕奉仕를養成코저하노니要하건대人類本然의大義을復明하며神祖와後昆의連鎖되는任務을庶竭하야써同族의隆昌을無窮에期코저하는微意에不出함이라 바라노니域內同志同感의兄弟姉妹여報本의禮를盡함이라教派에同異을論할바아니며隨力에誠을要할지라事力貧富는嫌할바이아니니同聲齊力으로써大事를克襄하야鄭安兩氏로千古에專美치아이케할진저

檀聖紀元四千二百六十四年辛未十月　日

昭和六年十一月　日

閔丙漢 申錫麟 洪在暭 金琪邰 鄭觀秀 崔庠鏞

鄭斗和 金潤晶 柳河榮 白斗鏞 金在衡 外七十八人

池錫永 權益相 金在雄 俞鎭贊 李相天

尹甲炳 金明濬 李晦明 鄭　濮 姜信漢

李炳觀 全冕朝 元鼎喜 朴壽夏 金喆允

李舜夏 徐晩淳 金彰漢 姜璂元 尹孝定

李謙濟 全聖旭 李範錫 申　極 徐起淳

尹吉炳 李大榮 李升雨 鄭元永 李鍾喆

奉贊會執行委員을選定하니氏名이如左

李相天　全冕朝　姜堪元　白斗鏞

一金五拾圓　朴侯爵泳孝氏가喜捨하고　瓦家壹棟은京城府淸雲町山四番地의三號　女史李元稙氏가寄附하야臨時로檀君聖像을奉安하고婦人施教部라稱하며禮師尹孝定委員李成鎬任教宰尹龍燮金在雄鄭鳳和로定하얏고　奉贊會난時宜에不適함으로仍爲停止하니라

始興郡斗山居朴叅奉鼎臣氏가十月享祀時에祭需米五斗를新穀으로每年獻誠하니其熱誠을莫不贊揚하난바니라

教門復興後三十年經過畧要

距今三十年前戊申十二月九日에檀齋鄭薰謨氏가弘巖羅喆氏와同日同時에太白山道人杜一白先生에게檀君敎를受하고同心協力하야布敎에熱誠하든바羅氏가忽於庚戌秋에本敎規則를改定ᄒ고敎名을大倧敎로改稱하니本敎主난絶對不可라하고檀君敎名義를遵守하니라壬子秋에敎人李裕馨兪鎭九徐彰輔三人이合意的으로藉敎營私하난지라施敎師李守鳳林源相이가三人의行爲를切々反對하야敎中에不平이生한바三人이言하되敎主가林李兩人을敎唆하야是非를起한다하나敎主난體面을維持키爲하야鄕第로退去한지數年에施敎師安應善이가敎主에게送書하야曰李兪徐三人이不幾朔에次第로逝

去하엿스니即上京하야教務를整理하라하엿슴으로教主가上來하야教門을整理할새數年間에教門이又爲分二하야洪甲杓난總本部라稱하고崔永年楊禎은本教堂이라稱한지라一處로合하야以檀君教本部라名稱하고當局에届出하니라 檀鐸月刊報는經費未敷을因하야三號에止하다 乙丑夏에總教長朴性燁이庶務崔正文財務崔重奭으로糾合하야教門을紊亂케함으로典禮尹吉炳講師徐載克의反對聲討로朴崔三人의任職을罷免하니라 丙子夏에教人이會同하야發論하되本部가始興으로移轉한後로春秋大祭난教人이會合하야如禮擧行하고朔望焚香

은趙仁元安龜鎬安龍鎬梁瑞鴻氏諸員이熱誠來叅ᄒᆞᆫ이오敎務進就할希望이無하니臨時事務所를京城府貫鐵町閔丙漢氏舍廊을借用하기로하고任員을薦定하니氏名이如左

大宗師室 大宗師鄭薰謨 敎正李庚周 典禮金在雄

總敎部總長 閔丙漢 施敎課長 全在周 圖書課長 姜 濬

研究課長 鄭鳳和 修養課長 權泰和

總務部總長 鄭斗和 地方課長 徐鉉根 經濟課長 鄭鎭洪

庶務課長 全炳壽 濟生課長 李賢九

書 記 金鳳奎 施敎師 李仁用

施教師　孔在煥　許遠重
　　　　金相默　金英會
　　　　朴壽夏　施教員　金泰殷

施教課長全在周가滿蒙産業事務를帶하고滿洲地方出張하얏스나本教에基本金이確立치못함으로巨大한事業이到底히成立되기難한지라一切事務를仍爲停廢하니라

支教部設立

丁巳冬에平壤教人宋萬玉朴文根李元旭李泰祚等이支教部를平壤府慶上里에新建築하고 聖像을奉安한다

報告가有함으로大宗師가講師徐載克氏를帶同하고平壤에到着하니男女教員數百人이停車場에서歡迎하니라十一月十一日에聖像奉式을舉行한後에支教長宋萬玉一般教人이陳述하되故金先生尙廉號廉白이本以寧邊人으로妙香山에入하야 檀君聖靈之下에千日祈禱하야感通靈誠한後退山하야正義人道로愚昧한西北人을教禮指導하야斥邪扶正으로爲主旨하니門徒가數千에達하든바不幸히甲午東亂時에慘禍를當하야其門徒가至今것抱冤莫伸이라하고一場號泣하난지라大宗師가發論曰金廉白은即吾教門의先覺者로道脈이相通하

얏스니自本教로其誠意를엇지表彰치아니하리오金公의肖像을 聖殿左壁에爲先權奉하고忌祭와春秋節祀를行하난게可하다하니一般聽衆이無非感泣할際에忽一女子가突入하야曰本人은卽金廉白의長女로居在熙川地이온대五日前에父親이現夢曰平壤府內에서 檀君教人이多數會同하야乃父의積寃을伸雪케하거날汝以吾의血脈으로何不往參禮乎아하심으로罔夜跋涉하야三百餘里上來하오니果然夢不虛事라하고一場痛哭하니一般會員이莫不驚異하니라金廉白實記가有하야其後에自本部로發刊하야公眼에傳佈하니라

戊午四月日에支敎長宋萬玉施敎師吳瀅根等의報告에
依하야大宗師가順川車延模로支敎長을差定하고
聖像奉安式을擧行하고卽向德川李泰祚處하야支敎部
를設立하고 聖像奉安式을擧行한後一般敎人이隅語
하되吾敎門도他敎와如히金錢을收取하면엇지難當치
아니하랴疑訝가不無하다하난지라大宗師가以宗令으
로左와如히發하야敎人의疑慮를釋케하다
夫宗敎者난道德을崇尙하고患難을相救함으로主旨를
삼고金錢이나穀物을要求하는門戶난決코아니라만일
에本敎門을憑藉하고錢穀間收斂하난者가有하거든姓

名을即爲報告하야教法을從하야處罰케함을爲要
如是히揭付壁上하니教徒數百男女가無不喜悅하난지
라適其時하야官憲이來見하고亦爲贊同하난지라
大宗師가平壤支部長宋萬玉을帶同하고代步할轎馬를
却之하고但徒步로平南一道支教를巡視하다가至江東
郡東面下里施教師全尙伯方하야止宿할새
檀祖陵寢이江東郡邑西距二里地에在하니卽衣履葬이
시라地名은檀君洞이라함으로卽馳進奉審하온즉墳墓
上雜草가甚爲荒蕪한지라是必禁護無人인가하고探問
則傍有頹屋石室一座하니乃曰 檀君殿이라고도하며

或稱社稷直家라하난지라招其家主人하니女子가來曰
乃夫가卽　檀君陵所守護直而姓名은朴禎天이라適出
他라하난지라問　局內伐草난何時爲之乎아答八月間
爲之라하난지라又曰　墳墓上雜草가甚荒蕪하얏스니
待守護人還來하야八月에伐草를正式으로할지라도爲
先雜草를除去하난게可한즉　墳墓上荒草만除斬케하
라하고當日午料幾十錢을出付하얏스니卽戊午五月初
三日也라

送鹿兒島書

古壬辰年之役에朝鮮人二十四姓이日本鹿兒島에移住

하야洞名을仍作朝鮮村이라稱하고 檀君神社를建
하야不忘其本한다함으로感其意하야送書如左
敬啓者鄙等與 僉位生自一國同胞而分居于海道三千
里俯仰今古睽焉勞思長懷曷有其極盖一以悵德音之不
能以時相續一以喜兄弟之化育能播於遠也惟我
檀君聖德至化治人心於四千餘年之間而顧在本地者猶
未免世變風移渙散蔑裂不能恪愼克守而現因視察團回
窃聞 僉賢久自浮寄孤懸於風濤烟霞之中乃能蕃生息
務教育崇奉我 檀君神祠成團使吾東土一線道脈將有光
於今與後之天下言足聽聞曷任欣抃顧鄙等雖不敏惧異

言之喧豗悼吾道　之榛塞胥將明目張膽廣設教堂鼓我
衆生如醒大寐此安非吾東　神祖之眷顧者耶盖同氣相
求同明相照理也用是引領東望尤不勝嚮[illegible]感發之私敢
憑尺楮略佈寸丹順頌　僉位丕膺天休茂納鴻禧并乞
奎照亟賜　回玉議講同胞用副遠誠不敬
戊午三月二十五日檀君教大宗師鄭薰謨頓首

跋

檀君以東方首出之聖設東方首出之敎若伏羲之卦大禹之疇然包六合亘萬世而無外者也想其當時綱領節目之詳燦然可觀民志以定風氣日開矣所載之籍不幸入於唐賊仁貴之火其餘存者又灰燼於完賊甄萱之火得見其敎條者蓋無幾矣然其神理無終晦之理歷四千二百餘年而今檀齋鄭先生建殿以奉 聖像置部以說敎理身爲敎主而四方來應羲卦之剝盡復來禹疇之會極歸極者非此耶以檀敎之復興卜檀黎之再造也夫

完山后人華菴李庚周謹跋

단군교부흥경략 끗에 적음

처음 동방에서 삼신상제가 나타나시니 그 인격까지 가추신분은 단군이시오 단군께서 백산흑수간에 단부를 열으시고 하나님의 도를 밝히사 사람의도를 가르치시니 이는곳동방민족들의문명시초가 된것이오 그뒤에 혹은대천교가 되고 혹은 숭천교가되고 혹은 현묘지도라하엿는다 하나님을 섬기는도는 조금도 달는것이업다 단군교라함은 가장근대에서 나타난것인데 이책은 곳그의사실를 적어서 동포에게 알니고

져함이라 대체 우리교는 하날이 놉흔것과갓치 놉고 해가밝은것과갓치 환한것이며 아래동편에 ᄲᅮ리를 박어장차 원 세상에빗나려하나니 그 지난자최를 적어 장래올것을 상징함은 말저못활큰일인동시에 우리교가 셜치지못한중에서 모든풍상을 격거가며 교의부흥을 쐬한 대종사어른과 아울너 그를 도아 힘쓰신 교직제씨의공덕을 알게된것은 우리교의큰영광이라아니할수업다 이책을 읽는동포는 맛당이 깁흔 늑김이 잇을줄 밋노라

교의한분자인 강 담 씀

跋

竊想自古事爲待其人而後行之也吾敎門即檀祖遺敎半萬年道脉相傳眞理連綿昭載於史證者挽近六七百年間寥寥無聞是無其人也無其人故敎不行敎不行無其人距今三十星霜前戊申歲敎主鄭先生尋敎源於白山而受書籍於杜道人靈感於阿斯達山奉　聖像而賴閔雲汀先生誠助使我檀裔虔禮瞻拜發揮敎理如其人如其人

典禮費隱金在雄謹跋

昭和十二年二月九日出版許可
昭和十二年六月二十五日印刷
昭和十二年六月二十八日發行

檀君敎經略 全

著作兼發行人 京城府孝悌町一八四番地 鄭鎭洪
校閱人 京城府苑西町一八四番地 金在雄
印刷人 京城府樓下町二三四番地 孔錫祜
印刷所 京城府通仁町一五六番地 興文社印刷所
發行所 始興郡東東面始興里一七番地 啓新堂

부록 :『단군교종본부일기』

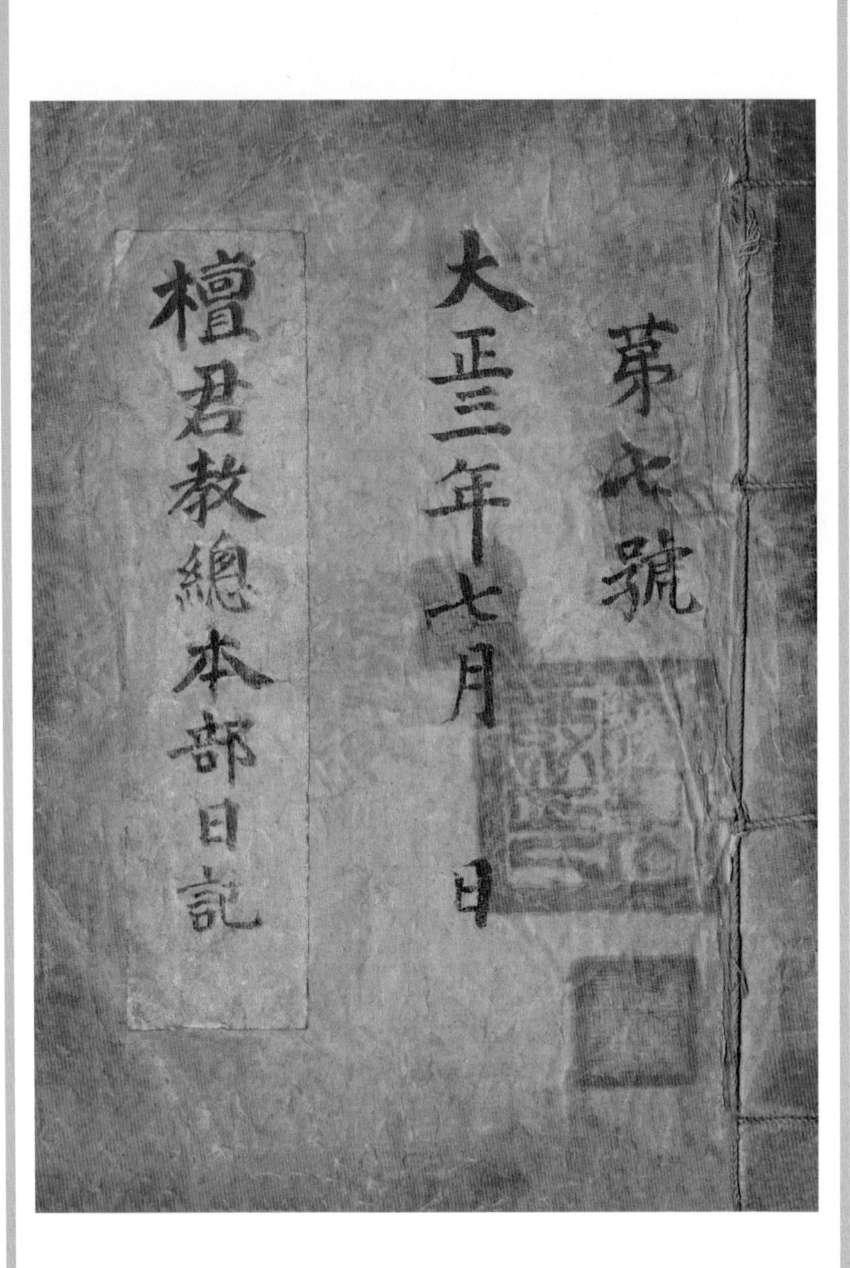

第七號

大正三年七月　日

檀君教總本部日記

大正三年四月 日

四月一日 水晴 陰三月六日

忠南定山郡大面三湲洞에支教堂을建築ᄒᆞ고陰

三月十五日大祭에落成式을兼行ᄒᆞᄂᆞᆫᄃᆡ通告ᄒᆞᆫ上

樑文이如左ᄒᆞ다

垂萬世之神功擧切崇奉之恍、創數椽之堂宇敢効

揭虔之儀、不日其成、自天必佑、欽惟我

檀君、東方首出之聖、太白神降之姿、立人極而明人

倫鰈域之含生孰不顧戴、受天命而行天道龍德之正中

厥有普施、塗山之玉帛曾修賫弘績之克竣、浿水之

弓劒已遠感遺址之尚存、治開鴻濛盖有三印
之寶靈覺、文未燦備雖是八理之經獨傳、追慕
四千年前玄德彌彰、循同億萬人志遺教恪遵、睠
玆大璞之名山、實維右湖之勝地、爰謀安靈之所
結搆簡精、益軫慕聖之心瞻趍清肅、倚樑將舉、善
頌斯陳、兒郎偉抛樑東、瀛海遙升瑞日紅、萬
像森羅却歷歷、潛雲輕霧一時空、兒郎偉抛樑
西、控湖巨鎮見烏棲、飽經浩刧還蒼兀、信是鍾靈
氣不低、兒郎偉抛樑南、錦江春水碧於藍、輕舟
演漾多游子、兩岸烟花畫景銜、兒郎偉抛樑北、

道峯三角濈何極、炯然千里欲窮眸、恐錯吳門匹練色、兒郎偉拋樑上、仰視昭昭天宇曠、却把此心要警醒、夜寒星月氣森爽、兒郎偉拋樑下、漠漠綠蕪臨大野、稼穡須知艮苦辛、朱陽汗滴散秧馬、

伏願上樑之後、山川增采、棟宇長新、靈像儼臨勿替焄蒿之禮、遺教大闡期回熙皞之風、

東萊后人鄭薰謨敬撰

四月二日 木雨 三月七日

四月三日 金雨雪 三月八日

四月四日 土雨雪 三月九日

教務長白樂近氏가自楊州鄕第로還来하다

四月五日 日 晴 三月十日

兄弟姉妹가集合하야禮式을擧行한後에十五日大祭享需를各任員에게分排하다

四月六日 月 雨 三月十一日

大祭享需分排公函에對하야副教承裴東爀氏의答函이如左

敬覆者伏承

大祭享需分排之教하와事當駿奔이오나昨年秋

大祭時에도酒需代錢을獻誠하옵고顧此綿力으로

未得每每奉承ᄒᆞ오나伏悚何極가恕燭ᄒᆞ심을敬

要

昨年秋 大祭時에享需을裴東爀氏에게分排ᄒᆞ

事이無ᄒᆞ되其番械이如此ᄒᆞ니必是雜類의作奸

이라査調홈이可ᄒᆞ다

四月七日 火雨電 三月十二日

殿監을命ᄒᆞ야各處에分排ᄒᆞᆫ享需의克期收

齊宮을提醒ᄒᆞ다

四月八日 水晴 三月十三日

四月九日 木晴 三月十四日

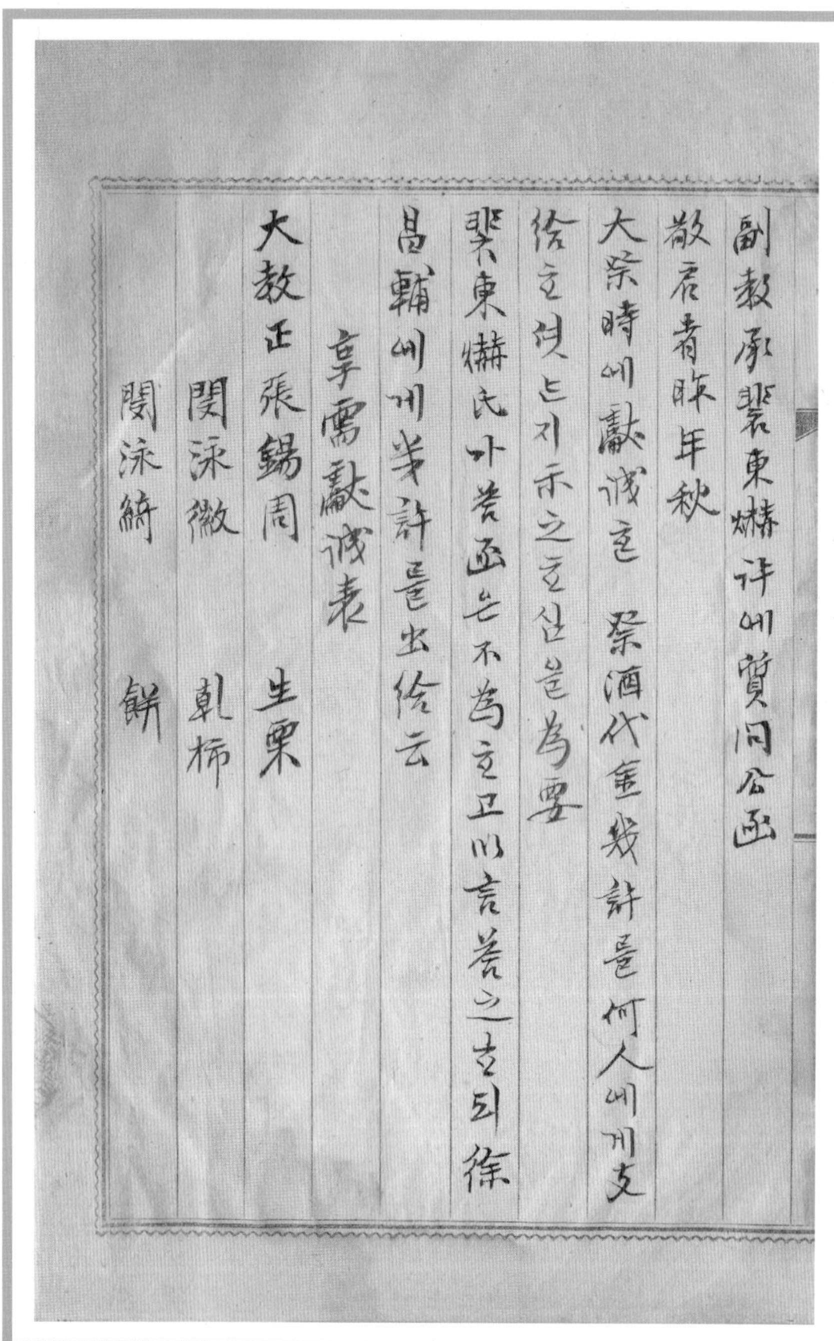

副敎丞裵東爀許에賀問公函

敬啓者昨年秋

大宗時에獻誠ᄒᆞᆫ 祭酒代金幾許를何人에게支給ᄒᆞ엿ᄂᆞᆫ지示之ᄒᆞ심을爲要

裵東爀氏가答函은不爲ᄒᆞ고以言答之ᄒᆞ되徐昌輔에게半許를出給云

享需獻誠表

大敎正張錫周 生栗

閔泳徽 乾柿

閔泳綺 餅

韓圭卨 大棗

贊教 金明熙 大橘

禮式課長 李興雨 洋燭

施教師 閔泳健 黃燭

姊妹副教長 金昇卿 水刺米

大教師 李裕馨 酒

叅事長 柳漢鼎 肉炙

教務長 白樂正 北魚

總務長 俞鎮九 柴炭油

叅教 李若熙 北魚

禮式課長 李興雨 洋燭

施教師 閔泳健 黃燭

監務 金教榮 封果紙

宗教長 徐昌輔 散子

錄士 尹仁淳 北魚

姊妹室 祭酒湯食醯生清

四月十日 金晴 三月十五日

是日은

檀君天祖御天紀念大祭也天氣清朗ᄒᆞ고祥雲이隱

ᄒᆞᆫᄃᆡ兄弟姊妹三百人이集合ᄒᆞ야祭禮를擧行ᄒᆞ고

歡聲이如雷ᄒᆞ다
教務長白樂正氏와一般教人의提論으로教正李舜
範柳錫用両氏가宗教長徐昌輔氏의所化을宗令
을依ᄒᆞ야論理ᄒᆞ다

四月十日 土晴 三月十六日

東京皇太后喪事가頒布되야吊旗를掛ᄒᆞ다
教堂家主池海龍이家貸金을因ᄒᆞ야教堂移接
을如星火逼迫ᄒᆞ며其悪聲은不堪ᄒᆞ야大教師李裕
馨從務長俞鎮九両氏가
影幀을權奉ᄒᆞ다

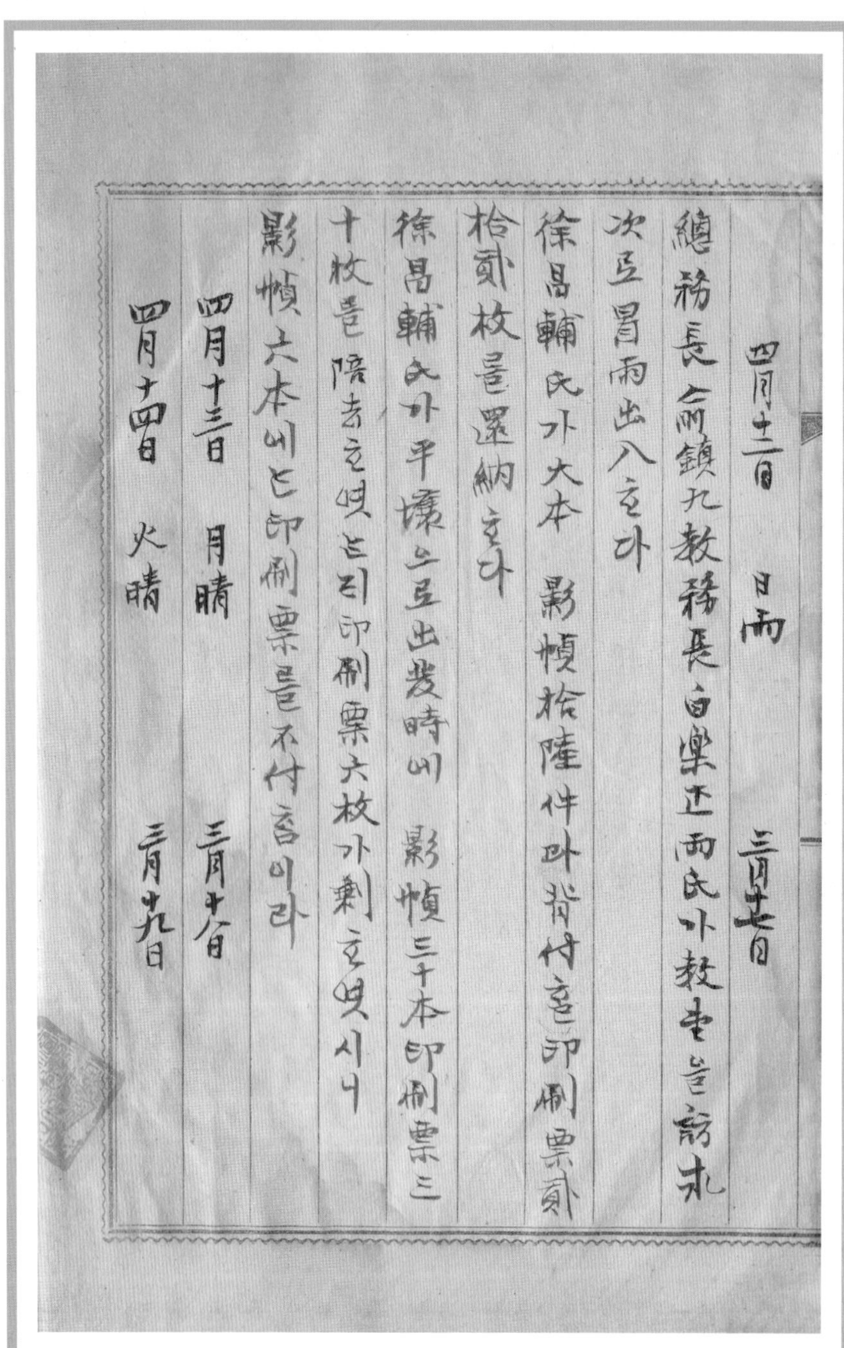

四月十二日 日雨 三月十七日

總務長 兪鎭九 敎務長 白樂正 兩氏가 敎會를 訪永次로 冒雨出入하다

徐昌輔氏가 大本 影幀 拾陸件과 背付한 印刷票 貳拾貳枚를 還納하다

徐昌輔氏가 平壤으로 出發時에 影幀 三十本 印刷票 三十枚를 陪去하엿는지 印刷票 六枚가 剩하엿시니 影幀 六本에는 印刷票를 不付함이라

四月十三日 月晴 三月十八日

四月十四日 火晴 三月十九日

聖覽의 告由ᄒᆞ고 望帖을 發送ᄒᆞ고
前總務申畊巡 前施教評長朴蘐和 前年教
長徐昌輔도 多月闕直으로 辭免을 勸告케ᄒᆞ고
濟生評長金瑸洙 辭免請願依施ᄒᆞ고
録司尹仁淳 辭免請願依施ᄒᆞ고
姊妹副教長金昇卿 辭免請願依施ᄒᆞ고
姊妹副教長도 姊妹李孝卿으로 遴定ᄒᆞ고
總督府에 皇太后弔詞를 發送ᄒᆞ고
總務長兪鎭九氏가 事務長李龍九氏에게 公
函ᄒᆞ니 如左ᄒᆞ고

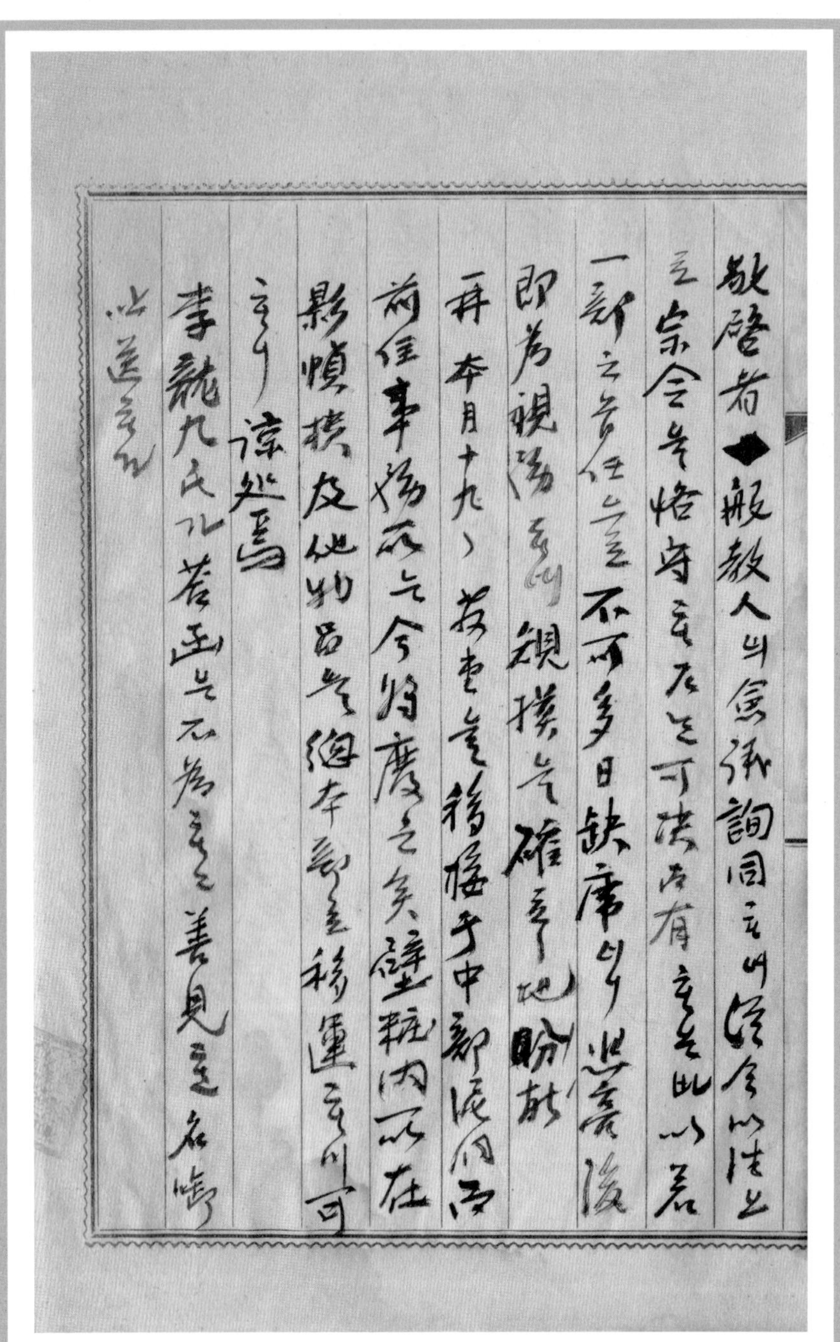

本部 警察署에 敎書를 移接흔 申告書를 送ᄒᆞ노라

四月 二十日 火晴　　三月 二十六日

敎中에 會議할 事가 有ᄒᆞ야 新舊任員의게 輪牒이

如左ᄒᆞ노라

宗令을 依ᄒᆞ야 會議할 事가 有ᄒᆞ기로 會議日時를

本月 二十六日 上午 十一時로 定ᄒᆞ니 左開 新舊任

員은 上項 擇定흔 日時에 莅期來臨ᄒᆞ심을 敬盼

大敎師 李裕馨

總本部 大敎師 李裕馨 本敎師 俞鎭九 敎正 李舜範

柳錫用

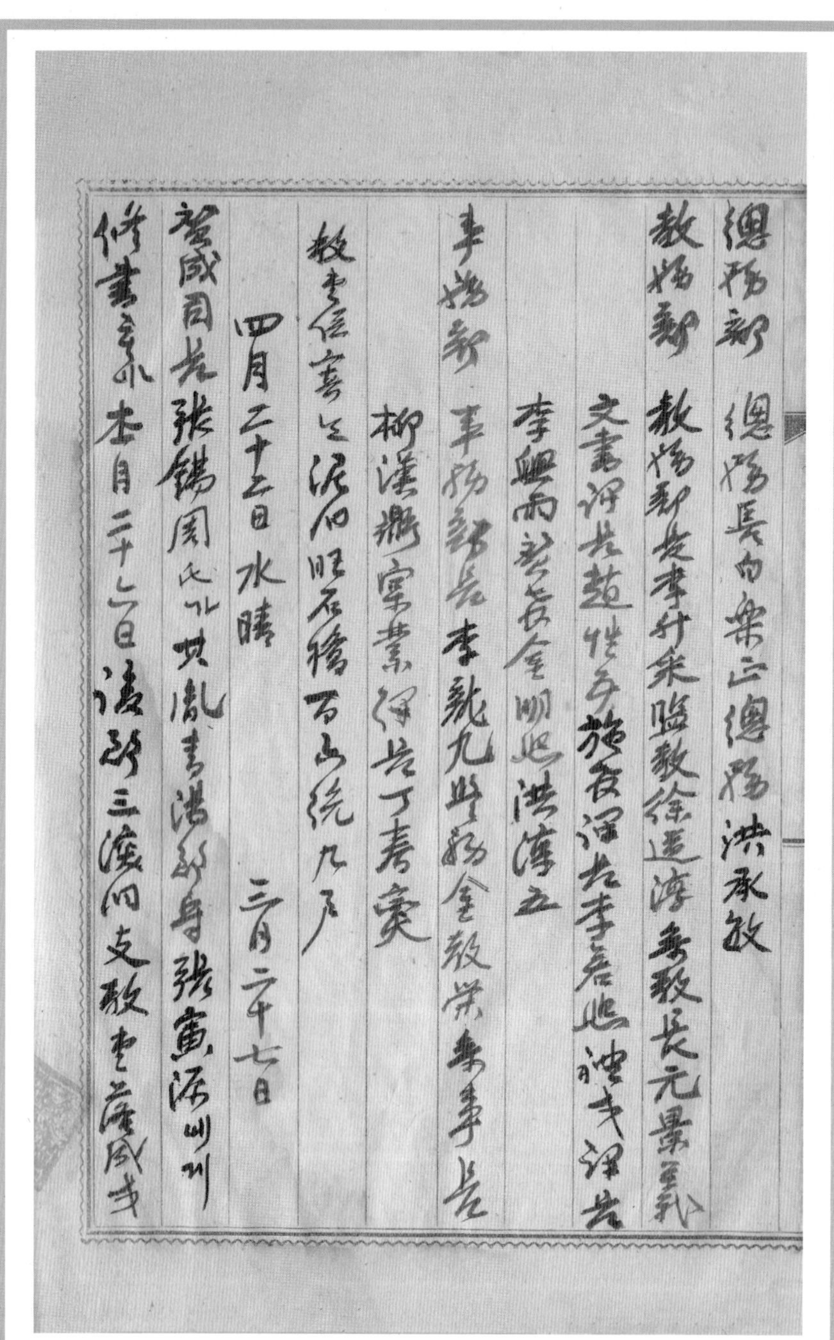

總務部 總務長 白樂正 總務 洪承敎

敎務部 敎務部長 李升來 監敎 徐進濤 參敎長 元景氣

文書課長 趙性勉 施敎課長 李啓應 禮式課長

李興雨 參長 金明燮 洪濤五

事務部 事務部長 李熙九 與事務 金毅榮 參事長

柳漢樹 實業課長 丁壽實

敎書信寫之 流向 照存檔 石山 線九尺

四月二十三日 水曜 三月二十七日

發成司長 張錫圖 氏가 共亂書 洪範身 張寅濟에게

修書發示 本月二十三日 請所 三渡 支敎 書發

에注意하다
而事務所에在 新帳簿及其他物品을 事務與事執行
此는總本部로移送하다

四月二十三日 木晴 三月二十八日

四月二十四日 金晝晴夕雨 三月二十九日

四月二十五日 土晴 四月一日

四月二十六日 日晴 四月二日

兄弟姊妹가集合을하야 禮式을 開하다
禮式後에信徒들을開하고 挹本部財政困難事에
對하야各信徒의月補金을盡力以納하기로決議하다

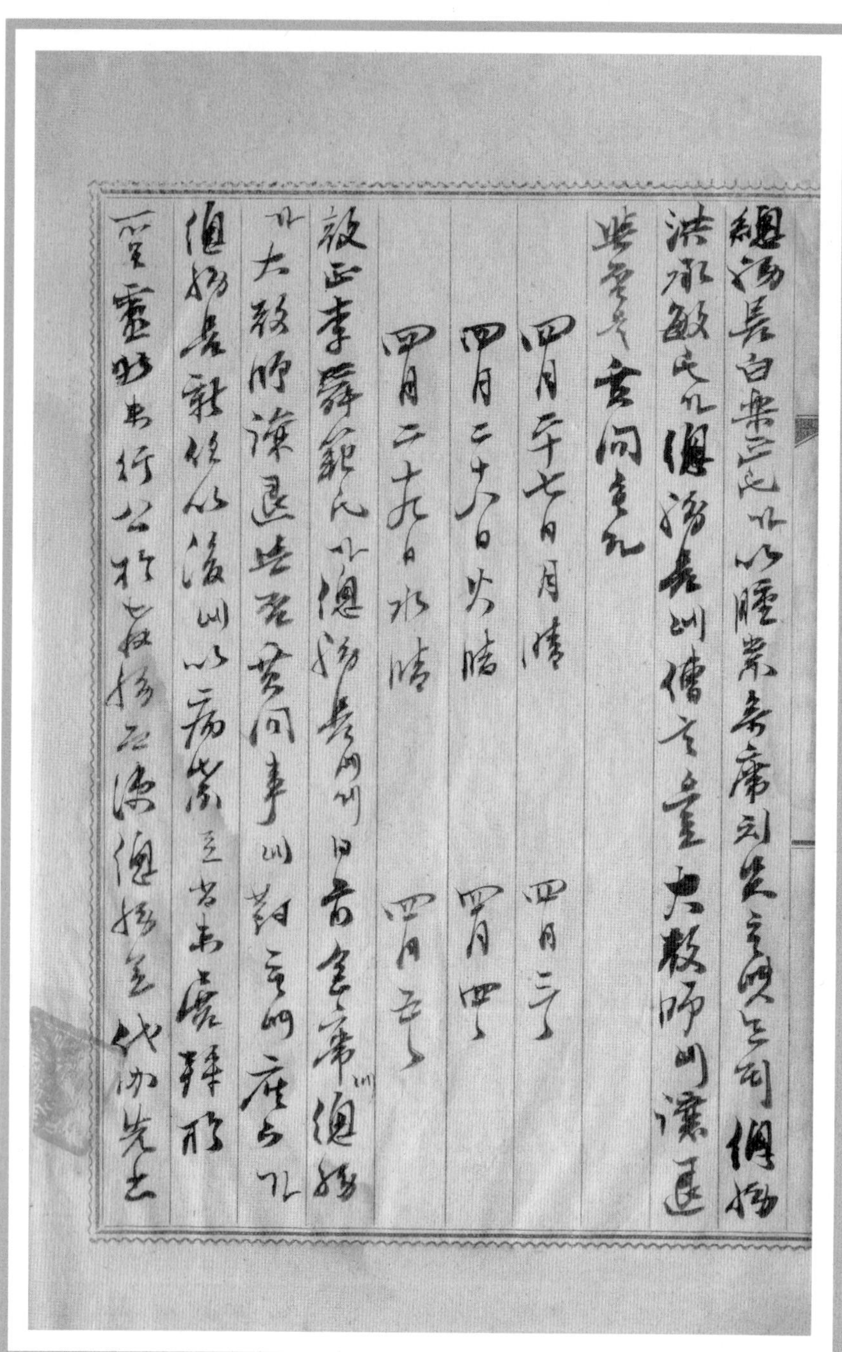

此ᄂᆞᆫ 古今處許手와 共奉이니 故云이라
去月 大徐時 大教師 演說ᄒᆞᆫ 訪友之曰 問欲
而來 欽何能 知此 此ᄂᆞᆫ 也 不然 處許가 以此
證明 美何云

四月三十日 木 晴 四月六日

五月一日 金 晴 四月七日

五月二日 土 晴 四月八日

五月三日 日 晴 四月九日

九家姊妹九 集合ᄒᆞ야 大夫를 從學ᄒᆞ고 曰
右后華 僖才을 修行ᄒᆞ니 華僖文이 如左ᄒᆞ니라

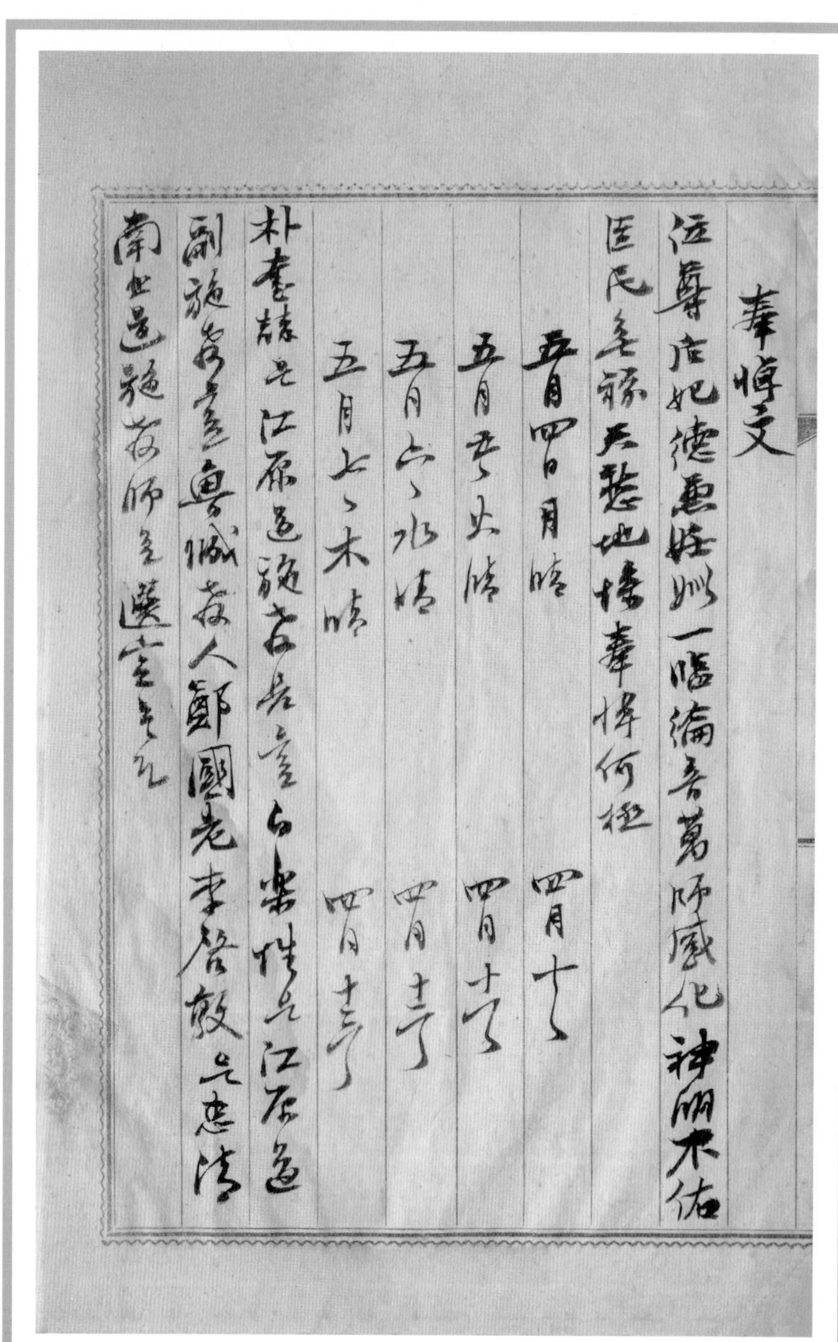

奉悼文

伍尊后妃德惠[illegible]一臨綸音萬師感化神明不佑

臣民無祿天慈地慘奉悼何極

五月四日 月 晴　四月十[illegible]

五月五日 火 晴　四月十[illegible]

五月六日 水 晴　四月十[illegible]

五月七日 木 晴　四月十[illegible]

朴泰赫 [illegible] 江原道施教 [illegible] 白樂[illegible] [illegible] 江原道

副施教[illegible]典職教人鄭圓老李啓敎 [illegible]

南世道施教師[illegible]選[illegible]

李夏善으로忠清南北道施教師을遴定ᄒᆞᆫ다

忠南教長池昌永氏가上來ᄒᆞᆫ다

忠南論山郡連山面白岩洞李花富에게公函이如左

敬啓者夫道德之門은自有淵源ᄒᆞ야雖千派萬流라도繼承分明이어늘聞座下가業已建設教堂ᄒᆞ고奉安檀君天祖位牌ᄒᆞ고至於名簿收錄而一無所報於總本部ᄒᆞ니抑或自意獨立乎아若然則官廳之所禁止오宗令之所不許也라未知淵源은自何而傳受이며用何經書而教人인지今承大教師法教ᄒᆞ야茲公函ᄒᆞ니貴教의淵源과法章과任名을隨即通告ᄒᆞ야俾免紊亂教門之責

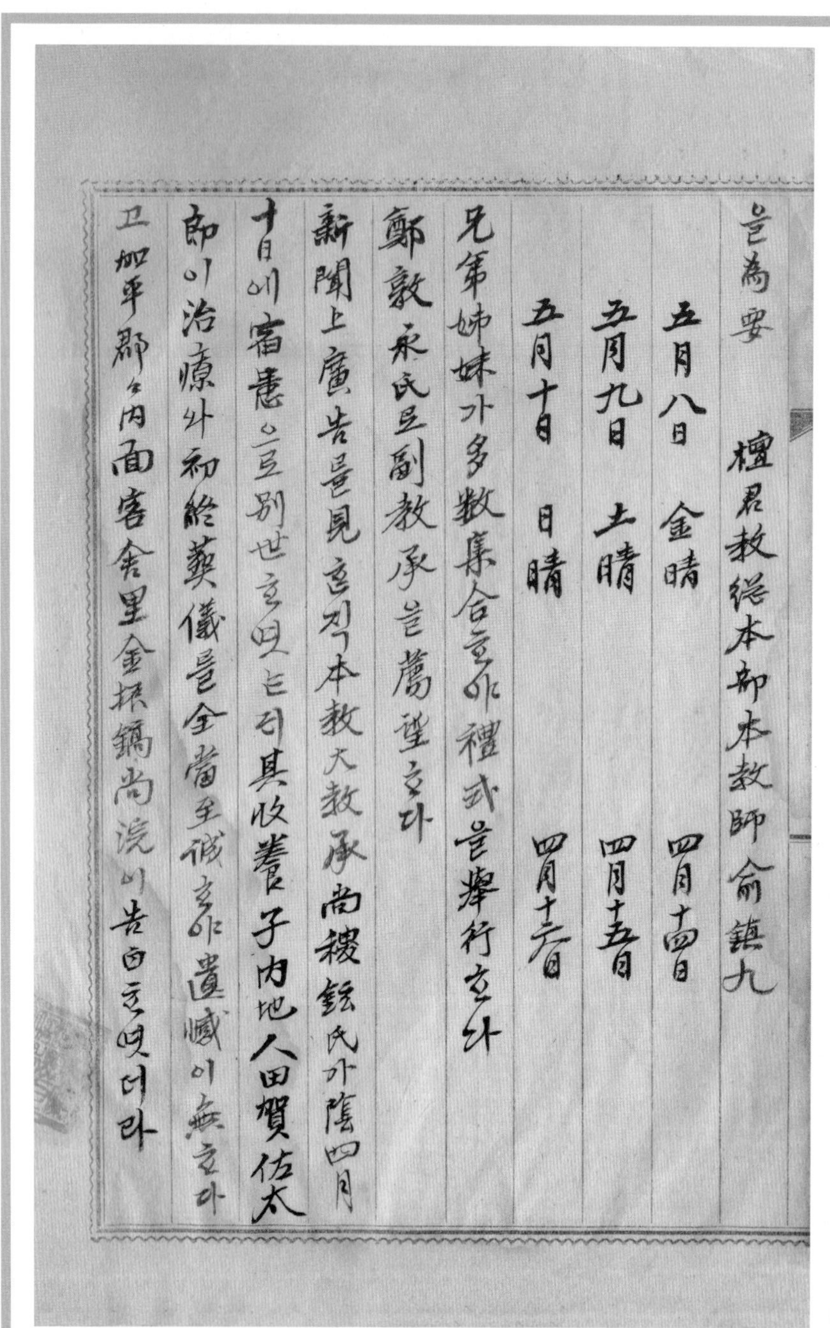
을爲要 檀君教総本部本教師俞鎭九

五月八日 金晴 四月十四日

五月九日 土晴 四月十五日

五月十日 日晴 四月十六日

兄弟姉妹가多數集合ᄒᆞ야禮式을擧行ᄒᆞ다

鄭敎永氏로副教承을薦望ᄒᆞ다

新聞上廣告를見ᄒᆞᆫ즉本教大教承尚稷鉉氏가陰四月十日에宿患으로別世ᄒᆞ얏ᄂᆞᆫ듸其收養子內地人田賀佐太郞이治療와初終葬儀를全當至誠ᄒᆞ야遺憾이無ᄒᆞ다고加平郡內面店舍里金根鎬尚浣이告白ᄒᆞ얏더라

五月十一日 月晴 四月十日

五月十二日 火晴 四月十一日

五月十三日 水偶雨 四月十二日

贊教金明熙氏가 請함을 其家에 請往ᄒᆞ야 早辰酒를 接待ᄒᆞ다

五月十四日 木晴 四月十三日

忠南論山郡連山面鳳林洞大倧教李花圃菩公函內

敬啓者貴公函內槩에 夫道德之門은 自有淵源ᄒᆞ야 雖千派萬流라도 繼承을 分明이라 ᄒᆞ시왓스나 貴教의 淵源은 何教에서 繼承ᄒᆞ엿는지 亦明치안으시고 本人等의 傳授ᄒᆞᆫ淵

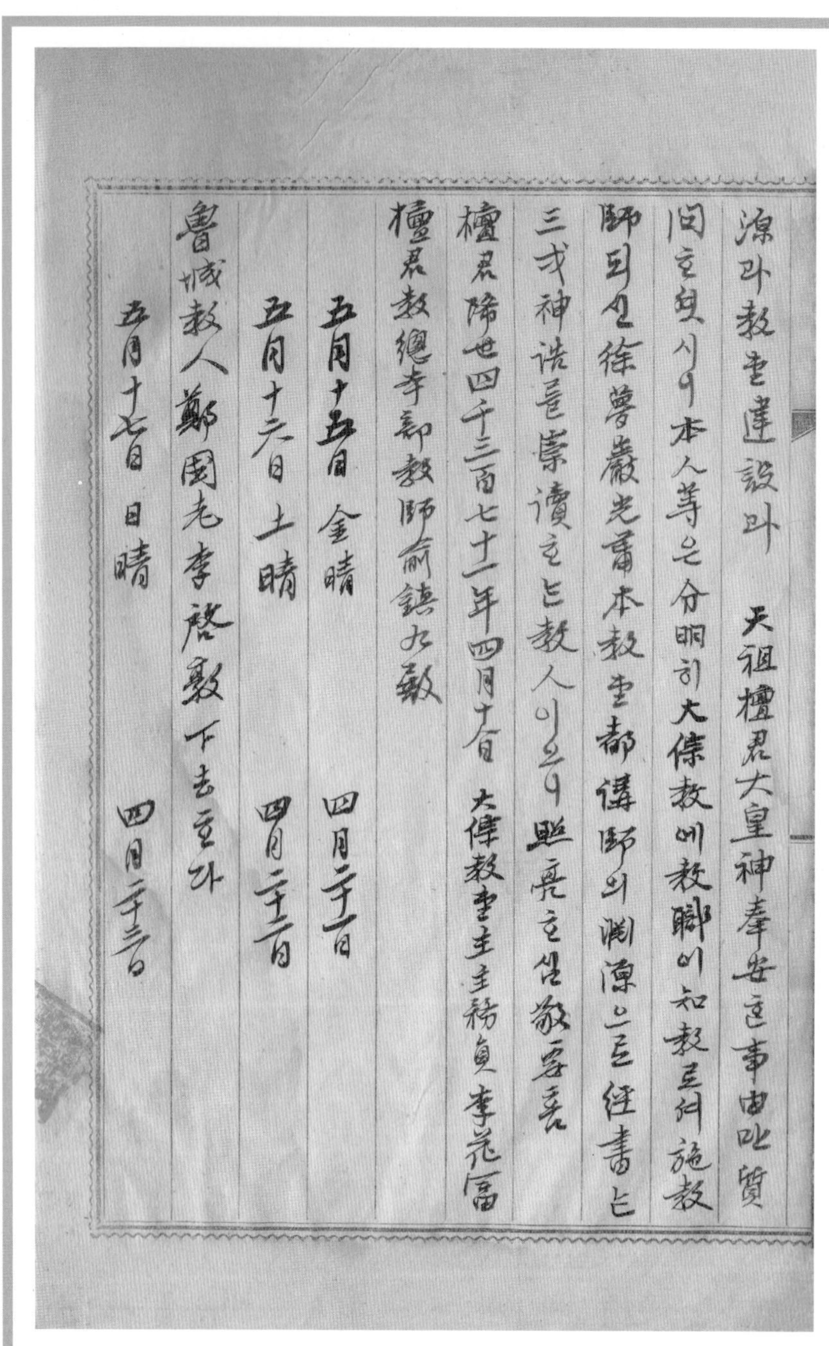
源라敎堂建設라 天祖檀君大皇神奉安ᄒᆞᆫ事由를質
問ᄒᆞ얏시니 本人等은 分明히 大倧敎에 敎職이 知敎로서 施敎
師되신 徐夢巖先生 本敎堂都講師의 淵源으로 經書는
三一神誥를 崇讀ᄒᆞ는 敎人이오니 照亮ᄒᆞ심을 敬要홈
檀君降世四千三百七十一年四月十一日 大倧敎堂主務員 李花富
檀君敎總本部敎師俞鎭九 敬

五月十五日 金晴 四月二十日

五月十六日 土晴 四月二十一日
魯城敎人鄭國老 李啓敎 下去ᄒᆞᆺ다

五月十七日 日晴 四月二十二日

兄弟姉妹가集合하야禮式을擧行하다

五月十日 月晴 四月二十四日

教務部長李升來辭免請願書內槩

本人은教門에知識이淺薄할뿐不啻라以若蔑餘한才能으로所帶教務部長之任에就緖無期이기玆以請願하오니照亮하신後本任을即爲解免하시와俾便公私케하심을務望함

総本部御中

教正李舜範氏가其鄕第에下去하는뒤教主請負이鍾路停車場에서餞別하다

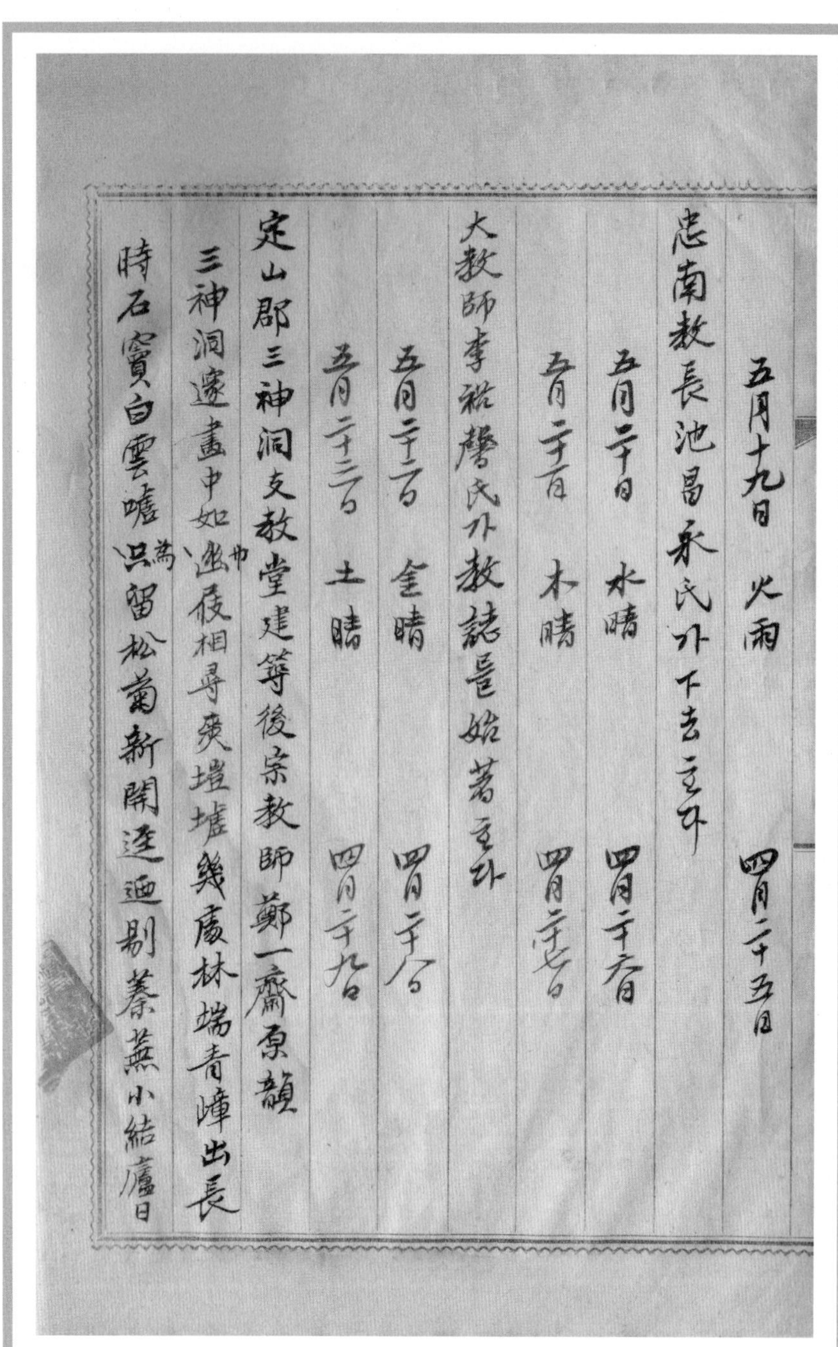
五月十九日 火雨 四月二十五日

忠南敎長池昌永氏가下去하다

五月二十日 水晴 四月二十六日

五月二十一日 木晴 四月二十七日

大敎師李裕馨氏가敎誌를始著하다

五月二十二日 金晴 四月二十八日

五月二十三日 土晴 四月二十九日

定山郡三神洞支敎堂建築後宗敎師鄭一齋原韻

三神洞邃畵中如幽侶相尋爽塏墟幾處林端靑嶂出長

時石竇白雲嘘只留松菊新開逕迺剔蓁蕪小結廬日

夕瞻依 檀聖像銅爐香爇讀遺書

大敎師李白虛和韻

喬嶽宛然太白如天開今日祭天壇 靈宮巨役誠塵積

講室清風道氣嘘来遠宗徒連洞府眷聞先進卧茅廬

經中八理無他法三百餘篇自治書

五月廿四日 日晴 四月三十日

兄弟姉妹가集合ᄒᆞ야禮式을擧行ᄒᆞ다

下午八時半에香卓과燈燭을陳設ᄒᆞ고

昭憲皇太后御大葬에遙拜式을擧行ᄒᆞ다

進拜文

欽惟我
貽憲皇太后陛下御大葬儀日月流邁窀穸永隔號
悼連天氣和慘霧哀泱滿地聲如驟雨仰瞻仙界五雲玲
瀧追慕愈切嗚呼痛哉

五月二十五日 月晴 五月一日

五月二十六日 火晴 五月二日

五月二十七日 水晴 五月三日

五月二十八日 木雨 五月四日

五月二十九日 金晴 五月五日

教堂이狹窄ᄒᆞ고適宜ᄒᆞᆫ家가無ᄒᆞᆫ야大教師邸宅으

로敎堂을移接ᄒ다　上森洞三十統十戶

五月三十日　土晴　五月六日

五月三十一日　日晴　五月七日

兄弟姉妹多數集合ᄒ야禮式을擧行ᄒ다

十五日夏仲祭享需의獻誠表을分排ᄒ다가未完ᄒ
다

殿盖瓦不瓦를相議未決ᄒ다

六月一日　月晴　五月八日

六月二日　火晴　五月九日

六月三日　水晴　五月十日

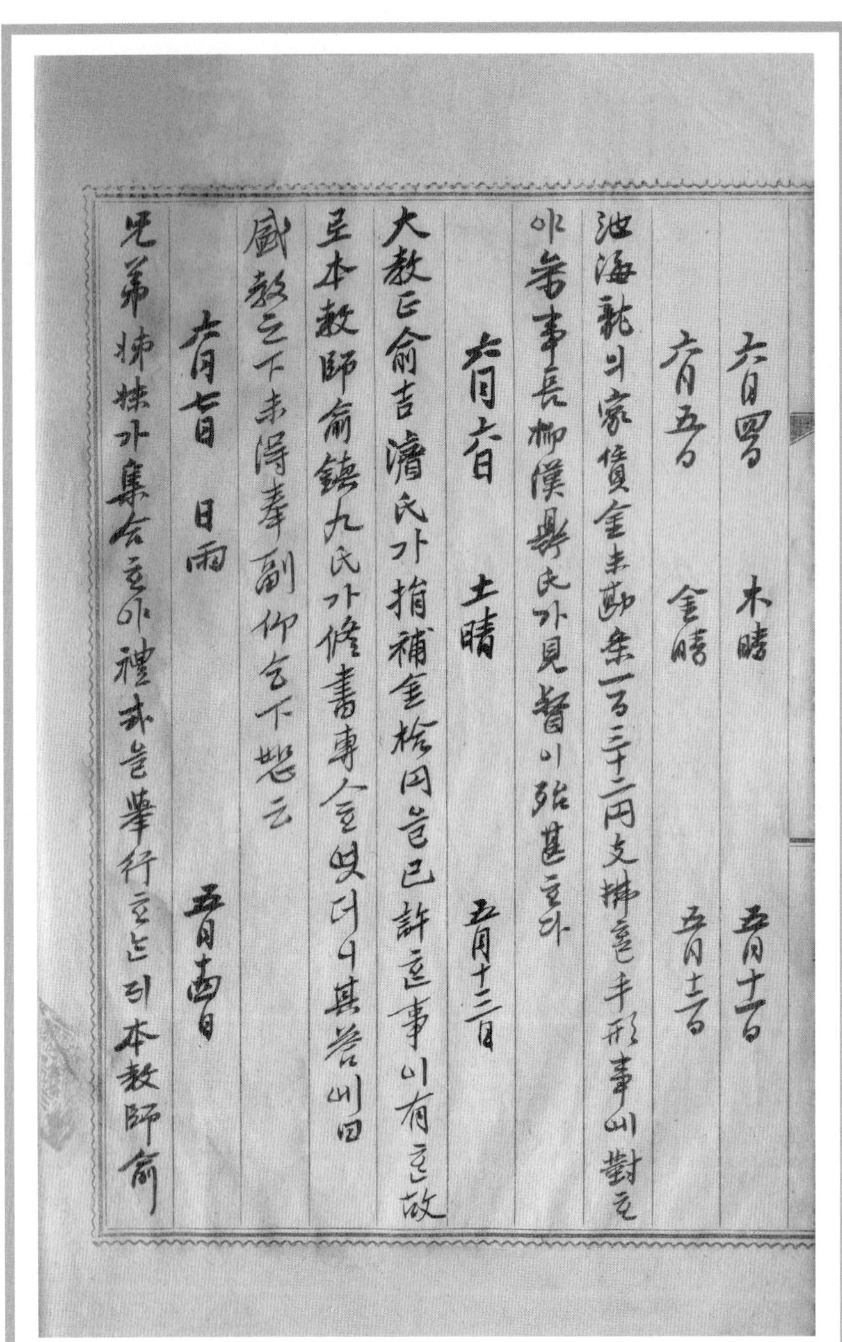

鎭九氏가 身病으로 未叅ᄒᆞ다

大教承高允魁氏가 橋代金壹円을 送來ᄒᆞ다

六月八日 月晴 五月十五日

是日은 裵仲叅也 兄弟姊妹가 多數集合ᄒᆞ야 祭禮를 行ᄒᆞ다

新任教務長李升來와 新任總務洪承敏이 初不視務ᄒᆞᄂᆞᆫ 故로 不得已 會議를 開ᄒᆞ고 李升來洪承敏은 免職ᄒᆞ고 趙性五는 教務長署理로 李業熙는 總務署理로 可決되다

六月九日 火晴 五月十六日

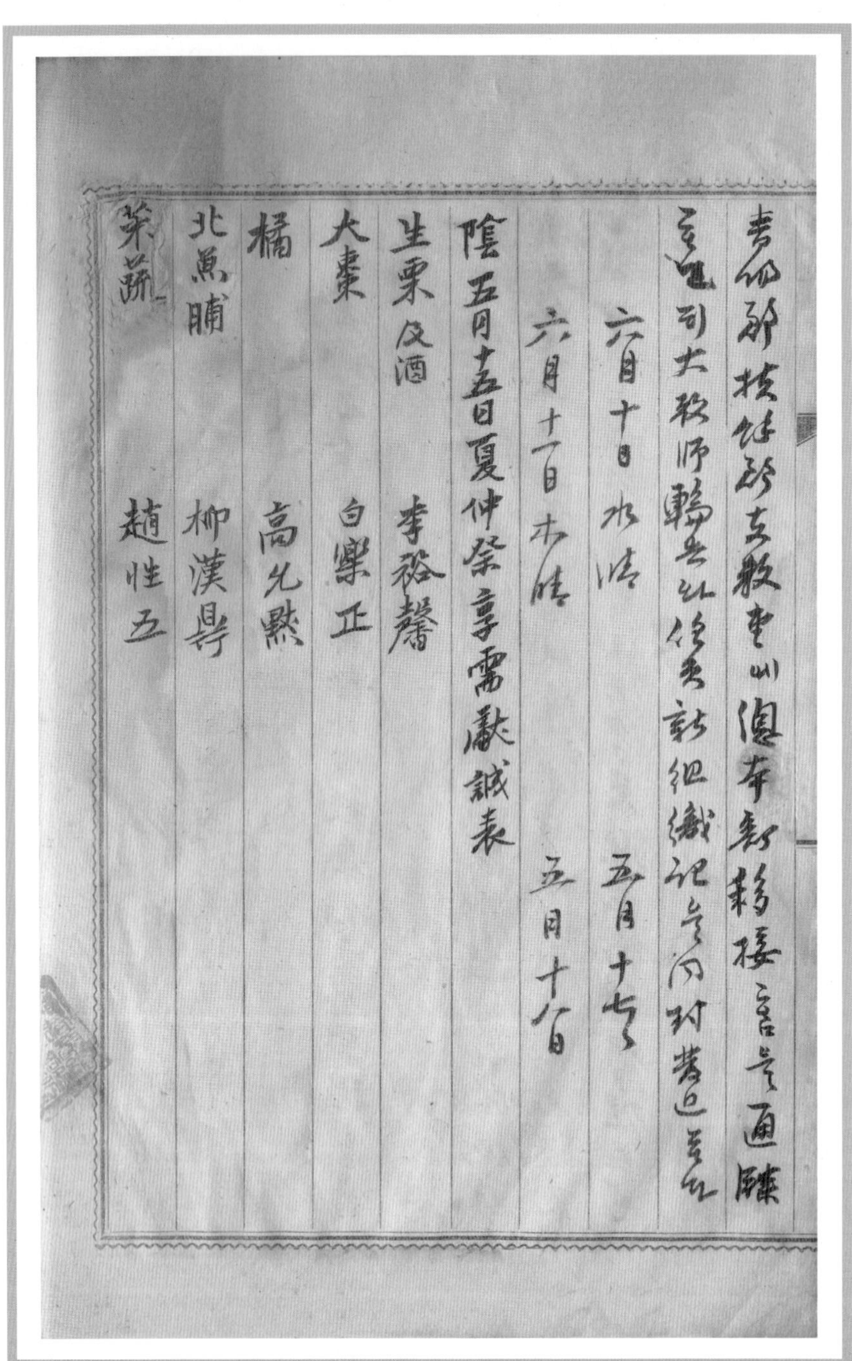

青坡所在施設支敎堂에 總本部移接홈을 通牒

[illegible]고 司大敎師 轉去後 新組織記念 [illegible]村 書送홈

六月十日 水曜 五月十七

六月十一日 木曜 五月十八

陰五月十五日夏仲祭享需獻誠表

生栗及酒 李裕馨

大棗 白樂正

橘 高光黙

北魚脯 柳漢昇

菜蔬 趙性五

浪說을傳播신든本教數十萬教人의聞見에關係
非輕이압기兹에公函ᄒᆞ오니
照亮ᄒᆞ신후措語ᄒᆞ시와正誤의意로雜報에揭
載ᄒᆞ셔주심을敬望

六月十五日 月晴 五月廿二日

閔贊鎬氏로施教長을選定ᄒᆞ다
李若熙氏로總務를專任ᄒᆞ다

六月十六日 火晴 五月廿三日

本教師俞鎭九氏가每日申報主筆卞一氏를訪問ᄒᆞ고新聞
에誤錄을說明ᄒᆞ다

教堂細債를磨勘ᄒᆞ기爲ᄒᆞ야各任員이分排擔任ᄒᆞ기로決議ᄒᆞ다

六月十七日 水晴 五月二十四日

六月十八日 木晴 五月二十五日

教堂事每日申報揭載ᄒᆞᆷ이如左ᄒᆞ다

檀君教大活動問題下의 近頃에北部上麻洞檀君教總本部에서財政이困難ᄒᆞ야教務不振ᄒᆞᆷ을十分憂慮ᄒᆞ더니日昨에大教師以下各任員諸氏가會議를開ᄒᆞ고第一條書籍을印刷ᄒᆞᆯ方略과第二條教堂을建築ᄒᆞᆯ經綸과第三條施教를盡善ᄒᆞᆯ規模와第四條各項消耗費를支拂

ᄒᆞᆫ 預算은 各自負擔ᄒᆞ야 不日着手ᄒᆞ기로 決案ᄒᆞ얏다더라

六月十九日 金 晴 五月二十六日

六月二十日 土 晴 五月二十七日

六月二十一日 日 晴 五月二十八日

兄弟姉妹가 多數會同ᄒᆞ야 禮式을 擧行ᄒᆞ다

禮式課長 李興雨氏와 姉妹禮師 金白卿氏가 不參ᄒᆞ다

六月二十二日 月 晴 五月二十九日

六月二十三日 火 晴 五月三十日

本教師 兪鎭九氏가 洪憲의 才學을 來言ᄒᆞ다

六月二十四日 水 雨 閏五月一日

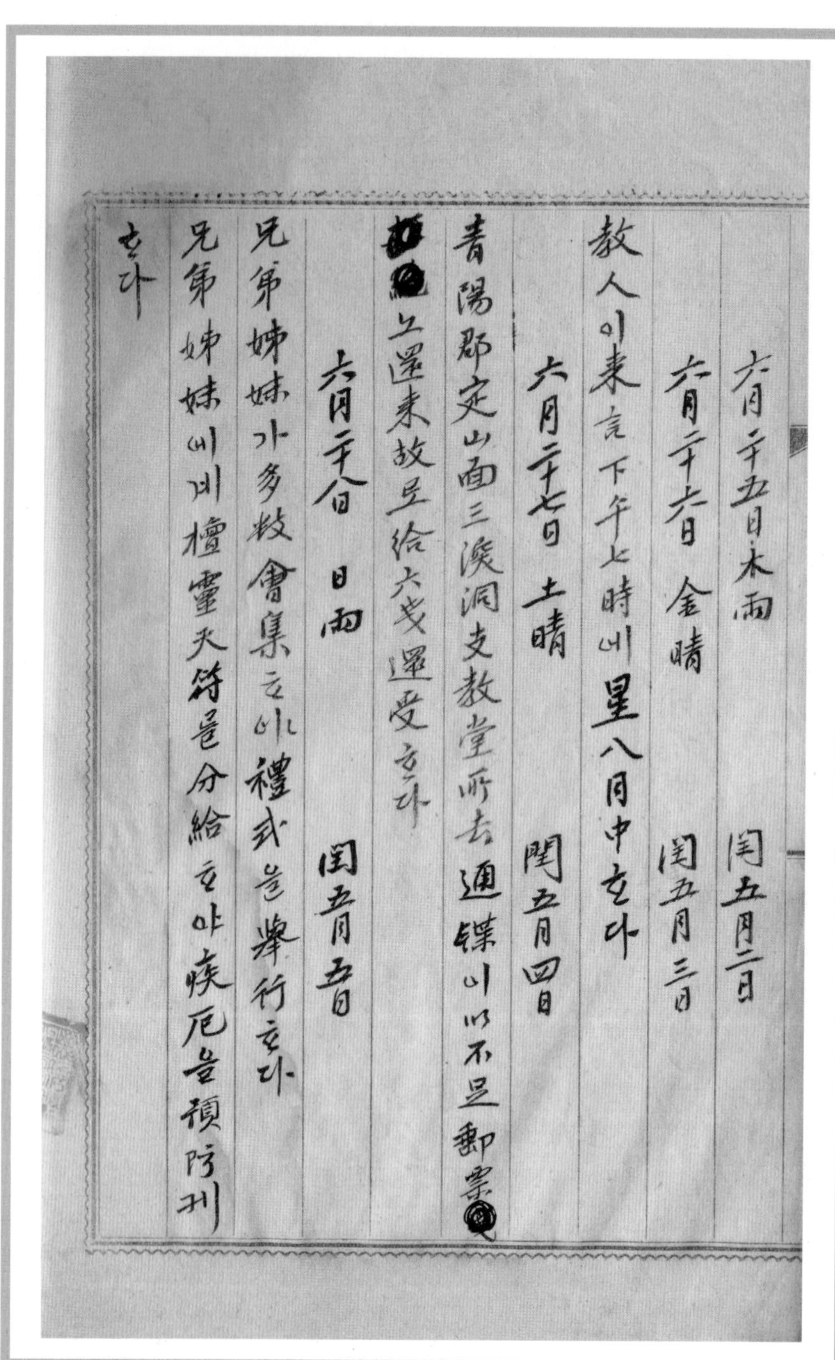

六月二十五日 木 雨　閏五月二日

六月二十六日 金 晴　閏五月三日

敎人이 來言 下午七時에 星入月中하다

六月二十七日 土 晴　閏五月四日

靑陽郡 定山面 三溪洞 支敎堂所去 通牒이 以不足郵票[illegible] [illegible]로 還來 故로 給六戔 還受하다

六月二十八日 日 雨　閏五月五日

兄弟姊妹가 多數 會集하야 禮式을 擧行하다

兄弟姊妹에게 檀靈天符를 分給하야 疾厄을 預防케 하다

大教師李裕馨氏가會計課長李相慶氏에게修書하다

建築費收斂文簿를修正케하다

總務部長白樂正氏가不參하다

慶南金海郡学徒教人이放学告別故로大教師가聖經一秩을付與하야教理를闡明케하다

六月二十九日 月雨 閏五月六日

六月三十日 火雨 閏五月七日

七月一日 水晴 閏五月八日

七月二日 木晴 閏五月九日

七月三日 金雨 閏五月十日

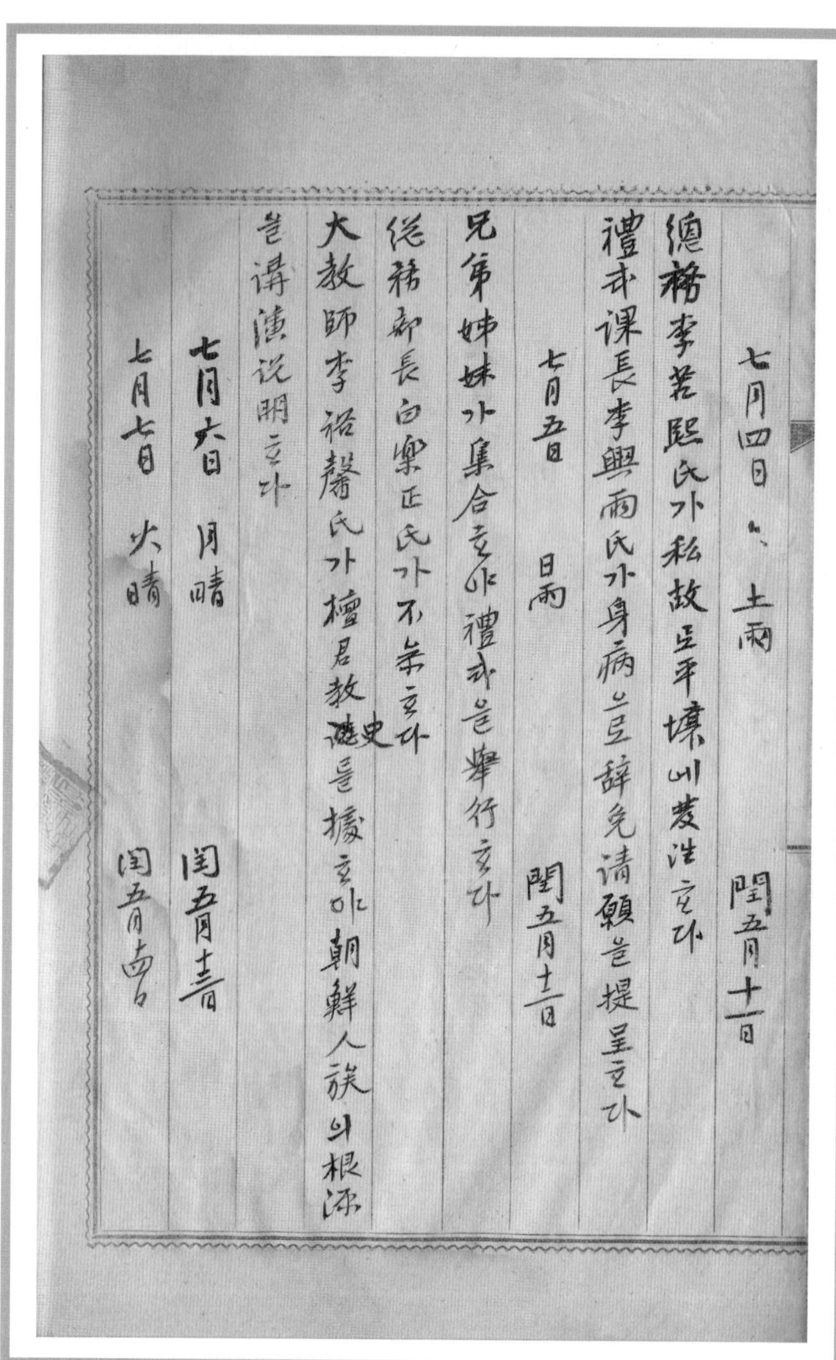

七月四日 〃 土雨　閏五月十二日
總務李茁熙氏가私故로平壤에發往하다
禮式課長李興雨氏가身病으로辭免請願을提呈하다

七月五日 日雨　閏五月十三日
兄弟姉妹가集合하야禮式을擧行하다
總務部長白樂正氏가不參하다
大教師李裕馨氏가檀君教史를據하야朝鮮人族의根源을講演說明하다

七月六日 月晴　閏五月十四日

七月七日 火晴　閏五月十五日

七月八日 水 細雨 閏五月十五日

黃海道敎人前三南總監敎金圭璋氏가大敎師를來謁호고明日歸鄕次로旋卽辭退호다

宗敎師鄭薰模氏가上來호야 聖殿에叅拜호다

七月九日 木晴 閏五月十六日

七月十日 金晴 閏五月十七日

七月十一日 土晴 閏五月十八日

七月十二日 日晴 閏五月十九日

兄弟姉妹가多數集合호야禮式을擧行호고本敎師俞鎮九氏가敎의振興을說明

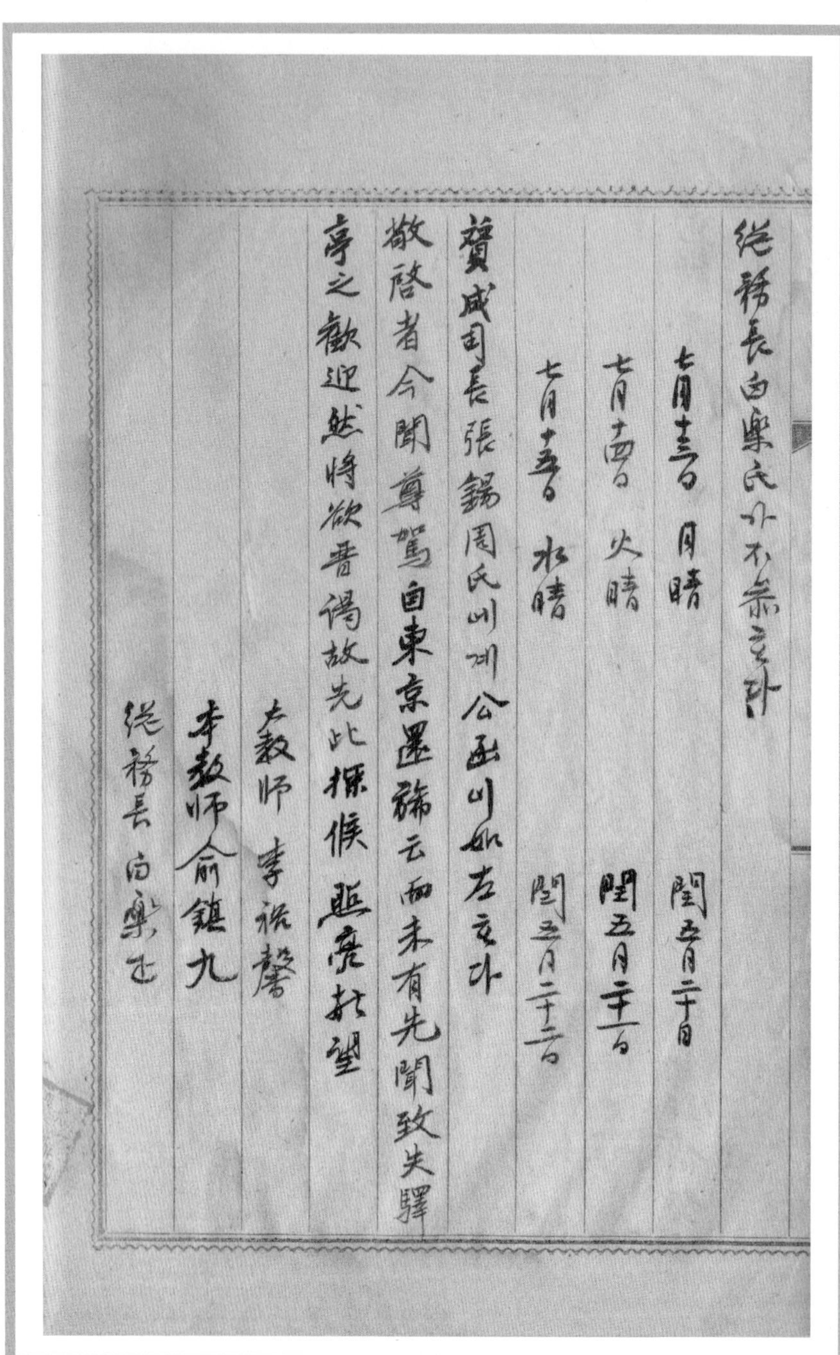

總務長白樂氏가不參하다

七月十三日 月 晴 閏五月二十日

七月十四日 火 晴 閏五月二十一日

七月十五日 水 晴 閏五月二十二日

贊成司長張錫周氏에게 公函이如左하다

敬啓者今聞 尊駕自東京還歸云而未有先聞致失驛

亭之歡迎然將欲晋謁故先此探候 照亮於望

大敎師 李裕馨

本敎師 俞鎭九

總務長 白樂[illegible]

敎務長 趙性五

七月十五日 木晴 大熱 閏五月二十三日

七月十六日 金晴 大熱 閏五月二十四日

七月十七日 土晴 閏五月二十五日

七月十八日 日晴 閏五月二十六日

兄弟姉妹가 參校集會하야 禮式을 擧行하고 本敎師 俞鎭九氏가 福善禍淫을 說明하다

參事長 柳漢昇氏가 十八日에는 麻洞敎堂 家賃要金 一百三十六円 事로 被訴裁判하야 法廷 秋鮮으로 四十日 延期로 되고 十八日에는 會計 四月 一百五十円 事로 被訴裁判하야 八月 日로 更裁宣期

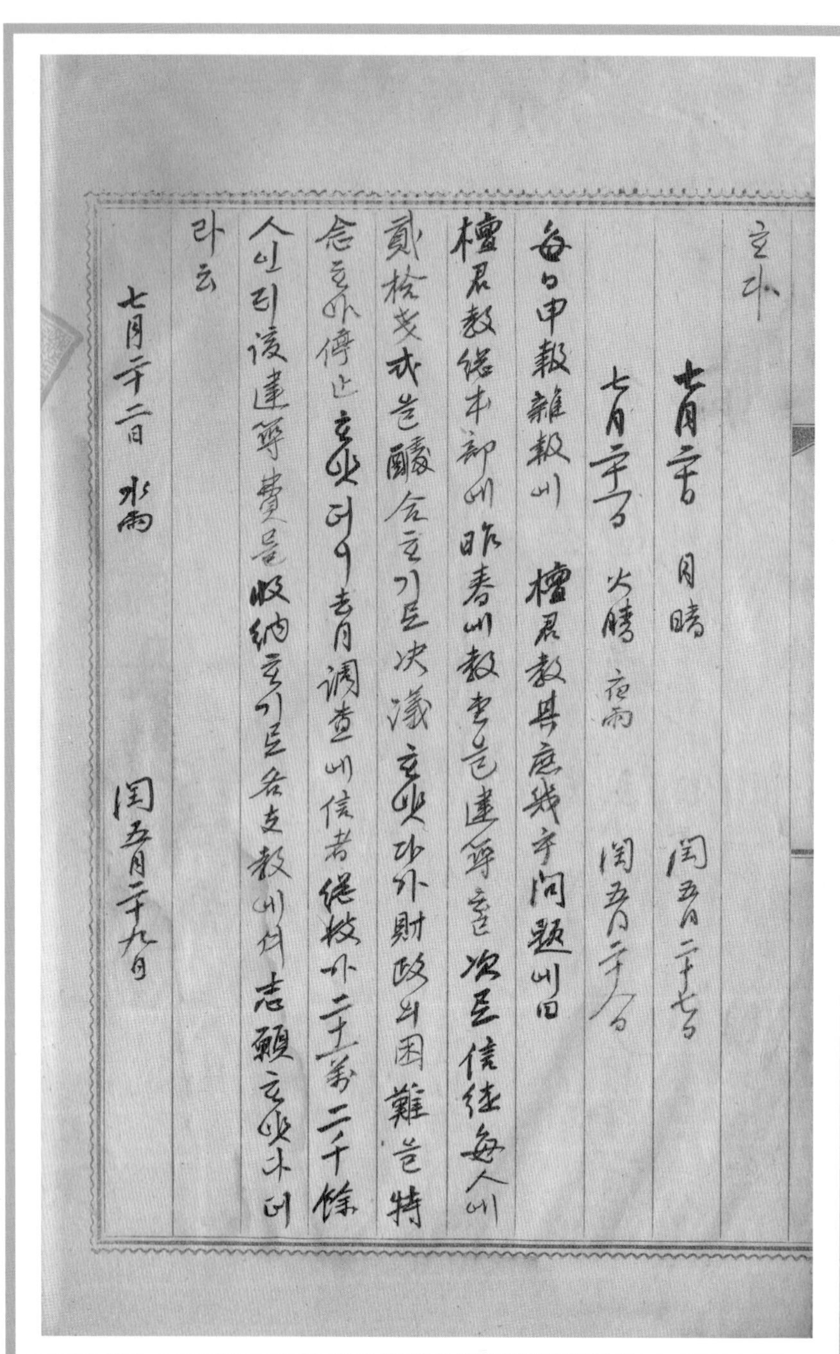

ᄒᆞ다

七月二十一日 月晴 閏五月二十七日

七月二十二日 火晴 夜雨 閏五月二十八日

每日申報雜報에 檀君敎與庇我宗問題에曰

檀君敎總本部에 昨春에 敎堂建築을 次로 信徒每人에

貳拾錢式을 醵合ᄒᆞ기로 決議ᄒᆞ얏다가 財政의 困難을 特

念ᄒᆞ야 停止ᄒᆞ얏더니 去月 調査에 信者總數가 二十一萬二千餘

人인ᄃᆡ 該建築費를 收納ᄒᆞ기로 各支敎에 付志願ᄒᆞ얏다ᄃᆡ

라云

七月二十三日 水雨 閏五月二十九日

十月二十二日 木晴

十月二十四日 金晴

北部警察署에서 調査謄去 件이 如左홈

名稱	位置	設立年月日	主管者名氏	信者戶數	信者數	記事
檀君敎總本部	京城府臥龍洞三十八番	再興明治四十一年一月八日 總本部名稱明治四十三年十月十二日	大敎師 李裕馨 本敎師 兪鎭九 總務長 白樂正 敎務長 趙性五 事務長 李龍九 贊成長 張錫周	三千六百十三戶	男九千四百二十八人 女一千四百三十人	每日曜日聖經講義

十月日

十月二日

名稱	所在	設立	職員	戶數	敎人	備考
			典教長 元景義			
			典事長 柳漢嵒			
			總務 李若熙			

忠清南道支教

名稱	所在	設立	職員	戶數	敎人	備考
檀君教三南總支教	公州郡浮田	明治四十五年七月十二日	三南總支教長 鄭熲朝	九千五百三十戶	男三萬一千九百人 女一百八十人	上仝
檀君教支教	扶餘郡草里	明治四十四年二月十五日	支教長 池昌永	三千四百戶	男六千九百七十人 女二百四人	上仝
檀君教支教	瑞山郡毛川里	明治四十三年	監教 柳相俊	五千六百十戶	男一萬二百人	上仝

		八月十七日	支教長 金寧齊		女九十四人	
檀君教支教	魯城郡龍洞	大正二年九月一日	支教長 宋炳玉 監務 李鍾根	九百八十四戶	男四千二百九十八人 女一百十八人	上仝
檀君教支教	青陽郡三渡洞	大正三年四月一日	支教長 洪鍾八	一千九百二戶	男四千五百二十四人 女六十二人	上仝
檀君教支教	忠州郡永竹里	大正二年三月五日	支教長 金浩英	五千九百七十一戶	男二萬八千一百二十人	上仝

忠清北道支教

道	名稱	所在	設立	教職	戶數	人數	備考
						女八十人	
江原道支教	檀君教支教	楊口郡肥兒洞	明治四十四年七月二十日	支教長崔承完	五千一百六戶	男一萬三千八百三十二人 女一百五十人	上仝
京畿道支教	檀君教支教	高陽郡江梅里	大正二年九月三日	支教長丁秉燮	五百十七戶	男一千四百二十七人	上仝
	檀君教支教	始興郡塔洞	大正二年九月七日	支教長李㰘鎔	一百四戶	男二百七十六人 女八人	上仝
黃海道支教	檀君教支教	信川郡流源洞	大正二年一月二十日	西西總教長禹泰昌	五千五百十五戶	男二萬四千九百四十人	上仝

						女二百六十二人	
平安北道支教	檀君教支教	龍川郡梅長里	明治四十五年五月十一日	支教長金道榮	一千七百戶	男三千九百十九人 女九十八人	上仝
全羅北道支教	檀君教支教	益山郡彌勒洞	明治四十四年十二月十日	支教長韓在教 監教蘇錫政	九百九十三戶	男二千八百七十四人	
忠清南道施教師	檀君教施教室	大田郡郡內	明治四十四年一月十二日	三南總施教師朴昌夏	二萬三百十四戶	男五萬二千三百二十三人	真理說演
	檀君教施教室	魯城郡真湖	明治四十四年	施教師鄭寅行	七千二百三十	男一萬二千七	上仝

忠清南道施教師

慶尚南道施教師

		四月十九日		戶	十六人	
檀君教施教室	魯城郡龍洞	明治四十四年十月五日	施教師鄭行奎	二千二百三戶	男三千八百八十五人	上仝
檀君教施教室	林川郡竹林洞	大正二年四月二十四日	施教師俞鎮琢	二百八十二戶	男五百二十一人	上仝
檀君教施教室	魯城郡壯元洞	明治四十五年八月十日	施教師鄭國老	一千四百二戶	二千八百六十三人	上仝
檀君教施教室	昌原郡城山	明治四十五年四月二十日	施教師李裕禝	九百八十一戶	男二千四百八十六人	上仝

道	教室	所在地	設立日	施教師	戶數	人數	備考
江原道施教師	檀君教施教室	華川郡上省尺里	明治四十四年八月五日	施教師孟德鎬	三千三百九戶	男四千九百三十六人	上仝
咸鏡南道施教師	檀君教施教室	咸興郡萬壽洞	大正元年十一月三日	施教師韓相武	一千七十三戶	男二千九百九十二人	上仝
京畿道施教師	檀君教施教室	交河郡葛峴里	大正二年八月三十日	施教師白樂卨	二百二十戶	四百十人	上仝

信者總戶數八萬〇五百七十九戶

信者總數 二十二萬七千八百七十八人內

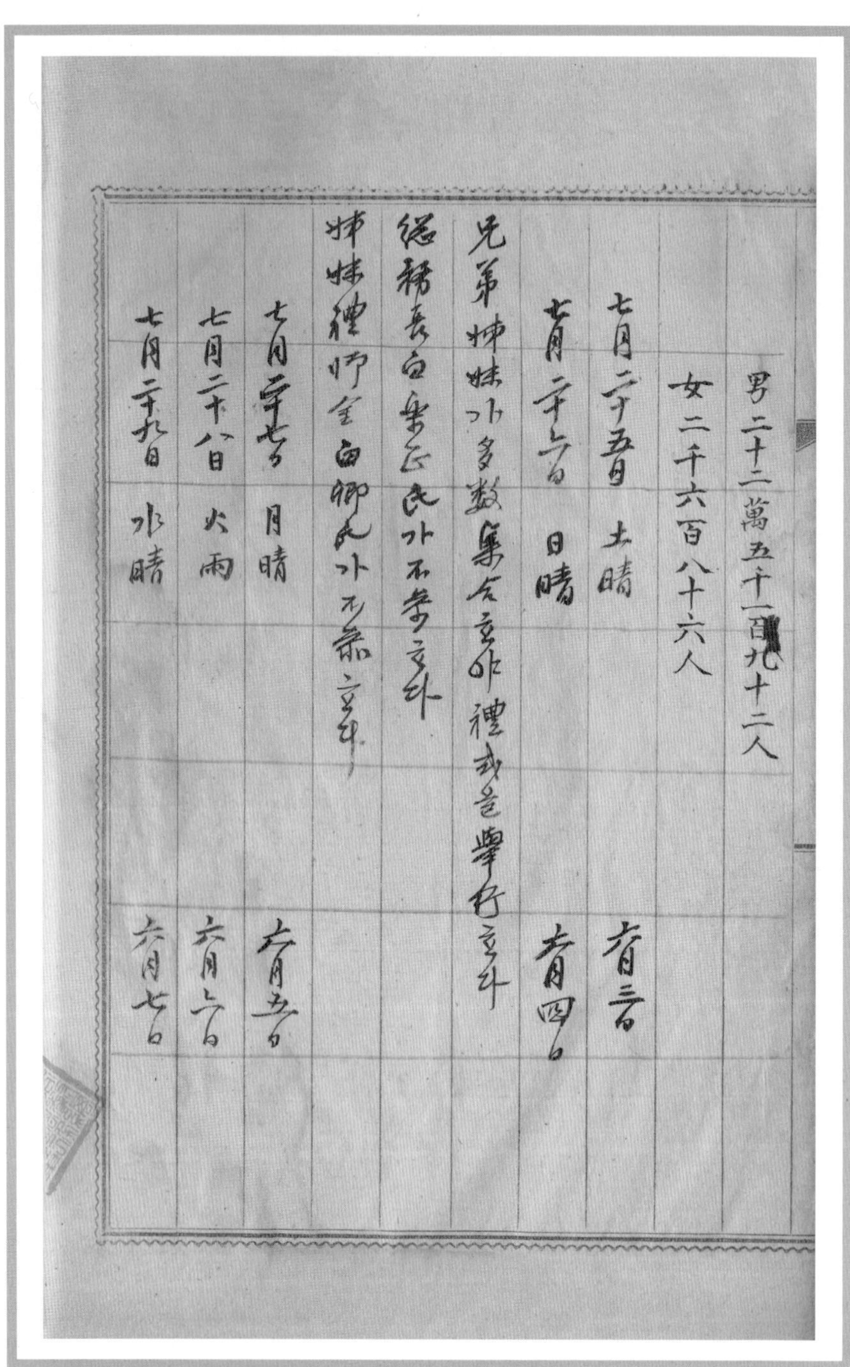

男二十二萬五千一百九十二人

女二千六百八十六人

七月二十五日 土晴 六月三日

七月二十六日 日晴 六月四日

兄弟姉妹가 多數集合하야 禮式을 擧行하다

總務長 白寔正氏가 不參하다

姉妹禮師 金白卿氏가 不參하다

七月二十七日 月晴 六月五日

七月二十八日 火雨 六月六日

七月二十九日 水晴 六月七日

七月三十日 木雨 六月八日

此日은 明治天皇忌日也 國旗를 揭하다

七月三十一日 金雨 六月九日

八月一日 土雨 六月十日

八月二日 日晴 六月十一日

兄弟姉妹가 多數集合하야 禮式을 擧行하다

總務長 白象臣氏가 不參하다

八月三日 月雨 六月十二日

來講日에 任員會를 公佈하다

八月四日 火雨 六月十三日

八月五日 水雨 六月十四日

大雨大雷ᄒᆞ고霹靂幾處ᄒᆞ다

八月六日 木雨 六月十五日

八月七日 金雨 六月十六日

八月八日 土陰雨 六月十七日

八月九日 日小雨晩晴 六月十八日

聖殿을移奉于慶雲洞四番地ᄒᆞ고諸任員諸敎人諸姊妹가來會叅禮式 同日에立旗竿ᄒᆞ다

任員을新組織ᄒᆞ기爲ᄒᆞ야宗令을依ᄒᆞ야本月十日下午一時에總會를開ᄒᆞ오니一般僉員은本月

에慶雲洞四番地로届時来臨ᄒᆞ심을敬要ᄒᆞᆷ
右ᄂᆞᆫ大教師輪帖也
八月十日 月 晴 六月十九日
教堂移接甲告를北部警察署에送呈ᄒᆞ다
總會時에總本部에重要事件이有ᄒᆞ기로宗令을依
ᄒᆞ야議長宗教師鄭薰謨와副議長大教師李裕
馨이出席ᄒᆞ고總會를開ᄒᆞᆷ 大教師李裕馨志願
本人이精神耗損ᄒᆞ고疾病이頻作ᄒᆞ야重大ᄒᆞᆫ擔任
키難ᄒᆞ기로本任을讓退ᄒᆞᆫ事에對ᄒᆞ야可決ᄒᆞ다
又提議에吾宗教가再興十年에財政에窘絀

所致로教의進興ᄒᆞᆫ希望이漠然ᄒᆞ더니今에
副教承洪甲杓가出義ᄒᆞ야吾教의前進ᄒᆞᆯ方畧이
有ᄒᆞ니曷不欽哉洪甲杓는重任을委托ᄒᆞ여야
其誠意를勸奬ᄲᅮᆫ不啻라任大則責重이니薦望ᄒᆞᆷ
에對ᄒᆞ야可決ᄒᆞ다
俞鎭九로大教師署理를薦望ᄒᆞᆷ
李裕馨은次位宗教師로薦望ᄒᆞᆷ
副教承洪甲杓은總務部長으로薦望ᄒᆞᆷ
總務部長白樂正은口頭辭免ᄒᆞᆷ에對ᄒᆞ야
可決ᄒᆞ다

而況 先生特著德望之下耶 請顧一到教友瞳視以
千萬不可之意僉口歸一章望 先生特崇 檀祖另
愛教體卽起視務以副輿情跂予拭目望切祝耑
此拜覆
大教師署理俞鎭九氏가教中에輪告가如左ᄒ다
本教內에重要히協議ᄒᆯ事이有ᄒ와茲에輪告
ᄒ오니僉尊은明日上午十一時에總會을開ᄒ오
니屆期來臨ᄒ심을望
八月十二日水朝晴午后雷雨 六月二十一日
洪甲杓氏尋啓가如左

甲杓再啓 大教師署理俞鎮九閣下 甲杓竊惟念
聖祖英靈如日麗天若水在地中實無處而不有
無物而不寓則其所以陟降焉臨止乎者奚但流注
乎一任名而已哉自修 聖訓虔奉遺法此即所
以報乎 聖祖之恩也是迺刻心而繹之者至若本
任之重咒則有非膚淺末學所敢一朝居以致僨
事自知其明不待勞龜仰首鳴情乞即遞免俾安
微分千萬幸甚

大正三年八月十二日 洪甲杓再啓
(陰六月二十一日)

本日臨時總會에議長宗教師鄭薰謨氏와副議長
大教師署理俞鎮九氏가出席하야總會를開하다

副議長이提議ᄒᆞ기를今次大教師解任은教務를
從ᄒᆞ야不得已ᄒᆞᆫ事에出ᄒᆞᆫ것시어ᄂᆞᆯ及其署理之任
이又歸於本人ᄒᆞ니是ᄂᆞᆫ譬컨ᄃᆡ夢中求夢이라教務
에無益ᄲᅮᆫ不啻라帶任ᄒᆞᆫ本人도其職을不堪ᄒᆞᆯ것게
로辭免ᄒᆞᆷ　辭免에對ᄒᆞ야一致可決ᄒᆞ다
議長이提議ᄒᆞ기를大教師署理가既為解任則現今
教務旁午之時에暫時缺席이萬〻不可인즉他日總
會를不待ᄒᆞᆯ지라今日總會之席에德望이有ᄒᆞᆫ教
友中으로推薦ᄒᆞ야教務를速히發展케ᄒᆞᆷ이可ᄒᆞᆷ
講師尹敦求氏가提議ᄒᆞ기를議長의言論을極히

贊成인바大敎師之任을不可暫時缺席이라德望敎
友中으로若推薦이면德望에在ᄒᆞ고新舊에ᄂᆞᆫ不在ᄒᆞᆯ
지라新舊를勿論ᄒᆞ고推薦ᄒᆞᄂᆞᆫ것시可ᄒᆞᆯ쥴로提
出ᄒᆞᆷ　新舊를勿論ᄒᆞ고德望ᄒᆞᆫ敎友中으로推薦
ᄒᆞᄂᆞᆫ事에對ᄒᆞ야一致可決ᄒᆞᆷ
李學宰氏가提議ᄒᆞ기를新舊中德望敎友가
不止一二則限三望ᄒᆞ고圈點推薦이可ᄒᆞᆫ쥴로
提議ᄒᆞᆷ
限三望圈點推薦ᄒᆞᄂᆞᆫ事에對ᄒᆞ야一致可決ᄒᆞ
다

大教師推薦委員은二人에止ᄒᆞ기로議決되야
尹敦求李興雨両氏가被選되다

三望

總務部長 洪甲杓 六點
前講師 尹桂瓚 三點
前總務部長白樂正五點
總務部長洪甲杓氏가多點을被ᄒᆞ야大教師로
推薦되다
總務部長이旣為解任則前總務部長白樂正氏
로仍任ᄒᆞ기로副議長提議에對ᄒᆞ야一致可決

되다

大敎師洪甲杓氏辭章이如左ᄒᆞ다

甲杓謹啓 大敎師署理兪鎭九閣下甲杓自知檮櫟莫擬棟樑始焉以總務部長而猶惄惄乎不敢進也況斯任而可以承當其萬一哉夫大敎師重器也大名也且名假人之尚議之假人以器豈不或於僨事也乎環顧其中益增瑟縮祗奉咫尺罄竭衷曲惟閣下之嘉納焉永安微分是敬而致甲杓謹啓

兪鎭九氏答函이如左ᄒᆞ다

鎭九謹覆 大敎師洪甲杓閣下 鎭九切聞連抱之木生

於細根九層之臺起於纍土 先生倘不知棟樑之材出於
樗櫟之中而如是 自謙耶 先生雖以樗櫟處之以教門
望之則棟樑也夫教者始也德望終也德望以 先生德望
之始有德望之終者豈一鎮九之言也謹將數十萬教
友之意畧陳之現今百千橫流懷山襄陵昏衢之夢長
夜之枕以至今日雖鑰匙飯食之人莫不咨嗟而鎮九等
之設斯教也豈敢以一二個人之心剏開者耶惟我
檀君聖祖撫育後孫惻憐後孫使鎮九等以開教門而
崇奉 聖殿于今十年于玆矣自顧淺劣一無展布之
方徒守崇奉之名中夜繞壁罪若負山 聖靈默佑

先生先居副教承之任次居總務部長之任今居大教師之任綺歟我 檀君聖祖在上之靈也今日鎮九之言者卽 檀君聖靈之所教也今日 先生之任者卽 檀君聖靈之所暨也三望圈點 先生居一者卽 檀君聖靈之所尊也何敢以一私間儁于其間哉 先生一次之辭似出於體面而以 檀君聖祖之後孫徒飭體面不思塤埃則其於 聖祖何其於教友何吕名假人ㄷㄷ以咒者非我教門忍行之事也何推豈以忍行之事行於不忍行之事欲為自壞耶此則千不近萬不適當之戒也惟願 先生慨然而起使我 聖祖萬年无疆之

教以傳萬年無窮之世永有辭於萬世則是 先生之
幸也鎭九之幸也一教門之幸也萬世之幸也一般教
友在座恭俟 先生洞諒焉衷曲寸言更不知爲言

俞鎭九
尹敦求
李興雨 等謹覆

六月二十二日

八月十三日木晴

大教師洪甲杓氏가出席ᄒᆞ야 聖殿에瞻拜獻酌
ᄒᆞ고兄弟姊妹가歡迎ᄒᆞ야相見禮를行ᄒᆞᆫ後茶果會
를行ᄒᆞ다

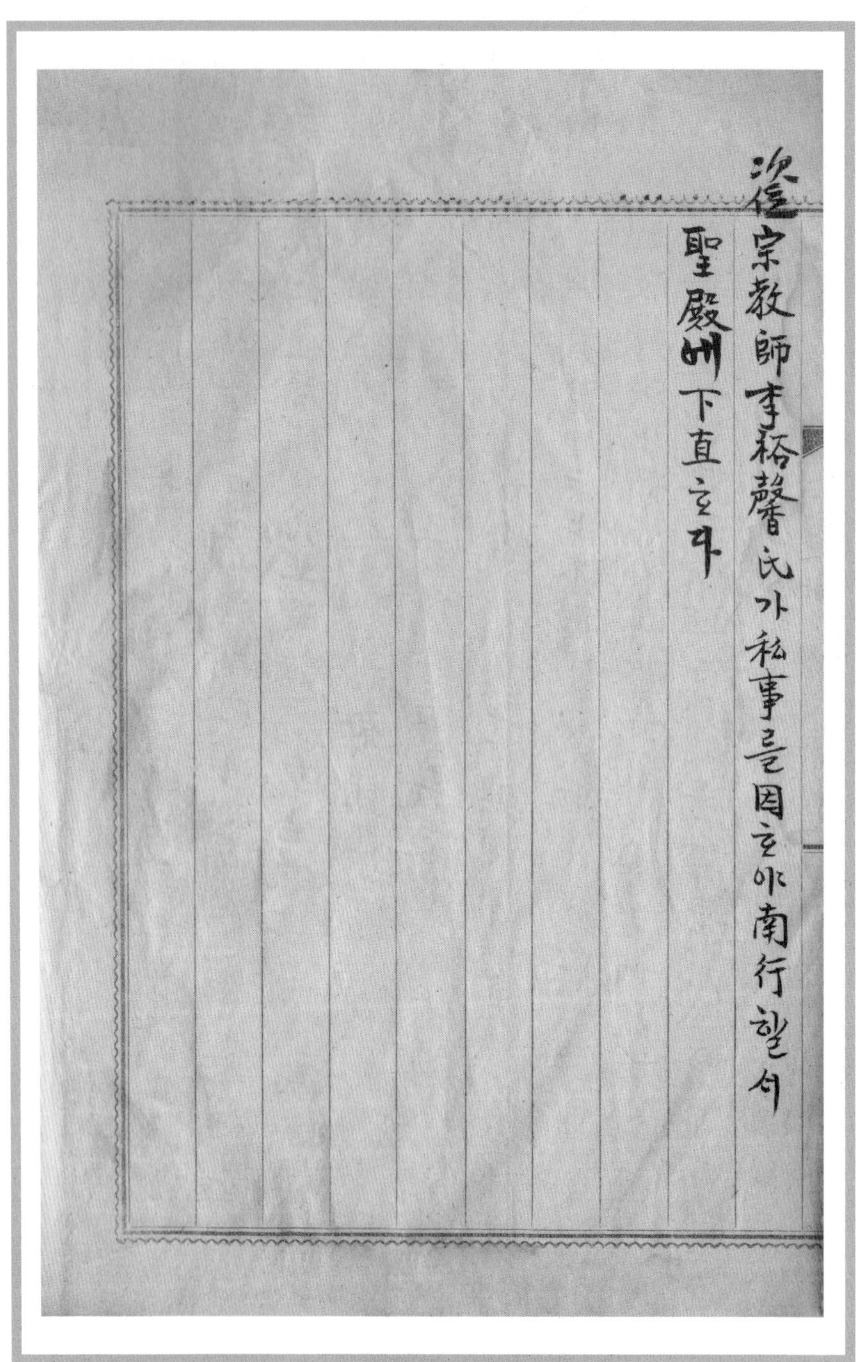

次從宗教師李裕馨氏가私事를因ᄒᆞ야南行ᄒᆞᆯ셔
聖殿에下直ᄒᆞ다